收入运营

数字化时代的增长新路径

REVENUE OPERATIONS

A NEW WAY TO ALIGN SALES & MARKETING, MONETIZE DATA, AND IGNITE GROWTH

[美] 斯蒂芬·G. 戴阿利奥
Stephen G. Diorio

[美] 克里斯·K. 胡梅尔　著
Chris K. Hummel

欧维维　译

中国科学技术出版社
·北京·

Revenue Operations: A New Way to Align Sales & Marketing, Monetize Data, and Ignite Growth by Stephen G. Diorio and Chris K. Hummel, ISBN: 9781119871118
Copyright © 2022 by Stephen Diorio and Christopher Hummel.
All Rights Reserved. This translation published under license with the original publisher John Wiley & Sons, Inc.
No part of this book may be reproduced in any form without the written permission of the original copyrights holder.
Copies of this book sold without a Wiley sticker on the cover are unauthorized and illegal.
Simplified Chinese edition copyright © 2025 by China Science and Technology Press Co., Ltd.
北京市版权局著作权合同登记　图字：01-2023-1390

图书在版编目（CIP）数据

收入运营：数字化时代的增长新路径／（美）斯蒂芬·G. 戴阿利奥,（美）克里斯·K. 胡梅尔著；欧维维译. -- 北京：中国科学技术出版社，2025.1. -- ISBN 978-7-5236-1108-1

Ⅰ. F273

中国国家版本馆 CIP 数据核字第 20242LJ521 号

策划编辑	何英娇	责任编辑	孙倩倩
执行策划	张　頔	版式设计	蚂蚁设计
封面设计	东合社	责任印制	李晓霖
责任校对	张晓莉		

出　　版	中国科学技术出版社
发　　行	中国科学技术出版社有限公司
地　　址	北京市海淀区中关村南大街 16 号
邮　　编	100081
发行电话	010-62173865
传　　真	010-62173081
网　　址	http://www.cspbooks.com.cn

开　　本	710mm×1000mm　1/16
字　　数	245 千字
印　　张	19.75
版　　次	2025 年 1 月第 1 版
印　　次	2025 年 1 月第 1 次印刷
印　　刷	大厂回族自治县彩虹印刷有限公司
书　　号	ISBN 978-7-5236-1108-1 / F・1327
定　　价	79.00 元

（凡购买本社图书，如有缺页、倒页、脱页者，本社销售中心负责调换）

前言

增长实乃一件好事，一件大大的好事。

增长不仅可以提高企业的短期业绩，还对企业的估值有着不容小觑的影响。增长——尤其是企业的内生增长，可为企业在客户、影响力人物、分析师及员工等不同群体间积累不可估量的信誉，并激发积极动能。

但挑战在于，一些企业通常将增长视为一门由各项不相关职能驱动的艺术，而不是一门由数据驱动且需跨领域协作的科学。

收入导向的核心职能——销售、营销和服务，都在孤立地运转。每个职能部门都在努力做好分内工作，并尽可能地提升自己对客户和收入的影响。管理者也会对品牌、需求产生、渠道转换、客户留存等各部分职能进行优化。但对上述 3 项职能的优化协调具有偶然性、临时性，并深受参与者的个人因素影响。他们通常以先例作为主要指引，并按照组织结构梯级分配资源。

即使这种方法有时候会奏效，管理者通常也只能对增长的结果进行庆祝，因为他们往往不能解释实现增长的原因。团队成员则会认为是团队中的其他人承担了统筹整体工作的责任，因为开展跨职能协作需要付出巨大努力，才能实现一个甚至是微小的目标。

而企业里是谁在负责协调业务中的关键增长资产和计划呢？通常这只是一个人的责任，即首席执行官的责任。因为除了首席执行官，企业里再也找不到第二位高级管理者对实现增长的 18 个关键因素拥有超过 40% 的管控权限。首席执行官在优化跨职能协作变量的过程中往往陷入了烦琐细节而不能自拔。组织结构围绕职能设立，而非基于业务实际面临的机遇和挑战，但这些人为设置的壁垒常常被忽视了。

因此，职能领域的研究专家都在致力于解决这一跨学科且具有多面性的管理难题。增长对企业价值的现实重要性与我们对如何实现增长的理解之间存在着较大的认知差距，这引发了人们在董事会、管理会议和规划会议上随处可见的热烈讨论。我们所有人都忽略掉了什么问题？

那就是，如今我们缺乏一个促进增长的系统。

而这样的系统，在我们的后台办公室和供应链领域，早已建成。现在，将类似的管理规则、严密性和方法引入我们收入增长领域正当其时。涉及收入增长的3个团队都在努力工作并竭尽全力，但结果总是不遂人愿。因为他们的管理部门同样需要标准化和可重复性。

为了方便理解实现增长的系统如何运转，让我们看看以收入为中心的每项职能中出现了什么问题。以下是所有职能部门都面临的常见问题：

- 完全不同的职能在配置增长资源、运营成本和资本支出的财务标准上存在较大差异。
- 变化无处不在。改变不仅会让人害怕，还会让人质疑变化所带来的益处是否与付出相称。
- 现实中存在的问题相互联系，需要通过跨领域协作才能解决。不管其组织结构如何，任何企业都需要在交易前、中、后将收入循环视为一个有机统一的整体来管理。
- 数字销售基础设施，包括伴随交易产生的客户体验和数据，已成为最大的增长资产之一，尽管目前所有权尚不明确。
- 投资者、所有者和董事会需要更具前瞻性的预测数据。
- 一致性、可重复性和自动化有助于确保绩效的可持续和可量化。

➤ 营销：模糊性与日俱增

讲好企业故事、拿到市场订单、创造良好的客户体验，这些活动都有助于激发市场需求，提升企业价值。在数字化时代，创新、信任及客户体验的重要性愈发凸显，营销活动的价值与日俱增，但企业投入营销活动的预算却在不断缩水，且营销职能的范围也在不断调整变化。

20世纪商业世界的一大产物——首席营销官（CMO），已发生了巨大变化，其职能从20世纪的媒体管理、品牌建设和需求激发，转变为当代在数字渠道创造良好客户体验和开展客户分析。

在理想状态下，营销是一项会对公司业务表现产生显著和实质影响的商业职能，直接影响着企业营收及价值。无论你是首席营销官、品牌经理还是创意专家，都会令人兴奋或沮丧，或让人感到充满智慧、善于管理、富有战略思维或具有创造性、科学性，或让人感觉有心无力或能够改变规则。通常这些矛盾的感觉会同时存在。变革正在发生，许多边界开始变化。模糊性成为营销人员面临的常见问题。这是为什么？

- 营销应具备的技能在不断变化。技术和数据过载、市场噪声此起彼伏、渠道变化多端，再叠加预算、考核指标、决策权限、组织结构及激励机制的剧烈调整，合力形成了当前的巨大挑战。
- 营销工具的广泛普及。现在，其他部门和职能同样可以自主开展"营销"活动，合作领域边界模糊。
- 营销组合发生变化。数字营销技术基础设施建设，以及支持它们运转所需人员的数据分析和内容呈现占据了大部分营销预算。同时，分配给"自主营销"（企业自己100%管控信息）的预算，目前已超过付费媒体。

- 营销不能完全控制完成其工作所需的数字渠道。现在大多数的客户互动都发生在非面对面接触的数字渠道，而在大多数情况下，这些日益重要的渠道系统、数据资产及规划等并不属于营销所有或不受其管理。
- 客户购买路径失控。虽然线性需求漏斗的理念已经过时，但营销人员仍可对客户的购买路径施加影响。通过购买路径构建起客户参与模型，预测客户需求。
- 组织"冲突"的激烈程度和范围在不断增大。营销与产品、数字化、销售和服务团队之间的相互冲突给现有管理结构带来了挑战。
- 每个营销组织都拥有个性化的结构。当营销组织的规模、范围、活动和任务不断调整时，同级间的协作可能会受到影响。文化是组织不断发展的过程中留下的独特印记。

负责营销的管理者需认识到，这些模糊性会给公司的全体营销人员及其他部门的同事带来较大压力。最具影响力的是，营销协调——与公司的其他部门共同合作，从客户角度进行统筹考虑，充分放大组织的最佳优势，这将创造一个远远大于各部分职能之和的有机整体。否则，就像一颗不断坠落的卫星，营销职能将不可逆转地走向灭亡。

➤ 销售：日趋复杂

销售团队承担着将感兴趣的潜在客户转化为交易客户、增加单客营收额及开展客户关系管理以提升客户忠诚度和信任度等任务。这些都是驱动收入增长的核心任务。

销售是一项强大的职能。不过，销售代表、客户经理和其他销售人员的技能组合存在较大差异，其通常取决于销售模式、产品成熟度和购买周期。销售管理着业务渠道，因此，销售对预测可能产生的营收流具有无可比拟的优势。它还代表与客户进行交易之前的"最后一次接触"，这成为销售管理者可利用的控制点，帮助其在职权范围外行使权力。然而，随着销售领域的变革日益加剧，销售的主导地位开始动摇。

- **销售变得更加资本密集**。现在，越来越多的购买发生在数字渠道，销售人员不得不依赖于数据分析和自动化，以满足客户对效率和个性化的需求。销售管理者现有两项主要职责：管理销售人员（人）和销售过程（系统）。

- **销售已成为一项需团队协作的复杂活动**。没有一个组织能够控制促进收入增长的所有变量，因此，培育信息在不同职能间快速流动的能力，有助于将销售、营销和服务等职能部门整合成为一个有着共同目标的收入团队。

- **销售团队变得更加分散，工作受数据驱动，更加数字化和动态化**。随着时代更迭，销售人员反而更加依赖于数字渠道及合作连接技术，对飞机、火车、汽车等差旅工具的依赖度越来越低。同时，近年出现的新冠疫情使大件、精密产品销售渠道的数字化步伐不断加快。这导致销售管理者与那些未能在有效适应新环境的人之间，形成了技能鸿沟。

- **以不同渠道形成多元商业模式，从而创造更大营收流**。类似于"订阅"的新方式，开创了更多替代性和衍生产品，其可通过自有数字基础设施，脱离传统销售渠道或与传统销售渠道同步运行，实现更多变现。

- **我们失去了对客户的可见能力**。与现在所收集的客户互动数据量相比，我们过去用来分析交易的数据量简直微不足道。但是，用户参与数据的碎片化也导致销售团队失去了对客户的可见能力，使其为实现全方位理解客户所付出的努力付诸东流。

- **目前，坚持"销售的艺术"的老学派正激烈反抗崇尚数据分析的新学派。** 就像美国职业棒球大联盟（Major League Baseball）中头发花白的老球探和以数据为导向的新一代数据分析师之间的争斗一样，许多曾经被认为对销售业绩至关重要的历史特质，其效用现在受到了质疑，因为销售过程变得越来越数字化。

- **现在的销售仅需要较少的人际互动就可以实现客户关系提升。** 随着客户参与的自动化程度不断提高，如果能够利用充分，销售人员就可以从许多事务性或低价值的活动中解脱出来。销售人员需要平衡数字化互动的数量、内容和频率，以实现最佳收益。

即使销售管理者认识到其他职能在推动更多和更大交易方面具有重要价值，他们也仍然面临难以获取所有客户接触点完整信息的难题。因此，技术更应该被视为一种资产，而不是工具。如果其价值得到充分发挥，销售人员可真正地以客户为导向，充当客户和公司之间的桥梁，并利用其绩效驱动文化推动所有职能部门严格履行职责，从而更好地满足客户需求。否则，销售人员会发现，自己被困在一个越来越不相关的"山丘王国"里。

▶ 服务：崭露头角的进步

在本书中，我们认为，服务驱动了客户消费。服务这一职能涵盖诸如上线、激活、操作、支持、应用、更改命令、升级、维护等活动。在大多数情况下，这些职责分布在多个组织中，有许多标签，如客户服务或现场服务。有时候，服务发挥的作用非常重要，以至于有的公司会将其中的许多职责捆绑到一个品牌的差异化服务中，比如苹果公司的"天才吧"（Genius Bar）和百思买公司的"奇客分队"（Geek Squad）就是如此。

服务部门算不上一个真正的职能部门，而是各个其他组织角色的合并。服务部门的组织权威性最小，即使产品消费体验现已成为提升客户终身价值的重要因素之一。云技术软件企业通常设置一个名为"客户服务"的职能，介入客户对产品的采用过程。这一职能率先出现在其他有着复杂操作需求的行业中。

随着服务在企业与客户互动、收入增长和关系拓展中发挥着越来越重要的作用，服务的地位得到了不断提升。也就是说，服务对企业主要目标——客户终身价值和经常性净收入的实现，起到了更大的直接作用。

- **"服务"职能并不能作为一个独立实体存在**。产品消费体验很少集中在一个机构内进行管理，而是分散于不同区域、产品、销售人员、市场和其他团队之间，几乎无规律可循、无理由可究。

- **较少有服务在高管的办公桌上占有一席之地**。因为服务通常不作为一个独立的组织实体存在，它缺乏作为"选民"的制度权威基础，而且缺少一个高级别领导来为其站台，或为其配置资源，以改善客户体验。

- **相较于扩大收入，推动产品应用更为重要**。客户忠诚度是收入增长的关键。首先，客户更关注价值产生的时间，希望投资能够获得更快的回报，所以他们购买的是更小且不断迭代的模块。其次，订阅模式简化了客户取消服务的程序，因此价值销售很难消亡。

- **订阅模式已成为常态**。在订阅模式中,客户按约定的时间段支付预定使用费,这种模式现在已经非常受欢迎。在这样的模式下,年金收入流非常有吸引力,并以租金或基于业绩的收费模式渗透到许多行业中。如何将投资组合转变为订阅模式,是我们从许多公司那里听到的核心问题之一。

- **随着人们认识到服务的附加价值后,客户服务职能正突破软件服务行业**。云计算公司天生就懂得客户归属感和客户体验的价值,并一直是建立"客户服务"团队的先驱,其管理着新客户注册登录、激活及培训等服务。客户服务职能的概念已经作为最佳实践渗透到其他行业中。

服务管理者大多有着千差万别的背景,并有着许多不同的头衔。然而,通过服务这一职能获取客户信息的途径,不仅可以与营销的数据集匹敌,甚至还可能超过后者。这是组织结构图上一个值得关注的新兴领域。

涉及收入增长的 3 个团队都在努力工作并竭尽全力,但结果往往不遂人愿。

站在首席执行官的角度换位思考,我们对所有职能的观察都有共同的结论。

- 变化无处不在:改变不仅会让人害怕,还会让人质疑变化所带来的益处是否与付出相称。
- 现实中存在的问题相互联系,需要通过跨领域协作才能解决:不管其组织结构如何,任何企业都需要在交易前、中、后将收入循环视为一个有机统一的整体来管理。
- 迫切需要系统化的方法：一致性、可重复性和自动化有助于确保绩效的可持续和可量化。

关于我们的研究

在本书中，我们结合一手调研和专项研究，对该领域现有学术和企业材料开展了深入分析，与世界级专家和思想领袖进行充分对话，最后还融入了我们自己作为商界从业者和分析师的数十年的个人经验。实际上，本书算得上是"进入市场策略"转型的权威专家与运营高管的联手合作成果，我们就本书框架与细节处理展开了激烈争论。最后，我们就真正存在的问题及接下来需要做什么等内容达成了共识。

本书的基础部分来自我们的一手调查研究。这包括了我们对各行业大型和中小型企业负责管理增长运营的高管、经理及绩效专业人士的大量调研。在本书中引用这些调研数据时，我们会具体注明实际调研情况及调研源文件。

我们还对110多位增长领域的管理者进行了深度访谈。其中包括了企业里负责业务增长的最高级别管理者。在大多数情况下，他们是总裁、首席执行官或首席运营官，因为只有他们才拥有对涉及增长的所有职能——销售、营销和服务——开展管理的权限。在其他情况下，我们会见的高管也被授予了更大的权限，以确保他们能够围绕客户整合收入团队和资源。这些高管有着类似于首席增长官和首席营收官的头衔。在其他一些案例中，我们还访问了企业负责销售、营销和服务职能的管理者。有时，这些高管会坚持让团队成员一起接受采访。我们可能在本书中参考和直接引用这些访谈，并用于案例作为研究企业所面临挑战、最佳实践及其成就的素材。

除了一手调查研究，我们还对该课题已有的学术和商业研究做了详尽分析，这些成果同样被引用于本书中。我们团队对增长的科学开展了全面且富有意义的学术和商业相关研究。幸运的是，我们还得到了营销科学研究所、营销责任制标准委员会、销售管理协会、沃顿分析项目、全国广告商协会（ANA）以及许多其他协会和合作伙伴的支持。

最后，本书充分吸收了收入促进研究所（Revenue Enablement Institute）世界级从业者、学者和专家的丰富经验和专业知识。世界级专家包括杰夫·麦基特里克（Jeff Mckittrick）、迈克尔·史密斯（Michael Smith）、格雷格·蒙斯特（Greg Munster）、布鲁斯·罗杰斯（Bruce Rogers）、大卫·埃德尔曼（David Edelman）、道格·兰尼（Doug Laney）和霍华德·布朗（Howard Broun）等销售和营销领域高管。还包括沃顿商学院大卫·莱布斯坦（David Reibstein）教授和拉古·艾扬格（Raghu Iyengorr）教授等顶尖学者。同时，我们也充分吸取了对增长的科学有着数十年深厚造诣的专家［如卡姆·蒂平（Cam Tipping）、鲍勃·凯利（Bob Kelly）、科里·托伦斯（Corey Torrence）、布鲁斯·罗杰斯、迈克尔·史密斯、道格·兰尼和霍华德·布朗等］的经验。我们在书中直接引用了上述专家的观点。

我们对商业技术生态系统的分析，立足于我们对 4000 余项销售和营销支持技术的综合分析，它们在过去 18 个月里发挥了作用。我们把本书中的收入运营系统作为"过滤器"，初步筛选出了前 100 项可改变现有商业模式的创新技术并在引用的文献里列出了可获取完整名单的网址及研究报告。当然，这份名单是动态的，会随着时间推移而调整。

最后，有必要提及的是，作为本书作者，我们俩都不可避免地将此前的从业背景和经验带到研究中，使得部分分析带有显而易见的个人色彩。所幸，这些个人经验，主要来自我们在甲骨文（Oracle）、思爱普

（SAP）、施耐德电气（Schneider Electric）、联合租赁（United Rentals）、西门子（Siemens）、通用电气（GE）和花旗集团（Citigroup）等以增长为导向的创新企业担任领导职务和高级管理者时的积累。因此，这也达到了一种比较理想的状态，我们的个人从业经历帮助我们把学术研究与业界实际情况紧密结合起来，使我们能够把亲身实践所获得的认识和理念注入本书提出的解决方案。我们都曾坐在董事会和管理层的会议室里，试图推动增长的议程。我们也曾为投什么项目以及为哪个项目投多少资金等问题苦苦思索，做出艰难决策。最为重要的是，我们一直在为这些决策的后果买单。

内容速览

事实上，现在仍有许多管理者和经理们用着 20 世纪的工具，来管理 21 世纪的企业。20 世纪的古老管理工具，是围绕职能结构而打造的，而这种职能结构需要平衡兼顾强大的本地响应能力与集中化、全球化规模运营效率。然而，今天的实际情况已发生翻天覆地的变化，我们则是期望以全球化规模的效率提供个性化服务。这是一场分化与连接的战争。为按照增长的科学连接组织结构里的不同层级和点，我们需要在整个组织中共享数据、洞察和知识，以形成企业的"情商"、"智商"和行动导向，从而实现目标。

这就是本书的全部内容：收入运营，21 世纪稳步推动增长的强大系统。下面，我们将简要介绍本书的三个核心部分内容。第一部分定义和描述了收入运营及其影响。第二部分阐明了构成管理系统的关键支柱，帮助你选择切合自身实际的管理模式。第三部分介绍运营系统所需的建设模块。在本书中，我们将聚焦于提高技术、数据、流程和团队投资的回报，帮助你对优先投资决策有一个清晰认识。在第四部分，我们将结合"智能运营"（Smart Actions）的理念，推出企业实现收入运营的工具。

本书将对总裁、首席执行官以及销售、营销和服务职能负责人——对增长负责的管理者，也就是我们所称的"首席体验官"，有所裨益；还将帮助以收入为中心的一线工作人员，采用更加系统的方式来促进收入增长。此外，本书提供了丰富的经验教训和深入洞察，寻求增长加速的大型和中小型企业均可从中受益。

我们诚挚祝你"阅"途愉快！

目录

第一部分
收入运营系统：为增长而生

第一章　管理收入循环　003
创造可持续、可拓展增长的新路径　003
企业价值与增长间的财务联系　007
20 世纪的工具已过时　028

第二章　收入运营：驱动价值创造和影响力打造　032
驱动价值创造　034
管理变革的障碍　038

第二部分
利用管理系统整合营收团队

第三章　构成管理系统的六大支柱　043
以领导力整合销售、营销和服务　047
商业运营为所有增长相关职能提供支持　052
科学设置商业架构：驱动销售资产回报最大化　056
商业洞察：立于客户参与和销售活动数据之上　060
商业支持：化技术为"力量倍增器"　065
商业实践：实现客户数据、技术、内容等知识产权资产回报最大化　068

第四章　**领导现代企业："营、销、服"整合势在必行**　074

　　跨管理职能的增长杠杆　074

　　首席执行官管控增长之道　080

　　新一代增长管理者崛起　082

第五章　**领导模式三选一：专断式、民主式和放任式**　088

　　专断式：实行"首席体验官"负责制，由首席体验官负责管理营收团队　088

　　民主式：领导职能的联合　092

　　放任式：收入运营"摇滚明星"　100

　　案例研究：提升企业整体价值　101

第三部分
连接技术、数据、流程和团队的运营系统

第六章　**组建运营系统的九大模块**　107

　　企业的运营系统　108

　　收入运营系统的建设模块　110

　　连接最多"点"的团队胜出　113

第七章　**获客之道：连接数据、技术和渠道资产**　118

　　战略性管理商业资产的重要性　118

　　模块一号：营收支持——支持销售的客户关系管理、销售内容和学习技术　122

　　模块二号：渠道优化——最大限度地提高有效互动　131

　　模块三号：面向客户的技术——管理客户接触点的自有数字销售基础设施　147

第八章　化数据为洞察力：为销售行动、沟通和决策提供参考　158

　　释放分析潜力驱动增长　158

　　模块四号：营收情报——管理和评估财务价值　163

　　模块五号：数据中心——利用高级分析将增长资产与价值联系起来　171

　　模块六号：客户智能——利用客户数据为决策、行动和沟通提供信息　176

第九章　以现有团队和资源创造更多收入和利润　185

　　模块七号：人才发展——吸引、培养和留住人才　188

　　模块八号：资源优化——根据机会分配人员、时间和工作量　195

　　模块九号：增加收入——通过包装和个性化服务来增加收入　202

第十章　运营系统的最优化　210

　　规划流程数字化，资源部署更灵活　212

　　使用分析法进行更准确的评估、预测和投资决策　214

　　采用高级建模技术评估更多方案　219

　　"战争游戏"模拟、压力测试计划、构建共同目标　224

　　模型助力算法平衡，调整收入引擎　226

第四部分
如何产生影响力

第十一章　通过"智能运营"实现增长　231

　　"智能运营"系统　232

　　六个成功的"智能运营"案例　234

　　更好地了解收入周期　235

　　简化销售流程　237

　　与一线销售人员分享营销见解　239

　　　　培养并留住表现优秀的销售人才　241

　　　　提升销售渠道效率　243

　　　　销售内容供应链精简和个性化　245

第十二章　**为你的企业量身打造收入运营**　250

　　　　收入运营如何为企业增加利润和价值　250

　　　　大企业转型　251

　　　　企业领导者应优先采取的措施　252

　　　　中小型企业如何实现高速增长　257

　　　　高速增长领导者应优先采取的措施　258

第十三章　**打造增长系统商业案例：从活动到影响力**　263

　　　　优先行动：兼顾短期收益和长期价值　263

　　　　收入价值链：连接"智能运营"与企业价值的有效财务架构　266

　　　　如何运用财务框架促进预算编制、共识和行动　269

第十四章　**实用工具：控制收入循环**　272

名词解释　283

致谢　293

第一部分
收入运营系统：为增长而生
PART 1

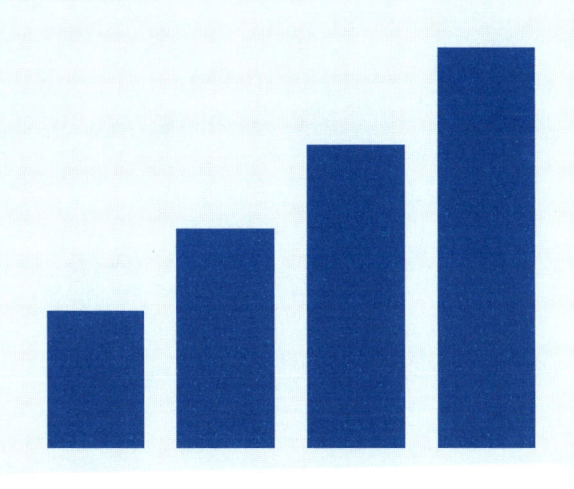

第一章
管理收入循环

◆ 创造可持续、可拓展增长的新路径

企业销售额与日俱增是创造商业价值的基础。增长越是可持续，越是规模化，商业价值则越大。增长的重要性不言而喻。尽管如此，"增长的科学"仍未被完全理解。大多数企业将增长视为一种毫无规律可循且具有较大偶然性的活动。

我们不禁要问，这是为什么？主要原因在于，许多企业对业务增长缺乏行之有效的管理系统。而其他保障企业运转的每一项主要职能，从原料采购、产品生产、物流运输，到财务、人力资源管理，都有着成熟的管理系统。我们访谈过的一些企业高管向投资者提供过收入和利润增长预测数据，但他们都较难讲清楚这些数据是通过何种关联方法、系统或模型产生的。

为此，他们给出了一些实际的理由。第一，营销策略在实施过程中很难管理、评估和系统化，因为它更像"艺术"而非科学。第二，客户和市场变化频繁且迅速，较难创建可重复的流程。第三，他们缺乏用于预测客户需求、评估绩效，以及对渠道、投资及针对客户需求的行为实施管理的客户数据反馈。

这些观点放在 20 世纪可能还站得住脚，但现在已时过境迁。数据分析变革和数字销售技术的出现，让管理者对整个收入循环有了前所未有的了解和掌控。数据分析变革大大提升了对客户参与度和账户状况评估的准确性，有助于销售团队管理及销售渠道绩效预测。

在访谈中我们发现了一个更为根本的原因，即业务增长是一项需要跨领域协作的工作，其中包含了诸多不断变化且不能互促的事项。

- 为营销策略创建实施方法具有挑战性，其原因在于同时开展跨数十项职能及领域的管理比较困难，更何况 80% 的首席执行官对大多数的领域都缺乏直接运营经验。
- 对分别从事销售、营销和服务等面向客户工作的员工进行统一协调和管理，存在较大困难。
- 分置于自动化孤岛的技术较难连接。

换言之，当收入循环的过程、政策、程序及技术设备未相互连接时，就不可能为客户提供卓越体验。

事实上，没有现成商业模式可以让业务增长"方程式"里的不同变量相互协作。商业领袖们缺乏开展跨业务团队、跨职能和跨领域协调的管理框架，也缺乏一个可用于管理资产、技术、数据和流程的运营系统。

不解决根本问题，推动或维持增长的努力便会付诸东流。

现在，这一问题已经有了解决方案。业务增长迫切需要一个新系统，能够在整个收入循环中，为增长团队匹配为他们提供支持的基础设施及程序。通过较高成本的数据、技术及渠道资产驱动更多增长，这才是现代销售的基础。

第一部分
收入运营系统：为增长而生

我们写作本书的目的，就是为了更好地定义这一赋能增长的新系统。我们称之为收入运营。

收入运营代表了 21 世纪的一种大胆的新商业模式，其目标是创造可持续、规模化的业务增长。正如我们所定义的，收入运营包含两个部分。第一部分，是管理系统——相当于我们的"情商"——将团队中的人联结起来。第二部分，是操作系统——相当于我们的"智商"——通过聚合技术、流程和数据资产，促进更可持续和可量化的增长。收入运营将这两者结合在一起，驱动企业收入、利润和商业价值增长。

在本书中，我们将阐明什么是收入运营，并提供案例让读者理解收入运营如何运转。本书将帮助每一个关心增长的人，从总裁到面向客户的一线员工，采取措施实现更加可持续、可量化的增长。因为在增长方程式中，每个人都是变量。

具体来说，本书能够帮助首席执行官、总裁以及销售、营销和服务职能负责人更好地配置增长资源，提升增长投资赢利能力，增强风险决策理性，并以共同目标整合营收团队。本书为运营管理者和从事绩效提升的专业人士提供了蓝图，帮助其连接营收增长支持系统、流程及运营，从而实现可量化、可持续增长目标。同时，本书还有助于面向客户的一线员工充分利用其可及的系统、信息及工具，积极融入营收团队，朝着共同目标努力。

同时，本书为寻求职业提升的专业人士提供了科学的路线图，并最终指导其开展企业管理实践；也为营销、销售、服务、运营或分析等与增长相关的学科的学生提供了新知。

更为重要的是，本书提供了丰富的经验教训和深入洞察，任何寻求增长加速的大型和中小型企业均可从中受益。

收入运营系统如何促进增长

简单地说，收入运营系统是将不同事物连接组合成一个统一整体，相互协作实现共同目标。

而不同"事物"具体是指，"共同协作"机制、"统一整体"，以及"共同目标"等所定义的任何既定系统的工作方式。系统可实现诸多功能：如计算机运行、信息同步、产品生产及销售，甚至现金流管理。

系统中的"事物"可包括各类纷繁复杂的组成部分——从人到组织、技术、设备及软件代码，再到原则及程序。它们连接组合"共同协作"的具体载体有：机器（电脑）、操作（生产）、网络（铁路），或生物过程（消化）。

企业已为其大部分业务，包括制造、分销、供应链管理和财务等，建立了完善系统。在成熟的企业，这些系统获得了较好的组织、自动化、管理和评估。

然而，当我们谈起促进增长的系统时，则是另一番景象。大多数企业都将面向客户的员工划分为不同组群，其自动化系统也处于独立运行状态，诸多程序、政策和技术未实现系统连接。自然而然地，它们难以相互协作，更谈不上朝着共同目标努力。截至目前，仍没有一个能够促进可持续、规模化增长的系统。

收入运营改变了这一现状，它引入了新要素，不仅明确了不同系统间的协作机制，还为整个收入循环（见图1-1）提供了一个系统化的增长方程式：意识、需求、购买和消费。不同规模和背景的企业都可直接应用，不必对现有业务进行拆分。

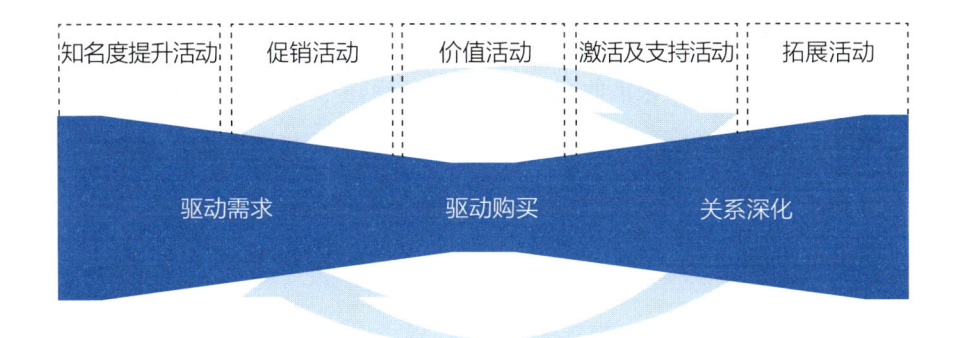

图 1-1 收入循环

➤ 企业价值与增长间的财务联系

在如今的商业世界，企业的收入增长能力与企业价值的联系比任何时候都更为紧密。

尤其是在那些通过可预测、规模化增长获得了高估值的企业身上，这一联系看得更为清楚。因为，市场更看好具有高增长表现（如年增长率超40%）和可预测收入能力的企业（如年净经常性收入超过100%）。这就是为什么哈布斯波特公司（Hubspot）❶这样一个高速增长的公司，虽尚未赢利，但市盈率却高达数百倍。这也解释了为什么赛富时公司（Salesforce）——一家增长率高达两位数且拥有经常性收入流的软件即服务（SaaS）公司——其估值会超过收益的60倍，超过标准普尔500指数平均水平的3倍。

一项对标准普尔500指数20年股东回报来源的分析发现，58%的价值创造归功于有机增长（见图1-2）。这也意味着，营收具备有机增长能

---

❶ 哈布斯波特公司是一家以集客营销为理论的营销自动化服务商。——译者注

力的企业可创造更大的企业价值，超过了降低成本、扩大市盈率和改善现金流等所有努力带来的收益总和。这背后的原因，就在于资本市场青睐增长。实现可持续增长是企业创造价值的核心。投资者需要通过增长来证明他们为企业所支付的历史高位价格是合理的。增长还可以帮助企业吸引有才华的员工，客户也将增长视为企业创新、质量和保障的标志。

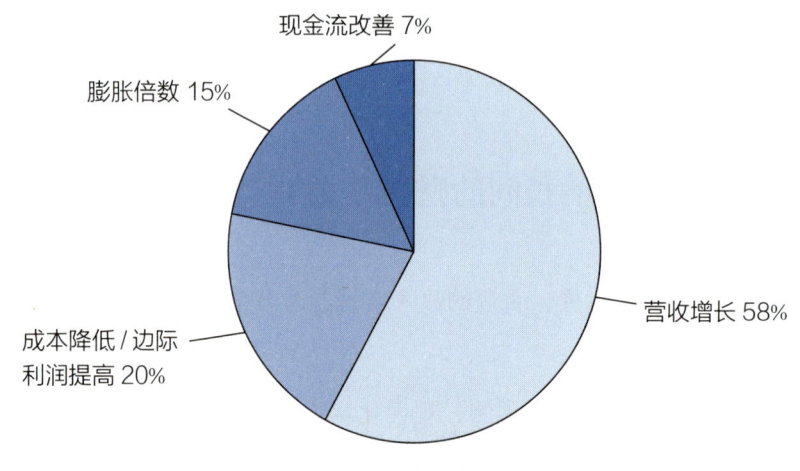

图 1-2　股东回报来源

资料来源：E. 奥尔森（E. Olsen）、F. 普拉施克（F. Plaschke）、D. 斯泰尔特（D. Stelter）的著作《艰难中求发展：低增长经济市场中创造价值》。

现在，标准普尔 500 指数成分股企业的平均营收年增长率为 4%，市盈率为 18 倍（见图 1-3），一个以 2 倍速度增长的企业，其价值几乎是其市值的 2 倍。可规模化增长的企业——通过创建营收增速快于收入产生所需资源的系统——价值甚至更高。例如，增长迅速并具有经常性收入模式的企业价值超过其利润的 40 倍。像谷歌公司、赛富时公司或思杰公司（Citrix），其收入增长远快于营业成本，它们的价值就更大。这就是众多私募股权公司力推其投资组合公司转向经常性收入或云业务模式的原因之一。

第一部分
收入运营系统：为增长而生

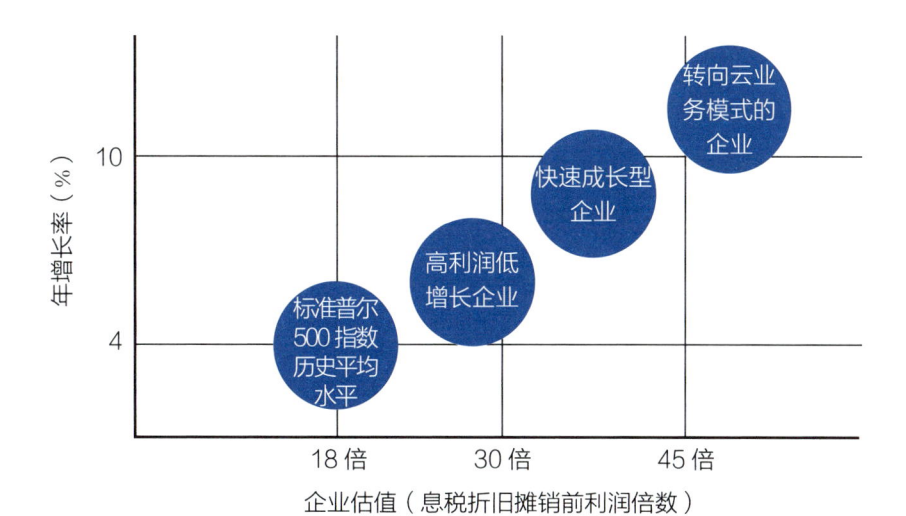

图 1-3 收入增长与企业价值

资料来源：蓝山合伙人，Pitchbook 数据❶，花朵街投资（Blossom Street Ventures）❷，道琼斯指数，路孚特 2021（Refinitive 2021），Inc.500❸ 排行榜，纳斯达克。

作为一种创造企业价值的实用方式，收入运营的重要性与日俱增，高增长企业的所有者和董事会均认识到了这一点。目前，平均收购杠杆倍数处于历史高位。私募股权投资者为收购企业支付的费用超过了 EBITDA（息税折旧摊销前利润）的 13 倍。大多数私募股权投资公司认为，目前金融工程并不足以证明高价的合理性，并为其有限合伙人提供了他们期待的回报。有证据表明，超过三分之二（68.1%）的私募股权投资公司正在推动其投资的公司以 10% 的年增长速度发展，以证明他们所支付的溢价是合理的。目前，已有许多私募股权投资公司，像石桥成

---

❶ PitchBook 数据是一家关注私募股权、风险投资的数据库及数据分析服务提供商。——译者注

❷ 花朵街投资是一家风险投资公司。——译者注

❸ Inc. 是份商业杂志的名称，Inc.500 是这个杂志评选出来的 500 强。——编者注

长股权投资（Rockbridge Growth Equity）、摩根士丹利私募股权（Morgan Stanley Private Equity）、腾格拉姆资本（Tengram Partners）、维斯塔投资（Vista Equity Partners）等，创建了增长型文化、运营模型以及基础设施，支持其投资组合加速实现规模增长。而许多增长导向型投资者不仅建立了客户需求挖掘和客户服务中心，还创建了数字营销渠道。如石桥成长股权投资就是速贷集团（Quicken Loans Group）为此而设立的私募股权部门。凭借成熟出众的营销能力，以及对客户体验的专注，速贷集团一举成为排名第一位的抵押贷款提供商，其创建的"火箭借贷"（Rocket Mortgage）作为主要品牌广泛应用于其投资组合中的其他企业。摩根士丹利私募股权运营合伙人吉姆·豪兰德（Jim Howland）认为，过去几年，私募股权投资者的角色正在从纯粹的金融工程向推动营收更快增长转变。豪兰德说道："如何管理资产，与以合适的价格获得资产同样重要，甚至更重要。现实情况是，如果你想在私募领域吸引到好的交易并获得不错的回报，你需要为如何在所有权持有期间实现价值增长做好计划，并将其计入资产支付的价格。而这个价值增长计划中的很大部分则是围绕营销和增长能力制订的。"

投资银行家、AGC合伙（AGC Partners）[1]的首席执行官本·豪（Ben Howe）强调，私募股权所有者越来越多地使用"购买、增长和构建的管理和赋能模型来创造价值"。本·豪表示，"包括维斯塔、汤玛–布雷沃（Thoma Bravo）[2]和洞见（Insight）[3]在内的顶级科技投资基金，都在不遗

---

[1] AGC Partners 是一家全球领先的科技精品投行，专注于中小企业并购和成长型融资市场。——译者注

[2] Thoma Bravo 是一家美国软件投资私人股本公司。——译者注

[3] Insight 是一家专注于中后期风投和成长型软件、互联网投资的私募股权投资公司。——译者注

余力地推动投资企业提升技术、营销计划及产品品质,通过最佳运营实践,以实现有机增长。"维斯塔以 18 亿美元的价格收购 Marketo❶,并通过杠杆,使其实现了 66% 的增长,然后以 48 亿美元的价格将其出售给 Adobe,在短短两年内获得数十亿美元的回报,这类故事往往会引起投资人的注意。"

然而,不幸的是,许多人仍将增长视为"艺术",而不是"科学"。他们通常都是以非常狭隘的眼光看待企业的职能:比如,把营销看作与财务指标毫不相干或联系微弱的创造性领域;销售就是处好关系,毫无方法可言;销冠通常被当作"王者"——尽管他们很难管理,更何况他们的经验难以复制。

此外,高管们并不认可促进营收增长及实现未来现金流的因果逻辑,尽管事实上正是这些因素构筑起了企业价值的基础。这使得高管们缺乏有效的财务管理方式,支撑其对增长选择做出权衡取舍,以及在各项促进营收增长的事项间优化配置资源。这也造成他们忽视了那些为企业创造最大价值的能力,未能就此形成商业实践案例和管理共识。例如,许多商业领袖口头上都把数据驱动、数字化、敏捷响应和客户导向作为竞争优势的基础,他们深知其战略重要性。然而,在大多数情况下,他们不具备对战略价值驱动要素开展评估的基础条件,缺乏一套切实可行的行动计划来充分利用这些资源。尽管研究证明,这些才是决定企业价值的主要因素。

高管们在苦苦探索企业实现可持续增长的有效方法。而另一方面,在评估、价值及增长型资产重要性等深深影响增长战略实施的重大问题上,他们又较难形成共识。《营销的长期影响》(*Long-Term Impact*

---

❶ Marketo 是一家提供云技术的营销软件公司。——译者注

of Marketing）一书作者，加州大学洛杉矶分校安德森管理学院多米尼克·汉森斯教授表示，"尽管所有的注意力都集中在高级分析方法和数据驱动营销上，但对企业增长的基本'数学'的理解却没有取得长足进步。根据我的经验，即使是押注于大幅增长目标的管理团队，在获客成本、新客户获取与客户留存之间的正确平衡、品牌对业务的财务贡献等基本方面上，也缺乏共识或一致性的理解"。

跨越组织界限的现实问题

企业增长的实现，需要跨领域和跨职能的通力合作。这是一项"团体运动"。任何营销策略的实施，都需要同时协调管理数十项职能和领域。这些职能包括传统的增长领域职能，如营销、销售和客户服务，也包括品牌、产品开发以及定价、促销、产品包装和渠道等。其他新的领域，如销售支持、客户分析、免费媒体管理、内容管理等，也在不断出现，甚至 B2B[1] 企业的这部分预算占营收增长预算的比例已达 15% 或更多。

每个领域都有着各自的职责，并吸引着数百万经验丰富的管理者和专家从业。而且，许多大学都为这些领域及学科单独设立了硕士和博士学位项目。

实现有机增长需要不同领域及学科之间相互协作，朝着"可持续、可赢利、可拓展增长"的目标共同努力。但在实际中，并没有专门的课程教授如何开展。很少有首席执行官对所有领域及学科都有深入了解。只有不到 20% 的首席执行官在销售方面有直接经验，而由营销人员升任

---

[1] B2B 是企业对企业电子商务（business to business）的缩写。——编者注

首席执行官的人更是少之又少。

这就是很少有管理者能够掌握增长的科学的根本原因。沃顿商学院大卫·莱布斯坦教授说,"问题的根本就在于,对于增长的科学所涉及的不同领域——如品牌、产品管理、营销及分析等,学术机构都将其设置为独立学科来教授,而商业机构都将其作为独立领域进行管理。但在现实世界中,实现企业增长的本质是跨学科的。我们作为教师,应更好地为此传授技能和知识,以使企业管理者能以客户为导向,开展跨领域的管理、协调和连接。在企业中,负责协调和领导所有这些职能的人承担着非常艰巨的任务,但这是必不可少的"。

把增长视为"团队运动"的理念在学术和商业研究上都获得了压倒性的支持。企业在数据分析、营销、信息共享、敏捷反应和跨职能合作等方面的能力与企业价值存在密切的因果关系。研究表明,组织能力每提高10%,股票价格平均就会上涨5.5%。根据《福布斯》杂志对380位首席营销官的分析,为数据驱动的评估过程、能力和系统建设开展投资的企业,其营销有效性显著提高,业务成果显著增多——营销投资回报率提升5%,绩效水平提升7%以上。分析显示,高绩效的营销人员,即业绩超过增长目标25%的营销人员,其在评估、优化和配置线下线上销售和营销投资时更加明显地会受数据驱动。

洞察力:催化价值创造

对客户洞察和组织敏捷性的投资确实能创造企业价值。企业快速有效地分析、利用和共享信息和客户数据,才能增加营销回报,并促进企业长期价值增长。学术研究证明,企业在收入团队之间共享数据和客户洞察的速度与股价之间存在着显著联系。营销科学研究所对114项学术研究的综合分析表明，一个组织产生、传播和响应市场情报的能力对公司利润、销售和市场份额等企业价值和财务表现有着可量化的积极影响。

因此，管理者要认识到跨业务共享知识的重要性，并将其作为优先考虑事项。现代销售系统的后台客户数据，有助于收入团队识别作为购买信号的触发事件、记录客户咨询过的重要问题，以及参考客户历史行为，从而为下一步行动提供决策参考。然而，企业利用数据的时间窗口很短，并且受限于客户时间、注意力及其对响应的期望，这使得数据信息能否快速从源头（如网站、营销算法）流向面对客户的员工（如客户关系经理或客户服务代表），成为价值驱动的关键因素。

同样地，客户关系管理、营销策略有效性、组织内信息共享、客户体验、产品质量、人员和创新等，均已被学术研究证明是能够影响企业价值增长的因素。

值得一提的是，推动企业将客户终身价值作为收入团队的主要目标是有财务依据支撑的。客户资产是股价的重要驱动因素。根据学术研究，客户资产的价值弹性为 0.72。这意味着，客户资产价值每增加 10%，就将推动企业股价增长 7.2%。因为更高水平的客户满意度、客户信任度和在线服务创新能够促进销售增长和长期利润率、企业价值提升。因此，在数字驱动经济中，终身价值被重新定义为一种经济模型。爱彼迎❶（Airbnb）和全球医疗（GHX Global Healthcare Exchange）等企业将数字化客户和业务支持网络转化为有价值资产的能力证明了这一点。

例如，石桥成长股权投资推动其投资组合公司部署了由石桥成长股权投资的权属公司速贷集团开创的先进分析和直销能力，以促进企业营

---

❶ 爱彼迎是一家经营全球民宿、短租公寓预订平台的公司。——译者注

收、利润和价值增长。石桥成长股权投资的一家提供在线研究生教育的企业——中北大学（North Central University），能够借鉴速贷集团开发的需求挖掘实践经验，在其持有的6年间，注册学生人数从5000人增加到9000人。这帮助其实现了营收（从3100万美元增长到1.14亿美元）和息税折旧摊销前利润（从600万美元增长到2900万美元）的快速增长，并最终成功退出。

无形资产：增长之基

通过提升商业资产的营收回报，任何企业都可以实现更大增长和价值。这里的商业资产，是指客户数据、数字技术、数字渠道基础设施以及客户资产等。根据营销责任制标准委员会分析，这些资产构成了B2B企业的大部分增长投资组合（见图1-4），在企业资产负债表中也占据着重要位置。如果把这些增长型商业资产当作金融资产对待，大多数首席执行官都可以从中获得更多收入和利润。

然而，问题在于，相较于工厂、库存材料和运输车辆等有形资产，支撑增长的商业资产则是"无形的"。这造成了成长型资产难以量化、难以管理，也更难以创建。

在21世纪，如果管理者想要推动企业快速发展，就必须解决这个问题。经济活动中的资本导向发生了变化，管理者需要随之改变。在过去经济发展是建立在铁路、河道和工厂等有形资产之上，如今经济则是受知识产权、软件代码、数据集、客户体验、设计和品牌等无形因素驱动。企业对无形资产的投资超过了对有形资产的投资。这也解释了现在超80%的企业价值变化背后的原因。根据乔纳森·哈斯克尔（Jonathan Haskel）和斯蒂安·韦斯特莱克（Stian Westlake）在其《没有资本的资

品牌价值	品牌价值增加 10%，带动股价上涨 3.3%
客户资产	客户资产价值增加 10%，带动股价上涨 7.2%
组织能力	组织能力提升 10%，带动股价上涨 5.5%
营销效果	在企业范围内实施营销投资回报率（ROMI）提升举措，带动股价上涨 9%
数字平台	数字渠道有效性提高 10%，推动股价上涨 2.2%
工作人员素质和产品质量	工作人员对产品质量的认识提高 10%，推动股价上涨 3%

图 1-4　创造企业价值的商业流程

资料来源：(1)《品牌价值是企业以往营销努力的沉淀：投资与估值模型应用》，迈耶（Meier）、芬德利、斯图尔特的分析，营销责任制标准委员会，2017。
(2)《营销对企业价值的影响：基于元分析的概论》，美国营销协会，亚历山大·埃德林（Alexander Edeling）和马克·费舍尔（Marc Fischer），《营销研究杂志》，2016。
(3)《关于营销影响的实证研究》，汉森，美国营销科学研究所。
(4)《营销责任制标准委员会 CIR 倡议》，2018。

本主义》（Capitalism Without Capital）一书中的说法，这一数字远远超过了 1950 年的 3 倍。

例如，品牌推崇度、客户忠诚度和创新认知等成长型资产，具有重要价值，因为是这些因素驱使客户选择购买你的产品，并愿意为之支付更高价格。苹果公司就是如此，在本书出版时，其品牌价值超 2500 亿美元。然而，这些商业资产较难准确描述。同时，也不会出现在财务报表上，更没有固定公式可以创建、发展、保护这些资产或将其变现。这就是大部分首席执行官较难在一些领域找准长期增长型资产，并做出明智投资的原因，他们也未弄懂营销资产如何创造财务回报。

第一部分

收入运营系统：为增长而生

企业增长是一个复杂的课题，涉及一系列商业增长资产的管理。品牌资产历来是企业较大的增长资产之一。在过去30年里，随着客户购买行为越来越数字化和受数据驱动，并逐步变成一种资本密集型活动，驱动增长引擎转动的关键齿轮焕然一新，变成了一套全新的资产集、即客户数据、高级分析、数字销售渠道，以及不断增长的销售和营销技术组合。

负责销售、营销和服务的高管往往在不知情的情况下管理着他们公司最有价值的资产：客户数据。不过，它们不会出现在任何资产负债表或管理报告中。这些数据被视为无形资产，就像研发和品牌资产一样。会计师不会像对存货或房地产等实物资产那样对其进行仔细地评估、报告或管理，尽管它们的价值要大得多、战略性要强得多。

最有力的证据是，美国联合航空公司和美国航空公司最近分别通过其前程万里计划（Mileage Plus）和常旅客计划（A Advantage）等客户忠诚度项目抵押获得了数十亿美元的贷款。第三方评估数据表明，它们的价值是公司本身市值的2～3倍。美国联合航空公司的客户数据价值200亿美元，而当时公司市值约为90亿美元；同样，美国航空公司的客户数据价值至少195亿美元，甚至高达令人瞠目的315亿美元，而公司的市值却在80亿美元以下。不幸的是，根据《信息经济学》（*Infonomics*）一书的作者道格·兰尼的说法，大多数首席执行官、首席体验官、首席信息官（CIO）和首席财务官都未将客户数据纳入财务价值计算范畴，因为没有人对资产和会计监管负责，而保险公司也表示他们不必这么做。

不幸的是，大多数企业都没有很好地做好这些成长型资产的变现工作。所以对大多数企业来说，其最大的企业资产未充分实现价值。

类似于客户参与度的数据已经成为每个企业的关键战略性资产，这些数据为培育未来增长、赢利能力和竞争优势奠定了基础，有助于企业优化定价，实现客户转换，设置账户优先级以及优化增长资源配置等，从而促进企业价值提升。管理者必须真正地将其视为企业资产，开展评估和管理——包括坚持在财务上开展可行的资产回报率（ROA）监测。

无形资产日益成为企业增长和价值的基础，这是一个巨大的变化。管理者和会计师非常擅长管理、评估有形资产，并对如何从中获取价值轻车熟路。有形资产包括现金、存货、车辆、设备、机器、建筑物等。1975 年，有形资产可占据企业价值的 80% 以上。

但现在的商业世界早已不是 1975 年的商业世界了。在过去的半个世纪里，随着人们进入信息时代，无形资产已成为主要的资产类别。无形资产并不以实物形式存在，它包括但不限于应收账款、预付费用、专利和商誉等，并且越来越多地由品牌和客户数据等资产组成。这些资产听起来虚无缥缈，但具有真正的价值。许多学术和行业研究表明，如果无形资产能够被合理评估和核算，其可占企业价值的 80% 以上。营收团队驾驭这些资产的能力，即可通过培育客户偏好、忠诚度和使用频率，来实现客户转换，提升未来收入和利润水平，同时获得溢价。这成了企业价值的主要驱动因素。超过三分之二（68.1%）的私募股权投资公司正在推动投资企业以每年超 10% 的速度增长，以验证其所支付的溢价是合理的。

充满模糊性且缺乏管理，这就是目前在企业中占比较大且具有真正价值的增长型资产的状态。特别是那些对销售和营销技术组合，以及我们所说的自有数字渠道基础设施（网站、数字营销、移动应用程序和电子商务）等方面进行大量投资的企业，尤其如此。因为在增长投资组合中，这些媒体正在取代付费媒体，成为 B2B 销售差异化竞争的关键。

21 世纪实现增长的挑战：客户、混乱和碎片化

在过去 30 年里，有几个因素改变了我们实现收入增长的方式。随着买家变得信息越来越灵通、越来越不耐烦，客户的期望也发生了变化。随着越来越多的购买活动发生在数字渠道，销售人员也越来越依靠数据分析和自动化来满足客户需求，传统销售流程已被打乱，销售逐步向资本密集型转变。企业所有者、投资者和首席执行官们越来越渴望用可靠的经常性收入和连接整合的组织来取代零散的销售和分散的团队，这使得风险被放大。

以下是过去 30 年改变营收增长方式的一些因素：

- **客户行为变化驱动了企业提升客户体验，并使其成为首要目标。**
  数字化销售变得无处不在，这迫使企业不得不调整传统的销售模式，以满足客户对更快节奏、完整答复、数字渠道参与和相关内容的期望。众所周知，掌握充分信息的数字化客户助推了卖家在收入循环的"关键时刻"提供更好的客户体验。随着买家变得越来越数字化，要求也越来越高，这最终成为企业开展个性化、差异化业务的唯一途径。客户想要的就只是更快地获取相关信息和完整答复。研究显示，在非必要的情况下，大多数买家甚至都不想与人交谈。

    过去数十年，研究、合作以及越来越多的交易都转移到了数字渠道。根据《服务状态报告》，现在超过 80% 的客户在服务互动中更喜欢通过在线聊天交流。根据杜克大学富库商学院（Duke Fuqua School of Business）的研究，新冠疫情加速了买家行为的变化，对客户参与产生了较大影响——数字渠道销售的比例

翻了一番。

其中，买家人口结构的变化也对其购买行为的变化发挥了重要作用。据《福布斯》报道，每天大约有 1 万名婴儿潮一代❶的人年满 65 岁。另外，千禧一代❷买家是"网络原住民"，是伴随着谷歌搜索和数字渠道长大的一代，他们希望 100% 在线上完成所有或大部分购买；83% 的千禧一代 B2B 买家希望电子商务平台能让他们比以往任何时候都更充分地获知产品信息。根据高德纳咨询的数据，如今大多数（55%）的千禧一代 B2B 客户更偏好在购买复杂解决方案时不与销售代表联系。

当他们提问题时，他们想要快速获得完整的答案。莱博智科技公司首席营销官杰米·普尼希尔表示："如今，一半的劳动人口都是出生于 1977 年之后。这个因素很重要，因为他们了解信息的唯一范式是由谷歌定义的，基本上就是简单的'问-答'范式。他们不想在庞大的菜单中进行查找，也不想等待答案。他们只是习惯于通过谷歌或语音搜索来提问，如果需要的话，还可以通过人工提问。"这迫使卖家从根本上改变内容和网站的组织方式，从手动分类转向基于买家搜索和提问的、由数据驱动的响应管理模式。为适应这一变化，销售支持团队开始向响应管理模式转型，使用人工智能来跟踪和预测客户提出的问题，并通过销售代表、服务代表、聊天机器人或声控设备更快地提供准确的回答。

然而，客户体验不好可能是致命的。研究数据显示，仅因为

---

❶ 婴儿潮一代是指第二次世界大战结束后的 1946 年到 1964 年出生的人。——编者注

❷ 千禧一代是指 20 世纪 80 年代初到 90 年代中期出生的人。——编者注

易用性差导致客户体验差，就会有近60%的人终止与B2B供应商的业务。升级客户体验成为销售的首要目标，这给管理者带来了巨大压力，要求他们管理好端到端的全部商业流程，而不是其中的几个部分或阶段。管理者会努力协调营收团队、管理系统、绩效指标和平台，以确保客户获得更加一致的体验。系统、程序及流程得到了前所未有的重视，因为它们可以大幅提升响应速度和敏捷性，尤其是个性化客户体验和连接渠道。

- **业务开展的速度和节奏变快了。** 随着交流从面对面转移到数字渠道，客户沟通的节奏加快了。交流中的休息和轮换对接时间更少。销售提速，以至于负责营收团队和管理团队的高管需要实时获知客户情报，并开展销售指导。我们访谈过的管理者和运营专业人士一致将客户可见性、卖家有效性、账户和渠道健康状况评为营收团队实现"4D"（分布合理、多样化、数字化、动态化）绩效的4个驱动因素。

- **销售变得更加资本密集。** 我们访谈过的高管们告诉我们，21世纪管理营收团队的关键，在于管理销售系统，而不是管理销售人员。随着销售的数字化程度不断提高，其变得越来越资本密集。过去30年，增长型投资组合的资本和运营构成都发生了显著变化。例如，商业技术投资组合——或销售和营销技术组合——占据了增长投资组合和销售、营销运营的较大部分支出。根据高德纳咨询公司的数据，2017年全球在客户体验和客户关系管理软件上的支出增长了15.6%，81%的营销人员表示，现在的竞争基本变成了客户体验的竞争。根据杜克大学对首席营销官的研究报告，营销人员在客户关系管理上的投资，比品牌营销更大。总体来看，平均每家企业都投资了不少于20个的销售工具，而基于云计算的中小型企业更是使用了30余个工具支持销售工作。

大众媒体式微和对隐私的担忧，使第三方媒体难以为继。目前，大多数企业的运营预算更多用于"自有"数字渠道基础设施建设，而非"付费"媒体（数字或其他形式）。与此同时，为了将依托数字销售基础设施产生的客户参与、卖家活动和产品遥测数据等价值信息变现，企业投资了超10%的营销预算用于高级数据分析。所有这些变化给管理者带来了较大压力，要求其不断优化现有的增长型技术投资组合，改进流程，相互连接，并尽可能实现价值变现，以使企业能从这些资产中获得更大财务回报，并更好地实现规模化和可预测的增长。支持营收增长的技术生态系统日益复杂且价格高企，"连接各个点"已成为竞争优势的基础。

- **销售变得更加数据驱动**。客户参与、卖家活动数据、产品使用数据源以及数据分析投资增加等新范式，驱动着销售分析与人工智能的发展变革，也正改变着企业实现增长和创造价值的方式。人工智能的进步以及人工智能销售工具的不断涌现，正在使数据驱动的销售成为可能。这种方式有利于更好地分配销售资源，以及形成对渠道、账户和机会潜力的深入洞察。高级分析正在帮助管理者提高营销策略。未来25年，这些工具将成为实现增长、形成竞争优势和创造价值的主要驱动力。这些变化相当于销售领域的哥白尼式革命，每一次行动和活动都围绕着客户数据展开。

- **转向"4D"销售已经改变了销售的经济学原理和基础平台**。随着买方和卖方向远程工作、混合型工作和不限于任何地点工作的工作方式大规模持续转变，数字化、数据驱动、动态管理和广泛分布的销售团队成为市场的主要渠道。这改变了现场销售的投资

第一部分
收入运营系统：为增长而生

分配，将投资从旅行和场地获得，转移到可促进可拓展增长的培训和技术投资。它还显著改变了长期以来我们对销售人员的设想，其中包括销售工作的重点、角色、工作量、销售成本以及将潜在客户转化为客户所需的投资组合和参与节奏等。这使得企业必须重新思考基于地理位置的区域定义，基于面对面交流模式的销售配额分配，以及劳动密集型覆盖模式。阅读——变成了你的商业模式中可反映最新动态的"架构"，其可显著降低销售成本和提升卖家绩效，而不需要额外的投资。

- **管理客户的终身价值已经成为企业追逐经常性收入的主要关注点**。一个有经常性收入的企业比一个必须反复向客户推销产品的企业更有价值。《财务总监》杂志的一份报告显示，大多数董事会（53%）敦促其首席执行官将产品和服务重新包装为订阅定价模式、使用导向模式或基于云端的服务。高德纳咨询公司的数据显示，90%涉及"现场"销售技术、设备或软件的企业都在转向云模式。任何能够实现这一目标的企业——包括霍尼韦尔这样的工业企业、奥迪这样的汽车企业和Flexential[1]这样的基础设施企业——都在试图转向经常性收入。从销售产品到销售订阅和SaaS解决方案，需要对"营销策略"进行重大改变。它将销售的重点从寻找新客户转移到挖掘更多的忠实客户并拓展与他们的关系。它提升了培育客户资产和终身价值作为企业价值驱动要素的重要性。它还迫使与客户打交道的职能部门——如销售、营销、客户体验和支持服务等部门，寻找作为一个营收团队共同工作的路径。

- **实现增长已成为一项团队运动**。根据营销责任制标准委员会的

---

[1] Flexential，美国数据中心服务商。——译者注

学术研究，有 18 种战略杠杆可撬动企业收入、利润和价值增长。而这些增长的杠杆位于组织的不同部分：包括信息技术（IT）部门快速传递信息的能力、服务团队建立客户权益的能力以及提供优质数字渠道体验的能力；还包括销售和营销渠道的有效性，面向客户的员工参与度，以及产品团队在市场上创造的创新观念。没有任何一个部门能控制所有 18 个增长杠杆。我们的分析显示，它们分布于销售、营销、客户成功、产品管理等部门，有时还包括信息技术等职能部门。当我们把这些传统的工作职能简单相加，其"和"能控制的增长杠杆不超过四分之一。高管们都在争夺增长方程式中的关键新环节，如客户分析和数字渠道管理。因此，跨职能团队合作已成为管理收入增长的基础。这迫使管理者开发运营模式、激励机制和平台，以帮助市场、销售和服务部门整合成为一个营收团队，实现共同目标。

- **随着财务问责制受到的关注增加，为增长投资注资变得愈加困难。** 负责增长的领导，如首席营销官、首席风控官、首席商务官等，承压巨大。他们需要力证增长投资及资产对财务表现的贡献。这是一件好事。因为人无法管理其无法评估的东西。了解每一个增长行动和投资对企业的财务贡献是产生可赢利增长的必要条件。这种对财务问责制的关注从根本上改变了商业资源和资产的配置、组织、评估和调配方式。但其中存在一个问题，即大多数组织评估和计算增长型投资业绩的方法都是有缺陷的。单纯的营收贡献更偏好短期行为，而将销售与营销连接起来并开展跨职能预算工作的明智投资又较难评估。有价值的资本投资，如建立数字销售基础设施，使亚马逊公司受到大多数购物者青睐，但其不适合运营预算。对缺乏耐心的首席财务官来说，这需要太长时间才能获得回报。这造成了意想不到的后果，实际上可能弊大于利。例如，一个有明确归因的糟糕的短期投资将优先于一个需要跨部门共同合作的赢利的长期投资。这种有缺陷的财务问责方法使管理者几乎不可能创造可量化增长投资的商业案例，例如一对一的个人化、实时指导、响应管理和基于账户的营销。

管理"4D"销售系统的挑战

数字化、数据驱动、动态化和地理分散的收入团队改变了销售系统的管理方式。

大规模转向居家办公、混合型工作和不限于任何地点工作的工作方式将成为销售转型的引爆点，并极大地改变销售和营销组合。目前，预算被大量投入数字化、数据驱动和可评估的渠道，加速销售的数字化转型。

新冠疫情迫使超过 40 亿人居家办公和消费，远程销售成了"新常态"。营收团队的巨大转移迫使企业加速向更加数字化的销售模式转型，以适应远程销售和新的消费环境。在推动远程销售的热潮中，人们忽略了一个事实：虚拟销售渠道为增长导向型企业提供了提升销售业绩和加速增长的潜力。

转向远程购买正在产生更大的影响力，因为客户在其客户旅程的每个阶段都要求更快的节奏、更完整的回答和更个性化的内容——无论他们是与客户代表、业务开发代表、产品专员还是客户服务经理交谈。"B2B 买家在客户旅程中越来越多地使用数字渠道和信息，这正在重塑 B2B 卖家与他们接触的方式。"高德纳咨询公司销售副总裁布伦特·亚当森（Brent Adamson）说道。这对B2B营收团队来说是一个巨大的挑战，因为我们的研究显示，"大多数40岁以下的B2B买家都不愿意与销售和服务代表交谈，而且他们根本区分不出大多数采购企业所提供的数字购买体验有什么不同。对销售代表来说，充分利用购买周期中的每个重要时刻变得至关重要"。这意味着，需要建立与买家的同理心，分享更有吸引力的内容，提出更明智的问题，开展有助于建立信任的对话，充分交流其解决方案的财务价值，并清晰呈现与竞争对手之间的微妙差异。

这种转变改变了企业向客户销售产品的方式：

1. **重新定义现场销售投入和资本投资**。从销售的角度来看，销售管理者已经接受了远程销售，认为这是一种以更少的成本销售更多产品的方法。虚拟销售代表可提供高级线下销售代表的能力，包括数字和直销渠道的可见性、覆盖范围、节奏和生产力。向虚拟渠道的转变将对销售费用产生巨大的影响，因为它将大幅减少销售差旅和场所管理费用，但增加对技术和技能使用的投入，从而为数字渠道的销售代表赋能。

2. **创建平台重新定义客户体验**。从营销角度来看，超过80%的首席营销官将疫情视为重新定义数字和虚拟渠道客户体验吸引客户方式（如媒体组合、渠道）的一个巨大机遇。首席财务官在业务衰退时重新分配预算的方式反映了这一点。例如，81%的传统企业正在增加对数字技术的投资，以提高市场覆盖率和客户参与度。

3. **加快采用先进的通信、赋能和可视化技术**。从技术的角度来看，为适应新的消费现实环境带来的压力，企业正在加速采用目前未充分利用的技术，它们将有助于成倍提高卖家业绩。其中包括算法销售、销售支持、5G 通信、直接面向消费者（DTC）渠道建设技术，还包括增强现实技术等。通过科学设计和设备完善，虚拟销售渠道可大大提高销售渠道覆盖范围，增强控制力，提升成本效益，同时满足买家对反应速度和客户体验的需求。

4. 创建大量新的客户和销售商活动数据集。"在过去的 24 个月里，分析团队获得了大量销售参与数据，"顶峰合伙（Summit Partners）❶ 公司的总经理莱恩·费林顿（Len Ferrington）表示，"这些数据来自卖方系统，电子邮件，日历，第三方来源，销售对话记录（通过 Zoom❷、Teams❸ 记录或原文记录）和非接触式销售平台（如文本和聊天机器人）。"自新冠疫情暴发以来，记录在案的销售电话数量增加了 30 倍。

5. 提升分析客户情绪和非语言暗示的重要性。"虚拟销售的快速增长创造了对人工智能及其分析的需求，这些分析可以帮助销售代表在不进行面对面交谈的情况下更好地理解客户的情绪、反应和关系，"宾夕法尼亚大学沃顿商学院的艾杨格教授说道，"企业需要找到方法，利用客户记录和数字参与平台，如 Zoom、Teams 或思科 Webex❹ 等平台的新数据，理解客户情绪和销售中所有的非

---

❶ Summit Partners 是一家成长型股权投资公司，致力于投资快速发展的公司。——译者注

❷ Zoom 是一款云视频会议软件，为用户提供兼备高清视频会议与移动网络会议功能的免费云视频通话服务。——译者注

❸ Teams 是微软推出的在线视频会议、电话及聊天协作软件。——译者注

❹ 思科 Webex 是一款线上会议软件。——译者注

语言暗示。"

6.**销售业务不得不提高可见性和透明度**。获取实时商业洞察，包括健康状况、机会潜力、卖家和渠道绩效等，对于营收团队的绩效管理至关重要。目前，营销团队已转向数字化、多元化、动态化和广泛分布的"4D"销售。这些都被销售经理和绩效专业人士视为远程销售效率的主要驱动因素。

◆ 20 世纪的工具已过时

新生力量打破了销售、营销和服务的现状。总的来说，管理增长的传统观念已过时。如今管理者开展对营收团队及其活动的管理，需要比 20 世纪更先进、更数字化的销售模式。

使用过时的商业模式来管理现代团队会对业务产生严重危害。将销售、营销和服务资源作为独立的职能来管理是团队合作的障碍。线性有序的客户旅程——前面是广告，中间是销售，最后是服务和支持——在现在是行不通的，因为顾客不会那样买东西了。随着喜欢网购的客户数量不断增加，传统纸媒广告和面对面销售成本在营销和销售成本中的占比急剧下降。

依靠 20 世纪发展起来的商业模式来管理 21 世纪的销售系统，将产生严重的财务后果。例如，未对收入循环开展协调管理会导致收入和利润在客户旅程中的"气隙"和交接环节泄露。企业可能会因为未抓住机会及时跟进，死板地执行定价纪律，或未能识别或尽快对客户的买入信号做出反应等，导致大客户将业务转移到其他地方，损失 10 个百分点的息税折旧摊销前利润。对支持营收增长有价值的技术、客户数据和数字基础设施资产的脱节管理，可能会造成更大的财务问题。如果没有一个连贯的系统来连接和管理这些增长型资产，并将其与创造价值的销售成果相联系，那可能将导致投资的财务回报低于可接受水平，销售成本升高。

管理模式总是随着经济和市场的变化而变化。洛克菲勒（标准石油公司）、雷金纳德·琼斯（通用电气公司）和阿尔弗雷德·斯隆（通用汽车公司）分别开创的公司、联合企业和业务单位都在当时开展了结构创新，实现了管理目标。

世界已经发生了翻天覆地的变化。

由独立的销售、营销和服务职能组成的"烟囱式"组织是另一个时代的产物。彼时，媒体影响力巨大，数字渠道刚刚出现，消费者仍按有序的线性流程购物。当企业可以通过巨额媒体预算来拉动需求时，首席营销官一职就出现了。销售副总裁在管理"卖家"时是达成交易的关键。像销售运营、客户洞察和数字营销这样的角色在 25 年前甚至都不存在，因为在当时数字技术和客户数据不是销售公式里的关键变量。

领导角色变化

管理增长资源的领导角色同样已过时。例如，首席营销官是一个建立在大品牌和大额媒体预算基础上的工作职能。尽管这种职能已存在数十年，但媒体预算多年来一直在下降。这使得许多首席营销官在核心预算缩水的情况下，艰难地寻找一席之地，避免被排挤出收入循环。像著名的"Blue Suits"这样的大型现场销售组织已存在较长时间了，但其销售功能却通过添加多项电子、社交、网页甚至非接触式渠道而得到不断发展，这些渠道并不一定需要现场销售人员来服务客户。随着产品应用和体验成为建立客户关系、扩大营收和实现客户终身价值的核心,服务的重要性被提到前所未有的战略高度。

现在,销售、营销和服务之间的职能区分更多的是因文化和运营惯性而存在,而不是因现实需求而存在。通过独立职能管理这些角色,已变成了一种必要的操作,以维持组织机器在短期内的正常运转。然而,各项职能的独立导致了功能障碍和资源浪费。从战略上讲,硬性组织结构在21世纪阻碍了营收增长,它阻碍了收入循环内的信息流动,并成倍放大新技术部署的难度。

在顾客行为变化和商业模式转变的双重压力下,20世纪的商业结构正在崩溃。高德纳咨询公司销售副总裁布伦特·亚当森认为,"企业需要重新打造商业引擎,以更好地反映新的购买现实,即客户是渠道不可知论者,买家行为是非线性的。这是一项大工程,涉及对传统商业基础设施的改造,并创建新的角色、流程和指标"。

因此,我们在撰写本书时调研采访的绝大多数负责增长的高级管理者,都在采取措施协调销售、营销和服务团队,以根据我们在本书中概述的要素和动态来维持、加速增长,这一点不足为奇。超过90%的公司正在积极地重新定义销售渠道"构建"方式,并对其销售支持和客户数据、技术资产监测业务进行整合。85%的首席体验官正积极地重新设定营收团队角色和任务,改善客户体验,促进账户价值增加。超过9000家企业引入了对销售和市场有更大控制力的"首席体验官"角色,与此同时,首席执行官会亲自领导整个企业的商业运营、系统和流程。最为重要的是,几乎所有人都认为,根据市场趋势修正商业模式需要首席执行官的领导才能成功,需要每个接触客户的员工朝着共同目标工作。

我们访谈过的首席体验官们也在努力寻找从销售支持系统和技术中产生更大回报的方法。大多数人认为他们在客户关系管理、数字销售基础设施、销售支持技术和数据资产方面的投资表现不佳。他们觉得，企业在努力地"养"着这些工具，而工具所发挥作用却有限。他们感觉公司的销售和营销技术平台变得太复杂了。大多数人告诉我们，他们正在尝试对其进行简化，以更好地连接销售技术平台中的许多解决方案。他们这样做是为了简化销售者的工作流程，使其在日常销售中更好地洞察客户，将技术转化为"力量乘数"，帮助其以更低成本销售更多产品。

各行各业大大小小的企业都在转换工作重心。我们访谈过的高管们一致认同收入运营的重要性，尽管截至目前，这一尚未成熟的学科还没有被明确定义和描述。本书旨在改变这一现状。

第二章
收入运营：驱动价值创造和影响力打造

作为我们研究的一部分，我们采访并调研了数百名商业领袖。其中包括服务于增长导向企业的首席执行官和管理者。与此同时，我们也与销售、营销和服务领域的顶尖学者，以及客户分析、销售支持和营销技术等领域的专家进行合作。我们的研究团队评估了数以千计正在塑造现代商业模式的技术。

我们采访的大多数高管都将收入运营描述为一个促进可持续和可扩展增长的系统（或商业模型）。大多数高管告诉我们，收入运营对企业虽然谈不上"生死攸关"，但也是一个重要的问题。他们还认为，虽然它还没有完全发展成为一门商业学科，但它未来必将成为一门学科，因为如果每个人都希望做好自己的工作、获得晋升并在市场上取得成功，那他们就需要更好地去理解它。

鉴于该话题的在线讨论流量，似乎许多企业都在尝试以某种形式来部署收入运营。根据目前的研究评估发现，收入运营的采用率很高，尤其是对正在向经常性收入模式转型的中小型B2B企业和科技企业而言，采用率更高。例如，弗雷斯特市场咨询公司（Forrester Research）表示，超过三分之二的企业已经部署了收入运营——或者是部分部署，或者全部部署。高德纳咨询公司预测，到2025年，大多数增长较快的企业都会完成收入运营模式的部署。

从广义上讲，这些预测是正确的。与我们交谈过的高管直观地知道，他们必须采取更多措施来协调团队，并让技术更高效地为企业服务。他们中的大多数已在积极地采取行动整合销售、营销和服务。

我们采访过的管理者对这些预测既有一种紧迫感，又保持着乐观和谨慎。这些预测，让一些管理者生怕错过大趋势，并急于采取行动，但也让一些务实的高管犹豫不决。虽然大多数人都认可收入运营是一个好的工具，但还没有人真正地定义过它，也没有人从深层次上去展示过它是如何运作的。甚至包括如何对其进行布局也需要说明。

在我们访谈过的高管中，超过 90% 的人都不清楚到底什么是收入运营——也不清楚收入运营究竟会带来怎样的回报。其中包括那些已经在积极采取措施整合销售、营销和服务的首席执行官和高管。

但这并不奇怪，因为描述收入运营就类似于描述伟大的艺术作品。大多数人都赞同这是一件好事，每个人也都知道它，但很少有人能描述它。这种模糊性导致了有十几种不一致的关于收入运营的定义的出现，这些定义出现在各种书面研究、分析报告、软件营销和广告中。而且定义的范围各异，包括方法论、战略、工作职能、软件平台和组织设计等。

前后不一的描述给实践和应用带来了很大挑战。如果没有人认识或理解什么是收入运营，那分析师们如何凭经验就能证明部署收入运营的公司将会增加销售额和创造价值呢？如果无法量化收入运营的价值，又如何去确定和规划为了实现它而要采取的措施呢？

本书将为那些志在实现收入运营的人（包括从首席执行官到运营专家，再到在一线跟客户互动的销售人员）制定一份清晰的实施蓝图。

➧ 驱动价值创造

为提高企业生产力和公司财务绩效，一份由分析师、顾问和解决方案提供商发布的第三方研究报告强烈推荐向收入运营模式转型。整合销售、营销和服务等以营收为中心的团队，使其围绕一个共同的流程工作，以高效的方式促进价值的产生，具体包括：

- 生产率：销售代表的生产率提高 10% ~ 60% 不等。
- 增长率：收入增长率提高 19% ~ 31% 不等。
- 培养转化率：新销售代表的培养转化率速度高达 60%。
- 流失率：销售代表流失率减少 75% 及以上。
- 配额实现：提高配额实现。
- 价值：公司价值增长高达 71% 及以上。

尽管以上是对广义业务影响的评估，但收入运营确实存在重大机遇。直到现在，还没有研究机构能回答我们团队采访的那些高管提出的问题。截至目前，尚无任何研究明确提出收入运营的定义，回答收益如何实现，以及具体由谁来负责实现收益的问题。在收入运营缺乏明确定义或运营数据积累缺失的情况下，对转向收入运营模式后的财务收益进行评估是比较困难的。

我们希望本书能够帮助首席执行官、首席体验官及其团队更好地了解收入运营模式对企业的财务贡献。我们会给读者介绍收入运营如何让公司营收达到甚至超过目标，同时也会向大家介绍收入运营对公司利润和企业价值提升的贡献。

通过与数百名增长管理者和"增长科学"领域的杰出学者合作，我们和收入赋能研究所的其他研究员共同总结出首席体验官实现可量化收益的具体财务、运营和管理杠杆，以及有助于实现企业转型的关键领先指标。据我们访谈过的首席体验官称，通过采取可评估的具体行动，其对财务收益的影响立竿见影，且增长显著：

1. 对企业客户旅程开展单点管理，减少从潜在客户到交易周期中收入、利润的流失和"空隙"，从而规避整个收入循环的收入流失。这种收入、利润和价格流失可能会让你的公司损失高达 5% 的息税折旧摊销前利润，而这些你本该实现利润的业务，却由于错过对接、缺乏跟进和定价不当而未能实现。如果你在一家市值 1 亿美元的公司，这意味着每年亏损 100 万到 500 万美元。再加上错过新买家信号、愤怒客户的警报以及扩大账户的机会成本，影响远不止于此。

2. 启用可扩展技术，重新部署运营和分析资源将事半功倍，其中包括一对一个性化、大规模实时培训，动态定价、数据驱动的销售资源分配和基于账户的营销策略等，从而创造可扩展且可持续的增长。例如，使用算法来执行定价规则并根据市场需求动态匹配价格，可以在不增加资源或投资的情况下，让保底利润增加 10 个百分点。沃顿商学院贾格莫汉·拉古（Jagmohan Rajn）教授和约翰·张（John Zhang）教授表示，在没有相应的销量损失的情况下，有效价格上涨 1% 将使公司的保底利润增加 10%。

3. 调整销售系统架构和系统化方式，提升营收团队的参与度、速度和生产力，促进团队合作，以便在降低相关销售成本的同时实现更快地发展。"与使用手动或电子表格驱动流程的同行相比，采用自动化工作流程的企业发现自己的效率提高了 2～3 倍。"蓝山资本合伙人的常务董事迈克尔·史密斯表示，在过去 10 年里，他帮助过超过 300 家的

B2B企业从现有销售资产中获得了更多的增长。

4. 借助技术栈有效减少浪费，淘汰闲置或不良资产，提高技术资产的回报率。这也能提升销售体验。重新部署运营资源，将大大简化对数据、技术和内容的管理流程。正如我们之前讨论过的，这些成长型资产是昂贵的、有价值的，它们会给公司创造很大一部分的财务收益。在大多数企业中，它们不仅没有得到充分的利用，也没有得到有效的管理。事实上，完全可以发挥这些资产对可扩展增长的支持作用——例如更好地分配资源和支持销售行动，从而产生更大的交易和更高的转化率——进而产生更多的财务收益。例如，"B2B企业可以在它们的商业模式中加入虚拟销售渠道，这样可以用更低的成本让销售代表的参与度、响应速度和生产力提高50%"，迈克尔·史密斯表示。

5. 从客户参与和销售活动资产中生成更敏锐的洞察力，从而借助数据来优化销售和资源分配。如果能将企业的关注点更多地放在销售时间、资源、优先级以及如何对待客户上，那任何企业都可以获得更多的盈利。借助数字渠道和高级分析法，企业能够极大地提高销售团队和渠道的业绩。企业可以通过加强市场细分、聚焦客户优先级、采用数字渠道以及调整销售人员关注点和工作优先级来实现这些效率。我们将所有这些销售系统设计变量的优化称为"商业架构"。一个设计合理且结构优化的商业架构，可以使销售聚焦在合适的客户身上，可以让企业利润短期内提升5%~10%。

6. 重新分配用于房产和差旅的销售预算，将其更多地投资到更可扩展的销售培训和赋能上。普通企业一个销售代表的"销售间接费用"一年会超过10000美元。在大规模采用居家办公和不限制地点工作的政策之前，大部分企业开销都与房产、出差和请客户吃饭的市场开发基金有关。只有很少一部分——不到三分之一——用于赋能销售的培训和技术的扩展提升。将部分或全部的销售间接费用投资在技术和培训上，可以使销售可见性、速度、生产力和参与度翻倍，同时仍能降低销售成本。在沃顿商学院的调研中，有81%负责业务增长的管理者正在积极优化这种组合，他们通过增加对数字技术的投资，提高市场覆盖率和客户参与度，同时削减差旅和销售间接费用预算，从而以更低的成本实现更高的销售额。

7. 通过提高培养新销售人员的速度、提高整个营收团队的整体准备水平和技能，以及减少流失，留住表现出色的顶尖人才，从而提高现场销售的经济效益。在销售团队中，销售代表流失率每增加 5%，会使销售成本增加 4%～6%，并使总收入减少 2%～3%。对低增长和低利润的公司来说，如果没有人填补空缺，10% 销售人员流失可能会使整个收入计划和利润率目标付诸东流。例如，5% 的销售代表流失率与 25% 的销售代表流失率之间的差异意味着总销售成本增加了 50% 以上，而收入下降了 20%。

收入运营创造财务价值的 8 种方式如下：

1. **助推商业资产变现**。让客户数据、数字技术和渠道基础设施资产以创造价值的方式发挥作用——为销售决策、资源优化分配、价格支持和更高的转化率提供参考——可以助推企业收入、利润和价值提升。

2. **提升销售经济效益管理**。通过简化和更好地支持日常销售工作流程，提升销售体验和销售经济效益。一个不太复杂的销售工作流程将帮助公司培养和留住人才、降低销售成本，并改善对技术工具的使用情况。

3. **打造差异化客户体验**。优化商业流程、产品优惠组合、营收团队激励机制以及用于打造差异化客户体验的投资，对于在一个大多数客户看不到不同公司的产品之间存在实质性差异的市场上销售来说是至关重要的。

4. 启用可扩展的增长技术。对企业数据、技术和内容资产进行更集中的管理，能让营收团队每个成员的效率倍增。例如：一对一个性化、实时指导、响应管理和基于账户的营销能力。

5. 支持经常性收入。对于以订阅、软件即服务和经常性收入模式进行的销售活动来说，在整个营收团队中建立共同目标以提高客户终身价值至关重要。

6. 提高销售绩效的可见性。对于管理数字化、多样化和动态营收团队的绩效来说，获得对账户健康状况、机会潜力以及销售和管道绩效的实时洞察力至关重要。

7. 激励团队销售。销售、营销和客户支持团队中所有面向客户的员工都需要被作为一个专注于实现公司增长目标和提高客户终身价值的营收团队来进行管理、考核和激励。

8. 将技术资产转化为力量倍增器。现代营收团队已经发展到类似于一支军队，这支军队更多是依赖敏捷的后勤和运营支持基础设施，而不是依靠个人英雄主义来取得成功。营收团队中四分之一的成员现在担任着运营和支持角色。

管理变革的障碍

我们访谈的高管最关心的一个问题是，所获得的收益是否值得付出代价。部署收入运营系统所带来的增长和利润是否可以抵消投入企业管理变革上的时间和精力代价？

答案是肯定的。部署收入运营将帮助你的企业以更低成本实现更多、更稳定的增长。总的来说，目前收入运营对企业价值和财务业绩的影响被低估了，它实际上可以给企业带来更大的影响。

对许多人来说，向收入运营模式转型可能并不容易，但它所带来的绩效收益值得我们为之付出努力。向收入运营模式转型所带来的财务和业务收益抵消了变革带来的阵痛，只需采取系列细微举措，就可以小博大，实现更大目标。更何况，如果在实施过程中能够不断改进完善，其将带来可持续的收益增长。

那些寻求彻底的流程改进或全面商业转型的企业还将获得更大的收益。来自亚美亚（Avaya）❶、柯尼卡美能达（Konica Minolta）和瞻博网络（Juniper Networks）等公司的管理者愿意承担相关的政治、文化和变革管理，他们已经成功地将多年下滑的营收转变为快速的增长。insightsoftware❷ 和 Rev.com❸ 等高速增长的企业，其增长管理者通过应用收入运营，实现了 100 倍的增长。

在下一章中，我们将概述这些组织为更好地整合其营收团队、运营、系统和流程，以及为了以更低成本实现更快增长而采取的细分步骤。在第十四章中，我们将提供一系列工具，你可以使用这些工具来系统制定适合于你的企业采取的步骤和措施，以获得最大的短期财务回报。

---

❶ Avaya 前身为朗讯科技企业网络部，现为实时企业协作与通信解决方案供应商。——译者注

❷ insightsoftware 是一家财务报告和企业绩效管理软件提供商。——译者注

❸ Rev.com 是一家美国语音转文字公司，提供视频字幕翻译转录服务。——译者注

下一章我们将详细介绍基于收入运营管理系统的业务实践。我们将严格讨论涵盖营收增长人员、流程和技术的六大支柱。这些支柱为高管和经理提供了一个路线图，帮助他们加速营收增长并提升客户终身价值。

第二部分
利用管理系统整合营收团队
PART 2

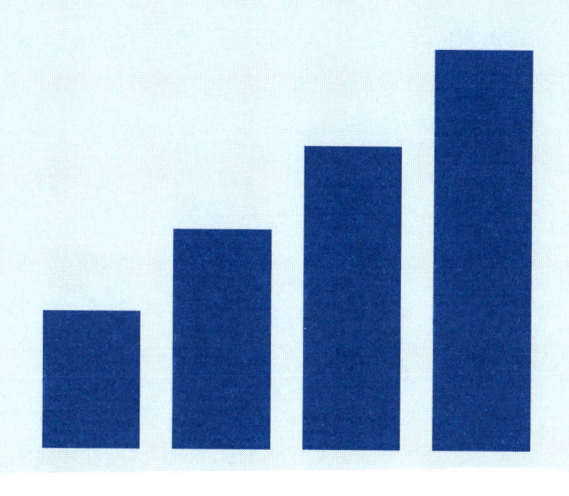

第三章
构成管理系统的六大支柱

在本书第一部分，我们了解到，收入运营是 21 世纪出现的一种大胆的新商业模式，其推动了可持续、可拓展增长的实现。收入运营有两个组成部分：一是协调统筹营收团队成员的管理系统；二是连接业务所需技术、渠道、流程和数据的操作系统，以实现更加可持续、规模化的增长。

在后面几章中，我们将重点介绍收入运营的管理系统。我们将列出与收入增长相关的人、流程、技术等具体因素，并逐一进行深入分析。我们还将对领导力的一些核心原则进行探析。然后，我们将介绍三种构建营收团队领导力以及支持他们的商业运营方案。

通过一个管理系统统筹销售、营销和服务，从而创造更可持续、规模化的增长，这意味着什么？其答案就藏在构成收入运营管理系统的六大支柱里：商业领导力、商业运营、商业架构、商业洞察、商业赋能和商业资产管理（见图 3-1）。

1. **商业领导力整合销售、营销和服务**：自上而下的领导模式，为商业模式的转变提供了赋能和支持，将销售、营销和服务整合为一个收入团队，使其变得更负责任、更加数据驱动和更客户中心导向。

商业领导力	商业运营	商业架构
商业洞察	商业赋能	商业资产管理

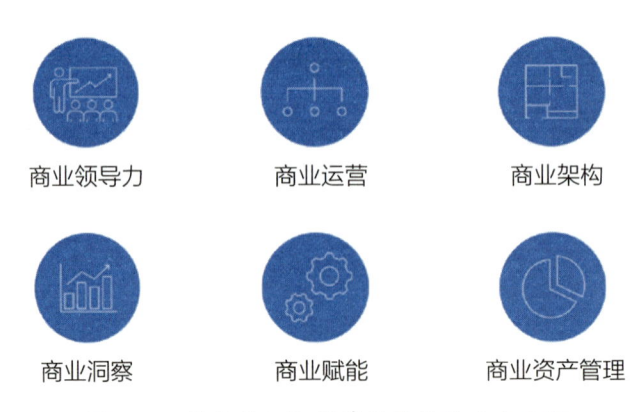

图 3-1　构成收入运营管理系统的六大支柱

2. **商业运营强化支持增长相关职能**：你可重新设置支持增长的运营方式，为所有销售人员、客户接触设施、赋能投资和客户旅程提供端到端的一致管理。

3. **商业架构赋能销售资产回报最大化**：你可以系统化和数据驱动方式设计、优化商业架构中的许多变量——从目标定位、市场细分到销售渠道设计和激励政策等，从而降低销售成本实现销售资产回报最大化。

4. **基于客户参与和销售活动数据的商业洞察**：通过将客户参与和销售活动数据转化为商业洞察，可为收入循环的关键节点创造价值，并为决策、行动和沟通提供信息参考。

5. **商业赋能让技术变成"力量倍增器"**：通过应用可量化技术，为销售人员赋能，以更少资源创造更多赢利性的收入增长。

6. **作为数据、技术、内容和无形资产管理最佳实践的商业资产管理**：对数据、技术、内容和"销售IP"资产进行战略管理，充分利用并发挥其影响力，为收入和利润增长贡献力量。

我们还对六大支柱做了进一步详细说明。我们的研究提出了18个独立步骤，帮助企业更好地协调团队、运营、数据和流程，并以更低成本实现更快增长。如果单独对每一个步骤进行试验、排序及评估，其可分解为多个经济可行且改变幅度较小的细微步骤，可在潜移默化中推动企业实现转型，既合时宜，也贴合实际，且付出的经济成本可承受。同时，如果同步实施这 18 个步骤，可促进变革性成果诞生。

实际上，并非每个企业都需要采取整齐划一的步骤。例如，增长缓慢的企业，管理者可以将营收团队更精准地聚焦于高潜力客户，在商业流程中创造持续改进的文化，消除客户旅程中可能产生的价格、利润和收入漏洞，可获得更高的估值；而快速增长的云计算公司可以围绕单一客户旅程整合商业运营、营收团队和资产，并通过启用目标客户营销（ABM）、个性化和实时指导，以高水平的净经常性收入创造指数级增长。

以下是不同组织如何采取不同路径构建其管理系统的案例：

- 从事增长缓慢的行业的首席执行官可以创造更高的企业估值。你可以通过几种方式创造更大价值。第一种方式是把你的营收团队更精确地聚焦于高潜力客户上。第二种方式是在商业流程中创造持续改进的文化。而增长缓慢的大型企业同样可从商业架构的重新设计中受益，提高其营收团队的反应速度、工作参与和绩效。第三种方式是通过更好地管理整个业务的商业流程，从现有的营收团队中"挤"出更大增长。这包括了指派专人负责在收入循环中寻找消除价格、利润和收入漏洞的方法，覆盖了从认识提升到账户建立等全流程。例如，通过为整个收入循环建立一个单一的管理点，可以快速消除从潜在意向到支付成交周期（这是一个从市场调研到购买和支付的过程）中的"间隙"。这将有利于减少收入和利润流失。

- 对大型企业的高管而言，尽管其面临着更为复杂的管理情况，但他们将变得更加"敏捷"。这使他们的团队能够更快地抓住新兴市场机会，并适应新变化。他们之所以变得更为敏捷，是因为系统职能"孤岛"被打破，并能够通过科学的商业洞察提升销售团队的反应速度、工作状态及营收生产力。例如，你可基于消费潜力、购买倾向和覆盖难度等客户基础信息，对客户优先级进行预测性评估，从而快速地解锁增长机会。高管们希望通过上述方式变得更加"敏捷"，并对其掌握的数据、技术及内容资产提出了更高的回报要求。为找到降低运营成本和提高反应速度的方法，他们对增长技术组合、客户数据和内容资产的有效性重新进行了盘点评估。通常情况下，大部分大型企业能够很快找到优化技术组合的机会，消除浪费、冗余或不良资产。一旦销售工具组合得到优化，便可将销售系统的各要素连接起来，从而简化销售工作，创造出更多价值。

- 正在经历业务模式转型的企业都在试图改变销售方式，从本地部署和"现场"许可软件，转向订阅式服务，或软件即服务，或也可称为"一切"皆服务。这类企业的经常性收入流变得可预测性更强且赢利更高，但同时它们也需要匹配完全不同的销售模式。如果你的企业正在做相同的尝试，你可以整合销售、营销和客户管理团队，围绕"创造客户终身价值"和"提供卓越客户体验"等共同目标，加快向经常性收入模型的转变。

高速增长的云计算企业可通过以下两种方式实现指数级增长。一种是围绕同一客户旅程，将商务运营（如营销运营、销售运营、高级分析或培训、开发）和营收团队（包括服务代理以及营销开发、业务开发、客户开发代表）整合起来。另一种是让你的赋能支持团队（如销售支持、销售工程、收入运营等）聚焦于探索将技术化为"力量倍增器"的方法。这些均属于覆盖全公司范围的项目，使我们所说的"可扩展"技术项目成为可能。系统将帮助你在不增加员工或预算的情况下销售更多产品。其中包括帮助销售人员提供自动化个性报价和建议的工具，均可放大工作和预算成效。经理们通常称之为规模化的一对一个性化服务，因为一台机器可以帮助数百位销售人员提供更快更好的个性化服务。目标客户营销是一种"可扩展"技术，它将营销和客户团队以统一"信号"连接起来，帮助他们更好地开发客户。这可使你的全部数字营销和媒体预算直接用于支持一线销售人员。使用人工智能提供实时销售指导，有助于销售经理在销售人员最需要的时候，有效地监控、支持和指导销售人员。这比在非销售的情形下跟踪和培训的效率要高得多。让管理者的努力事半功倍，将精力这一稀缺资源最大化利用。我们将在第十一章中更详细地阐释这些明智且可扩展的操作。在本书的后面部分，我们将提供一个成熟度和财务评估框架，帮助你对当前的能力状态进行系统评估，并了解该采取什么举措才能变得更好，以及这些举措可能会产生什么样的财务影响。

◆ 以领导力整合销售、营销和服务

商业转型通常是自上而下，因为其需要变革企业管理和使命愿景，从而孕育转型并塑造新的团队。转向收入运营模式需要自上而下的领导，最为重要的是从首席执行官开始。具体而言，授权管理者推动商业模式转型需要较强的商业领导力，毕竟变革是有风险的。最终，只有首席执行官或首席运营官才能将销售、营销和服务整合为一个营收团队，其原因就在于，首席执行官或首席运营官往往是职能部门唯一的汇报对象。

随着向收入运营模式的转型，新一代的增长管理者开始涌现。他直接向首席执行官汇报工作，且必须拥有充分的授权，才能够整合销售、营销和服务团队一起工作。他还必须有着较强的技能和较高的声望，从而推动营收团队所有成员变得更加负责、数据驱动和以客户为中心。他必须找到能够让人、程序和技术逐步融合为系统的措施路径，使各个要素围绕"驱动客户和企业价值不断增长"的共同目标开展工作。我们将这位高管称之为首席体验官，因为这是一个新的角色，可以有很多头衔。"X"的内涵可以改变，但任务不会变。首席体验官可以被称为首席客户官、首席营收官、首席增长官和其他许多称呼。我们将对首席体验官的角色定位进行定义，并深入阐释成功企业用于整合销售、营销和服务的三种领导力模型。

丹尼斯·卡科斯——潘多拉公司（Pandora）首席营销官，也是前一级联赛足球运动员，就是一个典型的首席体验官的例子。她理解团队朝着一个共同目标努力的重要性。卡科斯指出，"在体育运动中，成功的记分卡非常明确——你作为一个团队赢或输"，"在商界，每个人对成功都有自己的定义。如今销售和市场的机会决定着整个团队的成败。你不能委派或外包这项工作。但作为一位管理者，你可以自上到下为团队定调"。

第二部分
利用管理系统整合营收团队

AT&T❶ 和盛庞卡（Splunk）❷ 公司的销售管理者已经认识到，团队销售已被证明更高效。这给首席体验官带来了压力，他们必须建立相应的组织、系统和激励机制，将所有面向客户的员工整合为一个营收团队运作，聚焦于执行公司增长议程，提高客户终身价值。

此外，为推动你公司在销售技术和销售数字化基础设施方面的投资能够取得成功，自上而下的领导力也非常重要。WalkMe❸ 公司销售执行副总裁杰夫·麦基特里克表示，推动销售数据和自动化应用并发挥"力量倍增器"作用，从而提升销售人员能力和业绩，自上而下的领导力至关重要。杰夫·麦基特里克观察到，"如果想要商业资产产生财务回报，领导层必须提出要求，并全力推动和支持销售分析和自动化技术的应用，将其成为'力量倍增器'，提升销售人员能力，并在有限的资源下实现可扩展的增长。如果能做到这一点，投资便会产生更高的回报。如果能在正确的时间为销售代表提供合适的工具、信息和内容，并为管理者提供他们需要的洞察指导，便能优化资源分配决策和提升销售业绩指标，销售效率和生产力可以提高两倍甚至更多。其中的诀窍，就是公司管理层要通过有效的激励和良好的用户体验，让销售人员使用自动化工具，推动自动化技术在销售过程中的充分应用"。

企业负责业务增长的高管需要关注三个领域，从而赋能和支持商业模式的转变。这有利于在现有资源基础上实现更大增长。为企业构建上述能力的具体步骤以及每一项能力的复杂性分析具体如下：

---

❶ AT&T 是一家电信公司。——译者注

❷ Splunk 是一家实时智能大数据处理公司。——译者注

❸ WalkMe 是一家用户行为数据分析服务商。——译者注

- **要求对每一项收入来源、项目及资本投资进行审计。**首席体验官必须要求对出售企业资源、资产及投资回报等进行审计问责。通过审计问责制，压实责任到个人，对跨职能商业流程绩效及资产出售收入、投资回报等负责。例如，翻译和本地化业务正快速发展的莱博智公司（Lionbridge），其对所有增长团队、投资和基础设施资产的财务回报建立了全面问责制。"问责制是可扩展增长的基础，"莱博智公司首席营销官杰米·普尼希尔如此说道，"你必须对营销资产、投资及营销活动前端的财务回报负责，就像你评估其他业务一样。这是盈利增长的基础，因为作为首席营销官，你的工作就是让首席执行官、首席财务官和首席营收官理解并相信营销是'增长等式'的一部分。因此，我们将关注点转移到理解、评估和改进我们所管理的商业资产——数字技术、数据、信息、销售线索和人才——对收入增长、利润创造和公司财务业绩的贡献上。在过去的三年里，我们的营销投资占收入的比例从零增长到60%。因为我们在'制作什么信息内容'及'为什么制作'方面变得更加科学，我们的销售回报实现了显著增长。我们进一步利用和重复使用这些内容，通过系统将其部署在数字营销、网站、销售和服务渠道。如今，我们的营销预算减少了30%，销售额却增长了5倍。"

- **指定专人负责商业流程、资产及投资管理。**首席体验官需为从寻找潜在客户到客户拓展的商业全流程建立单一决策点，甚至包括为商业全流程提供支持的资产、投资及系统。为实现这一目标，可对个人赋予决策权，全权负责跨职能流程、数字化销售资产、销售及营销支持业务。例如，像 Splunk 和 Rev.com 这样快速增长的企业，投资者对其有机增长的预期超50%，这些企业均已采取措施将支持营销、销售和客户服务的业务整合到一位领导的管辖之下统筹运行。一些更大的企业，包括思科（Cisco）、霍尼韦尔（Honeywell）、GHX❶和滨特尔（Pentair）❷——都已有所安排，通过设立管辖范围更广、职权更大的"首席体验官"，将所有支持增长的运营业务集中统筹，以实现企业商业资产、收入运营和赋能设施以及客户体验的更好管理。例如，思科设立了一个副总裁级别的"首席客户和合作伙伴官"职位，负责全球销售、营销、现场运营以及全球合作伙伴关系维护。他们的目标是在监测思科品牌资产的同时，围绕公司的市场战略和增长机会，协调销售和营销组织［根据英特品牌（Interbrand）数据，其占公司价值 15% 以上］。规模较小的企业也在巩固其在核心增长职能方面的领导作用。

领导自上而下的管理变革。对增长负责的管理者必须实施自上而下的领导，使组织实现商业模式转型。其可为公司各层级的首席体验官充分授权，培育增长导向的文化氛围，使整个营收团队聚焦于客户和共同目标。例如，亚美亚首席执行官吉姆·基里科（Jim Chirico）通过为所有面向客户的员工制定共同目标和激励措施，在整个营收团队建立了一个共同使命。基里科说："我希望我们的整个收入团队围绕共同的目标保持一致，无论他们是承担了业绩指标，或没有承担业绩指标，还是负责管理。""我们承担业绩指标的销售代表显然受到了收益的激励。对于销售和营销部门未承担业绩指标的员工，我们也有一个基于相同营收和利

---

❶ GHX 全称为 Global Healthcare Exchange，是一家医疗保健公司。——译者注

❷ 滨特尔是美国知名度较高的专业水处理设备制造公司。——译者注

润指标的奖金机制。我的工资和其他员工一样。我们是一个共同体。我认为我们在共同目标上达成共识的程度极其重要，它是我们所有人的战斗口号。"

◆ 商业运营为所有增长相关职能提供支持

组织架构里的销售营销和服务职能是 20 世纪商业模式遗留的痕迹，其是基于因循守旧的销售漏斗模型，重面对面销售和付费媒体。在 21 世纪，客户体验已成为构建竞争优势的基石，增长投资组合变成由自有数字渠道基础设施以及为其提供支持的内容、数据、团队和技术主导。为了在新的市场条件下取得成功，负责增长的管理者需要对支持销售人员的运营进行重新配置，并为所有面向客户的资产、投资和客户旅程提供端到端的一致管理。"首席执行官可能会口头上说'以客户为中心'，但在高管层中，谁真正拥有跨职能管理的权力？尤其是对预算和流程拥有管理权力？对是否建立追踪数据并根据数据采取行动，以及打破职能孤岛壁垒实现更大突破性创新的目标，谁说了算？"收入促进研究所的大卫·埃德尔曼问道。管理跨职能的商业资产、流程和团队，需要获得首席运营官，或新设立的首席客户官、首席体验官或其他高管的全力支持，尤其是预算支持，他们能够解决大多数大型企业面临的实现跨职能、跨管理层级推进工作所存在的典型棘手问题。

此外，整合形成为一线销售人员提供支持的运营和赋能团队，才能构成合力为销售工作和团队提供支持。这里的"销售团队"应该还包括营销和服务运营。因为随着销售变得越来越资本密集型、数据驱动和数字化，这两项职能将发挥越来越大的作用。蓝山投资咨询（一家对数百个 B2B 企业有着深入研究并提供商业运营优化服务的咨询公司）的总经理科里·托伦斯表示："如今，营收团队中有四分之一的成员从事运营和支持工作，不直接面对客户。""这在财务上是有意义的，因为在支持赋能上的增量投资具有巨大的乘数效应。它可使数以百计或千计的销售人员工作更高效，时效比大幅提升。不幸的是，大多数企业没有算好这一经济账，他们将这些关键的运营职能分散至 4 个，有时甚至 8 个不同的部门。对客户数据、内容及增长技术组合工具等核心商业资产的碎片化、割裂式管理，是大多数企业不能充分释放分析和赋能技术全部增长潜力的真正原因。"

与前面的商业转型一样，管理者重新配置运营业务时，需重点关注三个领域，从而为所有面向客户的员工、资产、基础设施、投资和客户旅程提供一致的端到端管理，实现对增长和销售人员的支持目标。你可以循序渐进地采取以下步骤在你的企业中构建这些职能——下面将对具体步骤进行概述，并对成熟度评估情况进行总结。

- **让共同目标成为可操作的现实**。建立和运行收益运营模型的关键，是为销售、营销和客户服务团队建立跨职能的共同目标。通过重新配置运营来调整长远目标、阶段性目标、激励措施和关键绩效指标（KPI），从而创建一个共同目标，促进营收团队中所有面向客户的员工的团队合作。例如，AT&T 公司总裁弗兰克·朱尔斯（Frank Jules）创建了总计费收入（TBR），作为所有面向客户的员工评估客户账户状况和销售渠道情况的通用标准。"总计费收入指标,着眼于业务全局,是我们最大的激励因素,帮助我们扩大账户规模。"朱尔斯指出,"作为一个综合指标,它为我们的销售代表加速产品生命周期管理,从新产品的推出、产品拓展到产品淘汰退出等,提供了灵活性和激励,同时保持了现有的业务稳定。在一天工作结束时,我们希望销售代表能通过数据找到增长的方法。TBR 是最能为他们提供指导的衡量标准。我们的大部分收入都来自合约客户。每年都需要重新签署合同。我们的客户可以选择更换他们的网络和电信供应商。因此,如果没有较高的客户满意度,我们就无法持续实现收入目标。"

- **建立更多跨职能的商业组织**。建立和运行收入运营模型的关键是建立跨职能的组织架构。通过运营重置,包括对数据、工具及分析管理的重新配置,实现销售、营销和服务等跨职能整合,为销售人员提供支持。例如,像讯远通信(Ciena Network)[1]这样的大型企业和像 Rev.com 这样的高速增长企业正在采取措施,全面整合所有的收入运营、支持和分析职能,并向中央运营职能汇报。Rev.com 首席营收官韦德·伯吉斯(Wade Burgess)表示:"一个非常重要的步骤,是统筹所有职能建立一个整合的收入运营团队,由来自销售和市场运营的技术人员组成,他们非常可靠且能力出众,可以帮助我们更好地利用数据分析来实现增长。""过去,我们一个销售团队配一个营销运营团队。当我刚加入董事会时,销售和营销都归我管,我非常希望由一个人负责我们实现营收的运营工具、流程和系统。其职责集销售和收入运营

---

[1] 讯远通信是一家 1992 年在美国成立的全球性的电信系统供应商。——译者注

于一身，并对销售效益负责。同时，我们还给团队增加了一个洞察者的角色。"

- **建立跨职能的单一商业流程**。重置销售团队的支持运营，从而更好地实现支撑跨销售、营销、服务、渠道及完整客户旅程等职能的商业流程。例如，滨特尔公司制订了一个卓越商业计划，采取大量举措改进"从潜在客户到最终成交"的流程。其中包括客户细分、对"客户声音"的深入洞察，以及改进产品发布流程。首席增长官约翰·佳寇（John Jacko）表示："从数字技术的角度来看，我们专注于渠道赋能过程，为我们的渠道伙伴提供他们所需的信息、见解、培训和可视化，帮助他们获得更多的市场机会，并与我们共享业绩。""我们还启动了一个更强大的'客户之声'项目，以获得颗粒度更细且可操作的客户反馈。它指导我们开展了市场细分、客户优先级管理和工作计划的制订，并改变了我们对客户行为的认知。"像我们采访的大多数高管一样，滨特尔的高管已计划或正采取行动，使用人工智能改善客户旅程，彻底改变他们与客户的互动方式，并为客户提供更吸引人的体验。例如，实现完整商业流程的可见性对佳寇至关重要。"我们寻求将端到端的全流程数字化，从而发挥技术作为'力量倍增器'的作用，帮助销售团队和合作伙伴提升效率。为此，可见性成了我们组织的首要任务。我认为，让分散的销售活动和客户数据变得可视化的关键，在于将销售、营销和渠道团队整合并通力合作。其中包括提高合作伙伴效率，增强与滨特尔开展业务合作的可见性和便捷性。精细化地将有效资源分配给最好的产品、市场和潜在客户机会。这些都是以增长的名义开展的。"

◆ 科学设置商业架构：驱动销售资产回报最大化

为及时响应客户行为变化、应对赋能技术影响并聚焦客户终身价值需求，对增长负责的管理者正对其营销策略、销售队伍设计及指标分配等进行重置。

这些变化可显著提高企业短期效率、促进长期增长。为实现这一收益目标，企业需对商业架构的方方面面进行系统更新，全面优化管理覆盖面、管控举措、销售成本及客户体验，深入反映赋能技术和远程销售创造的生产力、参与度和速度。这就涉及商业架构的重新设计，其通过提高一线销售团队的反应速度、可见性、效率和参与度，降低销售成本，实现销售资产回报最大化。

科里·托伦斯在过去数年里主导了数十个收入运营转型的实践案例，他表示："一个合理设计并历经调整优化的商业架构在短期内可至少贡献5到10个百分点的利润率，或者如果进行再投资，从长期看，可大幅提升增长预期。"亚美亚（一家拥有OneCloud生态系统模型的数字通信公司）就是一个很好的例子。其首席执行官吉姆·基里科和他的团队全面开展了商业架构重置，包括重新将商业运营的重点放在不断增长的客户终身价值上，并将目标和激励措施与订阅模式结合起来，加速亚美亚的业务模式从本地业务向不断增长的云业务转变。

约翰·佳寇认为，通过更精确的算法模型预测客户需求、机会潜力和市场可及性，是一个巨大的优势。他反思道："我们的细分工作将客户及其见解、消费体验带到了我们的空间里。"这种做法破坏了客户对个人体验的感知，尽管有时这是一种不靠谱的感知。"数据胜出，这是真正的文化上的转变"，佳窦总结道。

重新设计商业架构必须聚焦于销售资产回报的最大化，在提升一线销售团队反应速度、可见性、营收效率及参与度的同时，大幅降低销售成本。你可以采取以下渐进步骤：

- **重新设计营销策略，助推团队绩效和参与度提升。**首席体验官必须重新设计营销架构，通过调整市场覆盖、目标客户定位及细分，提高团队绩效和参与度，利用现有销售资源和资产创造更多机会。例如，必能宝公司（Pitney Bowes）负责增长的管理层大幅调整其营销架构，转变销售队伍的工作焦点、重点及所发挥作用，加速新解决方案的销售。必能宝公司首席营销官比尔·博雷尔（Bill Borrelle）与现场销售和内部销售的同事通力合作，将他们的市场资源重新集中在新产品、交易类型和客户旅程的各个阶段，从而确保企业能够创造渠道效率，为最大的机会匹配最优质的资源。"我们让销售人员专注于更复杂和更有价值的交易，因为更简单的交易——如客户购买货架供应的商品或租约续签等——都可以在网上进行，"博雷尔说道，"我们需要让宝贵的销售团队处理复杂的交易，如跨多个地点的企业客户等。从执行的角度来看，市场细分有助于把握机会，并明确可以将重点放在哪里。例如，从事运输的客户有着复杂的工作流程，入站和出站数量庞大，包裹体积也更大。在这种情况下，我们就必须更加精确，以数据为导向来识别机会。我们开始使用数据和分析来编制新型的'销售手册'。我们还使用来自设备的物联网数据查看设备使用情况、数量、包装和行业，更好地评估、细分和调整销售信息和渠道分配。"

● 调整销售队伍设计，以较低成本提高团队反应速度、可见度和参与度。负责增长的管理者必须调整销售队伍的设计，以提高业绩和参与度，降低成本。这包括对销售人员岗位细分（销售团队中的角色）、销售团队关注点（他们销售什么产品）、销售人员报酬以及销售代表培训和发展战略等重置工作。做好这一点可以显著提升客户参与水平、响应速度、营销效率和销售绩效。例如，本书所访谈的首席体验官中，超过85%的受访者对其营收团队进行了细分，以适应这些大的趋势变化。他们在销售漏斗的前端大量增加开发代表，从而量化管理客户参与；在漏斗中间增加专家角色以提升销售价值；在漏斗末端增加客户成功经理（CSM）来管理客户留存、产品使用和客户追加销售等。

例如，Flexential[1]、Rev.com、霍尼韦尔和ChowNow[2]等公司正在积极地重新设计他们的销售队伍，明确其营收团队在整个收入循环中所扮演的角色。为更好地挖掘市场需求，他们在前线部署了潜在客户开发资源。产品专家推动新产品创新，并向现有客户交叉销售新产品。他们还强化了客户体验的作用，支持将工作重心向不断增长的客户终身价值倾斜。

● 重构销售渠道。为找到大幅缩短销售周期的方式方法，帮助公司更好地参与软件即服务市场竞争，霍尼韦尔公司销售和市场高级副总裁塔玛拉·亚当斯（Tamara Adams）不得不对销售团队人员进行细分，明确其作用角色，并建立完善激励机制。"当我加入

---

[1] Flexential 是一家数据中心托管服务提供商。——译者注
[2] ChowNow 是一家美国在线订餐服务平台。——译者注

霍尼韦尔公司时，独立的软件即服务对公司来说还是一项新业务，"亚当斯如是说道，"我们不得不从头开始重构销售渠道。其中一个关键点，就是增强我们客户成功经理的作用，使其成为营收模型的关键部分，从而以较低销售成本实现对客户续订和参与的管理。同时，我们还将大客户管理和项目管理运营视为现金转化流程的一大支柱，充分发挥其作用。"

- Flexential公司首席执行官克里斯·唐尼（Chris Downie）也不得不对其人员覆盖模式进行调整，增加专家角色，帮助Flexential平台销售更好地实现其全部价值。唐尼表示："新产品平台已发展成两个大相径庭的解决方案集——云管理服务和同位数据中心服务。""就客户的使用方式和产品所能提供的价值而言，每一项相区隔的产品表现都非常不同。销售团队中有人擅长销售一种产品，但不擅长销售另一种产品。基于这样的实际情况，我们创建了一个特殊的人员覆盖功能，确保那些不擅长销售云和托管解决方案的销售代表，能够有效地与他们所在地区的各类客户接触，从而尽可能地实现产品组合的全部收入和边际贡献潜力，更好地宣传备份即服务（BaaS）和超大规模云管理服务等概念的独特价值。"

- 部署销售绩效管理模型和工具，更好地抓住机会。负责增长的管理者都在使用先进分析工具帮助其重置区域划分、配额分配、激励措施和账户优先级，以更好地以营收和利润结果为导向统筹销售行动、举措和投资。将销售规划、管理和区域边界优化、销售目标设置和配额指标分配等全部关键环节数字化，可产生诸多益处。具体如下：(1) 流程更快，更节约成本；(2) 中期调整和计划回顾过程加快；(3) 规划流程更加数据驱动，团队更加负责，协作更高效。上述变化还将带来另外一大好处，那就是方便管理者了解销售人员绩效和目标实现情况。例如，AT&T公司总裁弗兰克·朱尔斯就喜欢使用分析工具来调整其团队覆盖范围和区域，以适应不断变化的客户需求和市场反应。"在垂直结构中，我们正在转向以科学为基础的领域定义。"朱尔斯认为，"我们有一个销售运营团队，专门负责一些专项分析计算，如服务一个普通客户的成本、哪种覆盖模式效果最好、行业应如何设定配额，以及最终我们如何支付报酬等。这与我们的关注点密切相关，因为我们一直在根据行业数据重新平衡资源和精力的分配。医疗保健、制造业或酒店业是垂直向上还是向下的？受新冠疫情影响，我们的覆盖范围和配额都被打乱了。交通、酒店和航空企业都在苦苦挣扎。数据驱动使我们能够根据竞争分析和趋势设定公平的配额计划。这帮助我们早早地做出了调整，找出应该在哪些领域加大资源投入，以及可以在哪些领域削减对处境艰难行业的投资。"

商业洞察：立于客户参与和销售活动数据之上

高级数据分析、人工智能、机器学习（ML）及支撑其实现的大量新销售数据集的出现，代表着自呼叫中心（40年前）、客户关系管理（30年前）和数字渠道（20年前）在销售中普遍应用以来，销售加速增长的重要机会。以统一口径获取数据并将其转化为商业洞察的能力对于支持销售、营销和服务活动开展至关重要,而有助于决策优化、客户优先级管理、行动及工作流程改进的商业洞察将从根本上推动企业增长和价值创造。尤其是在销售过程中的关键时刻,洞察能为决策、行动和客户沟通提供指导参考,推动价值增长。福迪威公司(Fortive)副总裁柯尔斯滕·帕斯特(Kirsten Paust)强调了高级分析在商业流程中日益增长的重要性。她说:"我们的核心商业化过程越来越多地得到人工智能、商业洞察和技术的支持,这使我们的团队能够更快地洞察商机并采取行动。"宾夕法尼亚大学沃顿商学院营销学教授拉古·艾扬格的观点与此不谋而合,强调了在收入运营中整合、统筹和采用可操作的商业洞察的重要性。通过自动化的方式分析音频通话,捕捉与客户的互动,对于帮助回答运营问题至关重要。例如:"谁是我们做得最好的线下代理?""客户为什么打电话给我们?"艾扬格教授警告说,许多评价业绩的商业仪表盘存在设计不当的问题,因为它们把分析的基本单位——客户健康状况和终身价值——弄错了。艾扬格教授表示:"许多人工智能项目未能激起太多水花,是因为它们的分析单位与根深蒂固的关键绩效指标和经理人经营业务的激励指标不匹配。""例如,人工智能模型擅长分析客户特征、反馈和行为有关数据,可通过优化获取成本、流失、定价、使用和交叉销售环节,改进增长扩展方式,提高客户生命周期价值。但是业务中的大多数数据集都是围绕产品、地理位置和业务单元设计的。"

系统的特定核心功能可将客户参与和卖家活动数据转换为这些有价值的商业见解。在现有资源、组织基础上提升业绩,实现更大增长。

- 将营收数据转换为规范性和可操作性的商业洞察。将营收数据转换为规范性营收情报,可为日常决策、客户沟通和优先级管理提供实时信息参考。数据分析将企业销售资源、资产与市场机遇紧密地结合，为数据驱动的销售提供有力支撑。也可更智能地向一线销售人员发送实时洞察指导，支持其决策、行动和沟通。AI赋能的实时指导有助于市场开发代表、客户代表和客户成功经理更有效地执行销售战略战术、评价销售方式方法。销售负责人需要通过提供实时培训和指导来加快沟通速度，帮助一线销售人员及时全面响应"新派"客户需求，并在他们仍有时间影响销售结果的情况下跟踪客户意图或动机的信号。例如，Rev.com首席营收官韦德·伯吉斯认为，开展实时客户分析改变了公司的关注点，可能过去仅着眼于新客户开发，而现在则转向新旧客户的交叉销售，或将现有客户升级为企业级客户。伯吉斯说："数据分析还可以帮助我们维持和扩展企业关系。""如果一个账户预计今年的收入是多少万美元，但他们追踪的数字超过了这个数字，我们的团队成员就需要与他们联系，并与他们沟通，以确保他们拥有成功所需的资源。这通常会催生附加销售、追加销售或交叉销售机会。另外，如果我们发现利用率远远落后，而我们的年度合同还差三个月重新签订，我希望负责客户成功的工作人员立即伸出援手，帮助他们回到正轨。这种积极主动的干预可以极大地减少业务流失。这是一座数据机会的金矿，等待着我们去挖掘。"

- 关注关键绩效指标、长期共同目标和具体工作目标。首席体验官需建立基于事实的分析报告、关键绩效指标和绩效仪表盘，以关键指标将销售、营销和服务职能围绕长期共同目标、具体工作目标、关键绩效指标、优先级和激励措施统筹协调起来，并实现客户参与度、销售活动、客户健康状况和渠道潜力的可见。销售和营销负责人需要推动其分析团队使用先进的数据分析和人工智能

第二部分
利用管理系统整合营收团队

技术，将销售数据转化为一套通用的评价指标和财务激励措施，将销售、营销和服务整合为一个团队，朝着增长公司价值、客户终身价值和利润的目标工作。如果没有这些口径统一的客户和参与数据集，管理者往往缺乏客观事实支撑，不能就人员、覆盖范围、销售措施和技术投资的最佳配置达成共识，难以抓住机会实现最大增长。例如，亚美亚、Mphasis 和 iCIMS 公司会以激励措施统筹销售、营销和客户体验职能部门，以确保他们优先聚焦公司增长事项和客户终身价值的培育增长。亚美亚公司的吉姆·基里科认为，将销售、营销、服务和客户成功整合为一个营收团队的重要措施是，围绕一套共同的战略增长目标调整激励措施。"特别是当我们想从卖产品的公司转型为软件即服务／云公司时，根据我们的总体目标统筹激励措施和关键绩效指标极其重要。"基里科表示，"同时，确保这些激励措施能够推动实现正确的结果和行为，并在整个过程中激励负责任行为，也很重要。所以，在过去的 4 年里，作为团队高层管理者，我们在激励管理上花了很多时间。每个月，公司前 40 位高管都会仔细审查我们的激励措施。"

iCIMS（iCIMS 是一个基于云计算的招聘平台）首席执行官史蒂夫·卢卡斯（Steve Lucas）让其营收团队专注于客户终身价值，敦促团队对良好的客户关系进行明确定义并量化，从 1 到 10 打分。他对用户参与质量的要求很高。任何客户参与评分低于 9 分的客户团队都必须采取一系列措施来改善客户健康度。与此同时，他创建了理想客户档案（ICP）。他创建了词汇表述、标准、报告机制，以及最重要的财务激励，让他的营销团队与这些"理想客户"建立关系。为落实"为最具潜力客户提供高质量的客户服务"原则，相较于在不太理想的潜在客户上花费时间精力，他的团队在服务和开发理想客户时，可多获得20%的佣金。

- 增强预测洞察力，改进客户优先级管理和资源分配。负责增长的管理者需要使用数据分析做出更精准的预测，为他们的投资押注及情况评估提供信息参考，优化资源配置决策。支持人工智能的算法和先进的建模技术可以帮助你对机会潜力和销售预测做出更准确和更具预见性的评估。他们还可以让你更深入地了解客户——他们会对谁做出回应，他们是否打算购买，以及如何适配你的销售人员、产品和服务类型。卡姆·蒂平是一位资深专家，在过去10年中组织了100多场客户目标研讨会。他认为，如果缺乏对客户潜力和倾向的量化数据分析，大多数企业就会错误地把重心放在服务许多低质量客户和机会上——可能实际上几乎没有成交机会，但又想要继续试试。"这种行为会导致糟糕的结果，比如糟糕的服务、高昂的销售成本、更低的利润和不满意的客户。这看起来只是一个简单问题，但解决起来却很困难。"蒂平阐释道，"我所见过的企业都没有意识到这个问题，直到他们通过分析后才真正地理解到。传统的客户关系管理或财务系统并不能提供这类信息。必须通过针对性分析和多年来对客户表现的复盘观察才能理解。数据的存在是为了创造事实，让我们'剪断尾巴'。现在有像Deciling这样的现成工具，可以在不打电话调研的情况下很容易地获取80%的客户信息。"例如，Iconectiv[1]是通信行业致力于解决网络连接、硬件设备及软件应用方案的企

---

[1] Iconectiv 原为移动通信设备公司爱立信旗下子公司。——译者注

业,得到了私募股权支持。其全球销售副总裁彼得·福特(Peter Ford)就能够利用数据分析"剪掉"客户曲线上的"尾巴"。为了做到这一点,他会根据客户动机和潜力来评定客户优先级,并给予不同的待遇,这样会更加科学,能更好地开展客户曲线"尾巴"客户成本的管理。福特说:"我们利用数据分析来创建我们客户的曲线。因此,我们对待年收入低于1万美元的客户和年收入超过2000万美元的客户是不同的。关键是要理解什么时候应该采取轻触式销售方式而不是亲力亲为的销售方式,或者什么时候应该更多地以营销为导向。"

商业支持:化技术为"力量倍增器"

数以千计的单一型解决方案旨在节省销售者时间并提高他们与客户的合作效率。

营收团队中四分之一的成员在致力于支持一线销售。为了促进可扩展和持续性的增长,赋能和运营管理者需要将资源聚焦,实现绩效的持续提升,并找到更好地支持销售人员的方式方法,最大限度地提高销售资产和投资对收入和利润增长的贡献。这不能依靠零星或单一职能来完成,而是需要一个统一的资本支出和运营模型,在不同项目预算和跨职能间实施可扩展技术。这些项目将分散于业务生态系统的不同技术连接起来,从而使每个面向客户的员工都更有效率。例如,在整个企业中规模化地支持个性化服务、指导培训并实行目标客户营销等;在跨职能和不同的系统里开展收入循环的管理和评估等。

彼得·福特强调了将持续改进商业流程作为业务转型路径的重要性："很难确定某一件事情是修复或实现销售组织转型的关键，因为其结果实际上是许多不同事项共同贡献的总和。"

商业能力的共同核心是为销售人员赋能，最大限度地提高销售资产和投资对营收和利润增长的贡献。以下步骤将有助于为你的企业创建"力量倍增器"：

- 重新设计商业支持方案，简化日常销售。重新配置商业技术基础设施，为一线销售人员提供他们所需要的商业洞察、内容和指导，让其专注于客户，优先考虑最佳机会，并采取能够增加机会和延长客户生命周期价值的行动，形成对营收团队更好的支持。首席体验官正将其销售技术组合的各个部分"编织在一起"，构建数字化销售平台，让销售变得更加自动化，程序更简单，速度更快，并能够解决销售过程中出现的主要热点矛盾。在过去15年里，杰夫·麦基特里克领导了思科、日立和WalkMe等公司的销售支持项目。"组织将客户关系管理（CRM）系统、销售支持、销售准备和数字资产管理解决方案等这些分散的点连接起来，消除了日常销售人员工作流程中的故障点、摩擦，减少了简单劳动，显著提升了销售代表的工作效率和体验。而在大多数B2B企业中，这些分散的环节都处于孤立管理的状态。"杰夫·麦基特里克如此说道。例如，ChowNow是一家领先的餐厅在线订购平台，其对支持销售开发代表（SDR）开展日常销售活动的解决方案进行了重新配置，让新销售代表能够快速进入角色，火力全开（减少60%的时间），尽早地帮助销售代表推广，并更长时间地留下他们（流失率下降了75%）。

- 重新配置销售准备、培训和开发技术组合。首席体验官需要将学习和开发工具集成到一个闭环流程，加快并提升营收团队工作效率，管理者可以实时了解销售人员的表现和绩效，并对销售人员开展培训。对许多人来说，只要将这些点连接起来，就意味着向前迈出了重要一步，相较现状有较大提升。Equity Trust 是一家为个人投资者提供支持的金融服务公司，它利用 AI 和智能对话进行批量化辅导。Equity Trust 公司的销售支持团队将销售准备、参与和对话 AI 整合到一个闭环反馈中，使管理者能够监控更多呼叫电话，并为呼叫代表提供实时指导和帮助。这使他们能够将管理者与呼叫代表的比例从 1∶6 调整到 1∶12，代表人数翻了一番，在大幅提高转化率的同时，代表的满意度也有所提升。"如果我们的销售团队自行审核电话，需要 90 天。但如果借助人工智能对话，我们只需花一天时间就可获取所需的数据"，Equity Trust 公司销售支持高级经理克里斯托弗·卡塞斯（Christopher Cases）表示。

- 聚焦营收支持技术组合。优化营收支持技术组合，改进从线索到交易的循环过程，实现更高收入、利润和价格的目标。为加速从潜在客户到最终成交的循环，获得更高营收、利润和价格，负责增长的管理者应该这样做。你可以为一线营收团队提供定价、报价（CPQ）、订单管理和订单履行工具来实现这一点。这些工具可以贯穿营收全生命周期，从谈判和收尾，为其提供全流程支持。其帮助销售人员优化了他们向客户展示的演示文稿、提案和解决方案里所提及的定价、个性化和包装。例如，Iconectiv 的彼得·福特为销售部门的转型定下了几个目标，如从潜在客户到最终成交的周期中获得 1% 的边际收益，为销售团队扫清琐细事项的阻碍，并消除收入、价格和利润漏洞等。其收入运营团队通过加强合同、定价、报价、订单管理和履行流程等核心环节的管理，累积了巨大的影响力——并对一些看似简单的事情进行了重新调整，比如签署保密协议，这花费了太长时间，还引起了销售循环过程中的矛盾摩擦。"我认为不是某个单一事项促成了销售组织的转型，"福特说，"作为销售管理者，需要重点关注一些重要事项。但又需在每一项事情上都取得一些边际收益，无论是我们评价和补偿员工的方式，还是像取得客户同意并签署和执行保密协议这样简单的过程——我认为花费了太多时间。所有这些事项都会导致销售循环中的摩擦，可能使你流失一位销售人员或可能会让客户不满意。"

商业实践：实现客户数据、技术、内容等知识产权资产回报最大化

大多数企业真正需要的不是更多的技术，而是从其商业技术和客户数据资产中获得更大回报。21 世纪的商业模式要求商业资产实现投资共享，从而使企业的整个营收团队都能从中受益，其中就包括了销售和营销技术组合、客户数据以及自有数字化销售基础设施的共享。

然而，从现实情况看，尽管这些商业资产最具价值潜力，但当前仍处于表现不佳的状态。如果能对这些数据、技术、内容和知识产权

（IP）等资产进行战略管理和评估，就可以最大限度地提高其利用率、影响力和财务回报。这也是收入运营模式的一个重要组成部分。"一个商业实践案例，如果不考虑其营收团队和商业流程所需的资本支出和运营模式，像一对一个性化、实时辅导和跨职能客户旅程管理之类的可扩展技术就难以得到应用。你不能以单一职能或零敲碎打的方式管理、利用和扩展这些功能。"科里·托伦斯建议道。

负责增长的管理者需要对商业数据、技术、内容和知识产权资产等进行战略性管理，以最大限度地提高其利用率、影响力和投资回报。以下是实现上述战略性管理的操作方法。

- 建立对客户数据资产的共同管理机制。首席体验官需要建立一个通用系统结构和账户，战略性地管理客户及其互动数据资产，最大限度地提高其利用率、影响力和投资回报率。这一点非常重要，因为它为数据驱动型销售模式及其汇报机制建立了一个共同的事实基础。"对我来说，最重要的一点是，我们能够建立适当的数据基础架构，以便我们能够智能地扩展收入增长，"Rev.com 公司首席营收官韦德·伯吉斯说，"我们目前就躺在巨量的非结构化数据'富矿'之上，但这些数据'富矿'没有得到最大限度的利用挖掘。我认为，我们实现增长目标的关键，在于我们能够通过数据挖掘获得对客户的深入洞察，并针对数据所预测的机会采取行动。我们的客户普遍使用了自助服务引擎，这可产生大量非结构化的客户互动、行为和消费数据。除此之外，我们销售漏斗的顶部还有一大群潜在客户在与我们互动，但从未实现过客户转换。"韦德·伯吉斯在其服务的 Rev.com 公司不断完善了收入运营系统，积累了大量口径一致的客户参与和对话数据。伯吉斯表示："收入运营系统之所以重要，其中一个原因就是能确保营收团队使用相同口径的数据，我不希望事实信息有多个来源。""如果我们想要通过实时交易数据信息获得洞察，从而对销售工作，如寻找交叉销售或追加销售机会，或准确定位能够添加到企业客户池中的客户群等，产生指导意义，我们还必须做大量的工作。"

- 对技术资产开展集中化管理。首席体验官需要建立更集中化的管理机制，并对商业技术组合重新进行跨职能配置。

  通过这种做法，他们才能最大限度地提高利用率、影响力和投资回报，简化销售流程，加快销售速度。例如，杰夫·麦基特里克重点关注并合理化改进了日立数据公司的技术组合，提高了销售人员绩效，降低了总成本。他取得这些成效，就在于他领导销售运营、销售支持和内容运营团队对销售技术组合的20多种工具进行了自上而下的评估。他们找到那些冗余、未使用或不能为销售提供支持的工具，并不再采用。他们还补齐了商业技术组合中的某些空白，从而形成对一些关键销售环节的支持，如优先级排序和面向销售人员的销售指导。我们将在第七章中详述杰夫是如何做到的。

- 将营销内容作为战略性资产管理。首席体验官需要建立组织和部署跨职能营销内容的运营管理权。你可以设立一个专门的职能部门，对营销内容、知识和"营销知识产权"等资产进行战略管理，助推收入目标实现。在现实中，大多数企业对上述资产的利用率都严重不足。采取这些步骤将最大限度地提高其利用率、影响力和投资回报。因为营销内容已经等同于现代销售系统的"汽油"。如今，内容至少占据了超三分之一的营销预算（根据 HubSpot 数据），且大多数企业都还在继续增加对内容和支持内容交付的系统的投资。不幸的是，销售人员对该营销内容的利用率仍然极低，而且很难大规模创建定制内容。

梅尔·阿德勒（Meir Adler）是 WalkMe 公司区域销售副总裁，其业务正处于快速增长期。他强调了将营销内容作为战略性资产进行管理的重要性。重复使用营销内容，将其模板化，并与市场情报有效结合，都是有效管理内容创建成本和工作复杂性的方式方法，从而更好地响应日益挑剔的客户。阿德勒认为：“你很快就会意识到，你无法承受按具体需求创建内容的成本。”"重复使用和模板化变得至关重要。对我们来说，业务始于投标管理，为此，我们专注于简化招标文件（RFP）响应流程，并加快响应速度。在此过程中，我们了解到 70%～75% 客户的问题是相同的。这就为模板化、存档和重复使用提供了机会。现在，我们正努力将这一功能扩展到更广泛、更复杂的区域化、本地化和多元语言场景，并设法应对日益严格的监管审查。"

表 3-1 列出了你可以参考的 18 项行动。

表 3-1　收入运营管理系统的 18 项行动

项目	定义	核心职能
1.0 问责制	对企业销售资源、资产和投资回报进行全面问责。	建立领导力模式，为商业模式转型赋能授权，将销售、营销和服务整合为一个营收团队，推动营收团队所有成员变得更加负责、数据驱动和以客户为中心。
2.0 决策权	为企业营收过程、资产和投资建立单一决策点。	
3.0 管理变革	建立自上而下的领导模式，为企业赋能，促进商业模式转型。	

续表

项目	定义	核心职能
4.0 共同目标	为销售、营销和客户成功团队设置共同目标。	重构运营机制，支持营收增长，赋能销售人员，为所有面向客户的员工、资产、基础设施、投资和客户旅程等提供统一的端到端管理。
5.0 组织架构	建立跨职能组织架构，为销售人员提供支持。	
6.0 商业流程	建立并管理跨职能商业流程。	
7.0 营销战略	重新设计营销架构，提升销售绩效和客户参与度。	重新设计商业架构，促进一线销售团队提高反应速度、可见性、效率和参与度，降低销售成本，助推销售资产实现回报最大化。
8.0 渠道设计	调整销售团队，提高绩效和客户参与，降低成本。	
9.0 销售绩效管理	改变任务指标、负责区域和激励措施，整合资源和机会。	
10.0 数据驱动销售	将营收数据转化为规范的营收情报，为日常决策提供实时参考。	将客户参与和行为数据转化为商业洞察，为销售过程中的决策、行动和沟通提供参考，并创造价值。
11.0 关键绩效指标	为商业绩效编制基于事实的报告，其中应包含数据、关键绩效指标和分析图表。	
12.0 预见性销售洞察	通过数据分析创建预测指标、参数和场景等，为投资、资源配置和重要决策提供参考。	
13.0 赋能与互动	重新配置商业技术基础设施，以更好地为营收团队赋能。	构建核心商业能力，为销售人员赋能，提升销售资产和投资对营收、利润增长的贡献度。
14.0 业务准备和开发	重新配置商业技术基础设施，以更好地支持业务准备、培训和开发。	
15.0 增加营收	部署技术将加速潜在客户–实际交易的周期循环，实现营收、边际利润和价格的提升。	
16.0 内容资产	为销售内容和 IP 跨职能运营建立权责清晰、组织健全、部署完善的管理机制。	对商业数据、技术、内容和 IP 资产开展战略性管理，提升利用率、影响力和投资回报。
17.0 数据资产	建立统一的管理结构和权限，助推客户数据资产变现。	
18.0 技术资产	建立集中式管理机制，重新配置跨职能商业技术组合	

需要提醒的是，就这18项行动而言，并不是每一项对每个企业都同样重要。如果你所在的行业增长缓慢，你可能希望优先考虑可以产生更高价值的行动。其中包括将营收团队更精准地聚焦于高潜力客户，创造持续改进商业流程的文化氛围，从而弥补价格、利润和收入流失的漏洞。

如果你服务于复杂度较高的大型企业，则需聚焦打破职能孤岛，利用规范的商业洞察力提高"敏捷性"，并提高销售团队的工作效率。如果你的企业正在经历业务模式转型，你可能希望将短期工作重点放在重新制定激励措施上，从而让营收团队专注于客户终身价值、客户留存和年度经常性收入。同时，如果能够基于客户参与和销售活动数据，为评估机会潜力、销售人员绩效、账户及渠道健康度等建立更加量化的指标，你将大受裨益。

如果你服务于一家高速增长的云业务企业，你可能会优先考虑在管理层设置一名首席体验官，以客户为中心统筹商业团队。如果能够在全企业范围内整合商业运营，有效利用客户洞察和可拓展技术，你将能够从中获得更大的收益。

为帮助你建立增长系统，我们将提供其他企业采用收入运营系统的案例供你参考（见第四章）。我们还将提供一些工具，方便你系统地找到你的企业应优先采取的行动，从而能够在短期内实现财务收益最大化（见第十四章）。

第四章
领导现代企业："营、销、服"整合势在必行

🔸 跨管理职能的增长杠杆

领导层必须授权并支持商业模式的转型。必须将销售、营销和服务整合为一个营收团队（尽管这并不意味着组织结构的自动整合，我们将在第五章中详细介绍）。这也是实行数字化、数据驱动和责任制所不可或缺的条件。

蓝山投资咨询公司的总经理科里·托伦斯曾领导数十次收入运营转型，经验丰富。他表示："转型为收入运营有两大关键点：一是首席执行官的积极领导；二是创造文化激励，以打破组织、预算和技术上的隔阂。"

其他专家也强调了自上而下的领导对成功部署收入运营的重要性。销售管理协会首席执行官鲍勃·凯利表示，销售管理者必须找到方法，找到类似客户关于管理系统的具有较大开发价值潜力，但表现不佳的销售支持系统。"领导层必须尽自己的一份力来实现这一转变。目前，95%的销售经理和从业人员认为，缺乏管理层的激励是造成问题的主要原因。"

托伦斯指出的另一个不利因素是缺乏打破职能孤岛的文化激励，这

反映出管理层未能认识到其他许多企业也没认识到的一个显而易见的事实：增长是一项团队运动。如前所述，在传统的组织模式中，没有一个高管（除了首席执行官）控制了 40% 以上的增长驱动因素（见表 4-1）。这个团队不仅应该包括销售和营销管理者，还应该包括来自产品、信息技术、区域、人力资源和其他关键业务部门的核心管理者，才能发挥最大的作用。

表 4-1 跨管理职能的增长杠杆分布

增长驱动职能	销售	营销	服务
薪酬与激励制度			
客户关系			
合作伙伴渠道关系			
营收支持技术			
销售团队设计			
销售预测			
销售管理			
区域和配额计划			
内容			
覆盖模型			
客户数据			
自有数字基础设施			
销售活动			
市场细分			
客户关怀			

续表

增长驱动职能	销售	营销	服务
服务和支持			
客户体验			
品牌战略			
营销传播			
营销策略			
媒体			
促销活动			
定价			

与此同时，许多价值产生于传统职能的交汇处。在最好的情况下，负责客户关系、内容甚至品牌忠诚度管理的部门可协作共担职责；在最坏的情况下，如果管理混乱，价值就流失了。目前，客户体验已经成为主要竞争战场，有哪家企业敢在这方面有任何的含糊吗？

凯利和托伦斯等专家指出了显而易见的事实：收入运营要求管理变革，但高层管理者往往会将变革过程委托给运营组的低级别经理或专业人员。这些管理者，无论多么有才华，积极性有多高，他们通常都缺乏实现变革所需的影响力、权威和风险承受能力。成功实施收入运营管理系统需要管理者具有技术敏锐性且拥有协调销售、营销和服务部门的权力。我们倾向于将这样的管理者称为首席某某官（"CXO"），尽管其职务的范围（用"X"即某某表示）可能比较模糊，但他们对系统化增长负责的任务目标是明确的。商业模式的变革、客户行为的不断变化和投资者对数据驱动增长的期望——促进了对增长的持续需求——正倒逼企业设置首席体验官之类的岗位职务，来引导更深层次的结构和组织变革，转向以客户为中心，整合营销、客户成功和支持服务职能的收入运营模式。

企业目前面临的几个关键的业务需求，都对现有的组织模式构成挑战，加速了新管理系统的应用。

- **应对投资者要求更快增长的压力**：许多企业面临着私募股权所有者和投资者要求实现更高增长率和不断改善业绩的持续压力，其对领导层和组织结构的调整就是对这一压力的回应。为保持50%以上的规模增长率，盛庞卡引入了一位新的高管来整合运营业务，更好地为营收团队提供支持，并要求通过改进销售支持和应用营收情报，获得更高投资回报。Splunk公司首席营收官克里斯蒂安·史密斯（Christian Smith）表示："我们正试图整合客户成功、营销和销售职能，形成运营团队。为此，我们请来了新的总裁兼首席增长官特蕾莎·卡尔森（Teresa Carlson），她的工作是协调销售、营销和客户成功部门更好地合作。"对于正在向SaaS、云计算或订阅业务模式过渡的企业来说，增长加速是一个特别大的压力，这些业务依赖更快的增长，从事务性收入流过渡到经常性收入流，同时又要兼顾到这些业务不会对短期利润造成重大影响。例如，亚美亚公司面临着加快年度经常性收入增长速度、推动业务模式转型的压力，首席执行官吉姆·基里柯将所有面向客户的职能从以地域为中心的区域团队（销售区域）转移出去，并将其汇报结构整合到单一的增长管理者手中。"为了让我们的营收团队更加成功，我们所做的其中一件事就是引入首席营收官斯蒂芬·斯皮尔斯（Stephen Spears），在全球范围内对所有组织进行管理。斯蒂芬负责营销、销售、交付、客户成功、专业服务团队以及所有为组织提供支持的渠道伙伴管理。推进这些工作，都需要高层的强硬支持。"基里柯说道。

- **促进团队合作**：收入运营成功的一个重要因素，就是对团队合作的要求越来越高。管理者的主要目标是推动跨职能合作，

    管理者的主要目标是推动销售、营销和服务团队的跨职能合作，满足客户偏好，为客户提供差异化体验，提升客户生命周期价值。AT&T公司总裁弗兰克·朱尔斯表示，聚焦销售、营销和服务团队的跨职能合作是推动增长的主要动力。朱尔斯说："我认为提高业绩的三个主要因素是团队合作、垂直聚焦和数据分析。就团队合作而言，我们认为没有什么问题是团队合作解决不了的。我们的目标是让AT&T公司的问题得到最好的解决。如果这样做，我们就赢了。作为一名负责增长的管理者，没有我的同事，我就无法取得成功。AT&T公司的工作信条就是合作。我每周一的员工例会，我的财务、法律、营销、产品团队和销售主管都要参会。当我们聚在一起制订解决方案时，能够解决很多难题。毫无疑问，这同样适用于我管理的销售人员。我们的销售架构就是为促进团队合作而设计的。我们的激励机制、配额指标、销售区域和职责分工等，都会同步考虑到团队合作和客户终身价值。"

- **适应客户行为**：商业组织越来越多地被客户的直接和数字化接触方式所定义。客户和终端用户现在可以选择何时、何地以及如何与品牌互动，这倒逼企业更加关注数字互动和客户终身价值。例如，滨特尔公司将约翰·佳寇的职务从首席营销官晋升为首席增长官，为其授予更大职权以支持数字客户，并实现营销模式的数字化转型。"工作职责增加了企业传播、企业战略、并购和我们所说的数字客户管理，"佳寇报告说，"升职为首席增长官带来的

好处是，对一些关键的增长计划拥有更大的管理权限，特别是可以通过可靠、安全的数据管理更全面地了解客户，我们的团队负责将数据收集起来并进行管理。其中，高级数据分析和个性化应用至关重要，其帮助我们获取真实的客户和产品数据，为我们的团队优化增长方案提供了有效洞察和参考。预测准确，从而为数字渠道赋能，让经销商实时掌握市场线索和客户行为洞察信息。创造更多数据驱动的激励措施，以反映客户的终身价值。"

- **承担风险：**一些企业未能有效应用赋能技术，实现客户导向的组织和运营转型背后，有着一个巨大的因素，即风险。科里·托伦斯表示："商业转型需要变革管理，而变革会带来一定程度的个人和企业风险。事实上，要像收入运营相关文献所建议的那样，将收入运营模型所需的变革深入地推进到销售运营或支持职能，是不现实的。运营总监和绩效专业人员缺乏相应授权、资历和影响力，无法让营销、产品和区域管理等职能部门的同事做出改变。在某种程度上，为了实现全面变革，他们把自己的工作置于危险之中。这种领导力和管理模式变革必须从首席执行官开始，自上而下才能产生影响。"

- **提高速度和敏捷性：**拥有更大范围的管辖权，对客户数据和商业流程管理非常必要，可加速整个企业的信息传输速度，确保及时做出影响短期和长期收益的决策。在信息时代，营收团队快速共享信息、有闪电般快速决策的能力，是提升企业价值和竞争优势的主要驱动力。软件即服务模式的成功实施有三个关键要素——速度、人才和激励——根据塔玛拉·亚当斯的说法，其被任命为销售和营销高级副总裁，就是为了加速霍尼韦尔商业模式变革和营收增长。"我们不得不大幅缩短销售周期以提高效率。"

大大小小的公司都在尝试新的管理模式和组织模式，试图推进销售、营销和服务转型，满足数字化赋能客户的需求，实现加速增长目标。与我们交谈过的高管们普遍认可一件事：增长任务的提出，必须来自高层。然而，在不同类型的企业中，这种领导力究竟需要如何表现出来，是不同的。

首席执行官管控增长之道

唐·朱斯（Don Joos）是TPx公司的首席执行官。TPx公司是一家私人控股的管理服务提供商，为大型和中小型企业提供统一通信和IT管理服务以及连续性和连接解决方案。据估计，TPx公司有望在统一通信和协作市场上实现指数级增长。

该公司于18个月前被私募股权公司Siris资本集团收购，意在通过其行业领先的获奖产品组合和庞大的安装客户基础，夺取通信、连接和安全解决方案的市场份额。

唐·朱斯于2020年7月被任命为首席执行官，领导TPx公司转型为一家高速增长的云业务企业，并有潜力在规模庞大且快速扩张的托管服务市场中占据更大的市场份额。朱斯表示："我们广泛的IT服务组合收入正在快速增长，而网络安全和通信管理等较新的业务收入的增长速度更快。但是，当你把所有业务放在一起看时，我们在管理服务、安全、防火墙和备份服务方面的经常性收入每年增长30%。转型的一部分是加快这些年度经常性收入的增长，以抵消传统业务的持续下滑。我们离转折点已经不远了，云产品的快速增长将帮助我们实现指数式增长。"

第二部分
利用管理系统整合营收团队

为了充分实现统一通信和协作市场的营收潜力，朱斯正在领导 TPx 公司的商业模式新转型，以建立一个现代化的销售系统。他将致力于提升三项基本能力，以加速云计算业务收入增长：创建覆盖最大需求的细分市场渠道战略；建立一个可扩展和可重复的流程，以获取和实现 2.5 万名客户的向上销售；建立一个需求生成引擎。

朱斯表示："基于我们看到的庞大且不断增长的潜在市场，实现营收增长是当前工作的优先事项。但营收增长本身只是增强基础能力后的附带结果，我们必须全身心地专注于做必要的事情，建立一个可扩展和可持续的基础，以驱动增长。我们有正确的作业路线图吗？我的营销模式已经最优化了吗？是否要保留我们现有的客户？我们是否要把服务扩展到基础业务？我现在的所作所为，是否在推进系统和流程的现代化？"

朱斯曾三次担任首席执行官，在领导企业转型方面具有丰富经验。根据朱斯的说法，实现云业务的高增长模式转型需要做大量的变革，复杂程度较高。与此同时，增加产品组合，渠道将变得更为多元，营销活动增多，工作灵活性大大增加，这也使 TPx 公司的商业模式变得更加复杂，管理难度飙升。朱斯认为，作为首席执行官，他更适合管理这部分灵活性工作，因为其可以及时地对转型成功所需的变革进行有针对性的干预。他将自己视为领导首席营收官、首席营销官和企业项目管理办公室推动 TPx 公司商业模式实现转型的总指挥。朱斯说："销售和营销负责人直接向我汇报，我们通过团队合作共同推动增长。没有人会孤立地工作。因为我们有着相同的短期目标和长期目标。具体讲，我们的目标激励相同，约束指标相同，并以同样的方式获得报酬。"

"这样的机制对我来说很管用，可以使营销和销售紧密合作，从而最大限度地提高收益。首席营销官有一个完整的独立工作流程来建立 TPx 品牌，并将我们定位为市场管理服务提供商，这是我们转型的一部分，因为 TPx 品牌历来是以接入服务提供商闻名，并不是专注于提供托管服务的公司，"他继续说道，"这同样适用于管理变革。另一位直接向我汇报的负责人管理着我们的企业项目，他负责推动跨业务项目开展。"

朱斯表示，为销售团队找到最佳设计是一个重要问题，因为 TPx 公司正在转向销售更专业的统一通信即服务（UCaaS）、托管 IT 和安全云服务，销售的重要性不言而喻。TPx 公司领导层正在积极地重新思考销售队伍设计，他们需要平衡销售通才和专才的构成。通才可以向客户销售全部产品组合，而专才则在商业流程、业务能力和产品知识方面更胜一筹。朱斯表示："目前，我们的产品组合覆盖和目标市场细分都是横向划分。我们已经讨论过如何通过通才来优化这一模式，让其负责整个产品组合，但偶尔也需要一些专才。当我们转向通才以及部分专才重复覆盖的混合模式时，销售成本就成了一个问题。我们必须评估和管理我们的客户获取成本，并在提供体验所需的专业知识与公司的赢利能力和增长之间取得平衡。"

◆ 新一代增长管理者崛起

我们看到，越来越多的公司和董事会正在努力调整现有的管理模式，使其能够匹配 21 世纪的商业需求，为客户提供细致服务，并竭力

第二部分
利用管理系统整合营收团队

寻找为利益相关者创造价值的新方式。随着时间的推移，他们体会到，要实现收入运营所需的统一管理和赋能非常难。传统的销售、营销和服务管理模式已经逐渐无效甚至过时。职能管理层级化造成各项职能过于独立，运行缓慢，形成了各自为政的文化导向，并成为制约发展的瓶颈。21世纪商业模式下的营收机会大多来自跨职能协作，过多的协作不畅会造成机会流失和营收欠佳。

大企业的职能孤岛现象并不鲜见。这也是规模经营所带来的缺点之一。我们的研究发现，几乎所有规模的企业，无论大小，在整合销售、营销和服务方面都面临着巨大挑战，这是企业普遍面临的难题。你可能会认为，中小企业在连接团队方面具有优势，因为其团队成员数量更少，而且单个领导同时管理多种职能的可能性更大。但一些与我们合作过的小公司同样认为收入循环和职能之间的错位是实现收入最大化的主要障碍。这些问题的共同诱因，似乎就在于不同的管理者创建了多个面向收入的职能。这种情况存在于各种规模的企业中。

新一代的增长管理者正在崛起，他们的任务是整合销售、营销和服务，并使商业模式更加数据驱动、数字化、反应敏捷且可量化评价。这些管理者正在通过影响企业主要领导和客户，为整个收入循环的管理注入新的技能和理念。ZRG Associates 公司的合伙人乔瓦尼·拉玛卡（Giovanni Lamarca）表示："如今，以增长为导向的董事会和首席执行官已经开始意识到，销售、营销和服务职能之间的界限正在模糊，新的合作关系和'首席体验官'角色出现。"ZRG Associates 是一家领先的高管猎头公司，专注于为企业招聘董事、首席执行官和首席体验官等高管。"董事会、首席执行官和人力资源负责人正在重新考虑人力资本战略，从而更好地实现对增长的管理。现在有一股巨大的推动力，促使企业重新思考设立具有跨销售、市场、产品和客户成功等职能的领导力角色，其超越了传统的首席营销官或部门高级副总裁的范围"。

根据我们与来自多个行业的增长管理者的沟通调研，这些新兴的增长管理者有 5 项重要工作：

1. 指导增长资本和运营预算的分配。管理层必须重新分配增长资源和投资，遵守虚拟销售的新经济学原则，使营收团队在销售互动中创造更多价值，并实现关键销售资产（数据、内容和数字销售基础设施）回报的最大化。

2. 领导企业建立共同目标。管理层必须在组织内培养一种文化，使客户终身价值成为管理层、营收团队每位成员的共同目标，也是制定评估指标和硬财务激励措施的共同参考。

3. 优化增长运行模式。领导层必须优化市场架构（如扩大市场覆盖率、参与模式、区域边界、任务分配和控制）和销售队伍设计（如重新设置销售团队的角色、激励制度和工作重点），以最大限度地提高营收团队的参与、效率和拓展能力，并更充分地利用数字渠道和数据驱动的销售工具。

4. 自上而下重构增长技术组合。负责增长的管理者需要自上而下地对传统增长技术进行重构，以创建高效的生态系统，消除销售过程中的重大摩擦，简化销售程序。重新配置的技术组合可更好地利用技术和培训投资，推动实现可扩展、可持续和与数据口径一致的增长。它们还极大地提高了客户参与的质量、效率和透明度。

5. 培育增长导向的文化氛围，建立积极的增长目标。文化培育，只有管理层才能推进。管理层可通过设定积极的增长目标，开展客户健康度、客户成功和价值评估，培育跨销售、产品、营销、客户成功、人力资源和财务等部门协作和团组合作，将营收增长设为组织首要任务目标，从而培育增长导向的文化氛围。

然而，首席体验官从哪儿来？我们在哪里找到他们呢？

我们采访的许多首席执行官都认为自己是所在公司负责增长的管理者。ICIMS公司的首席执行官、《参与制胜》（Engage to Win）一书的作者史蒂夫·卢卡斯表示："我认为，作为首席执行官，我的角色是公司的首席业务官。我的本职工作就是协调统筹客户接触点和职能部门，提升客户体验。这意味着，我们需要根据业务实际编制一个现实可行的客户管理战略，但商学院并不教授这一课程，因为它不同于传统的营销或销售方法。实施客户管理战略的具体工作，则包括创建一套术语、一种文化、一套评估系统和模型，协调销售、营销和服务，统筹利益相关者，从而实现提升客户体验的目标。"

一些领先的企业已经对销售主管或营销主管等现有岗位进行了重新设计，拓展其职责范围，从而为创建首席体验官角色打下基础，促进营收加速增长。例如，首席营收官近年来已成为云计算和技术公司的热门头衔。根据领英的招聘信息，首席营收官职位的数量正以每年28%的速度增长。例如，Rev.com公司推出了语音转文本服务业务且发展迅速，随着其业务不断转向SaaS模式，Rev.com公司将迎来爆炸性增长。Rev.com公司设立了一个新的增长管理者的角色，即首席营收官，以促进商业模式的转变，加速收入增长。"我不太喜欢头衔。我认为每家公司对首席营收官和首席运营官之类头衔的设置各不相同。"Rev.com公司首席营收官韦德·伯吉斯表示，"但重要的是，需要创建一个类似于首席体验官的新角色，将业务带入一个新的水平。"伯吉斯的个人使命是在5年时间里将公司的销售额从1亿美元提高到10亿美元。他知道，要实现这一目标，就需要对营销模式进行转型，包括重新配置产品组合，改变细分市场和渠道，并将漏斗顶部的市场信息与市场定位、销售联系起来。

首席营销官是 20 世纪 90 年代可口可乐公司和宝洁公司首次正式提出的一个过渡性职能角色，其他组织正在将其转变为具有更广泛职权范围的新角色。随着企业付费媒体预算长期大幅下降，责任制的有效实施，以及数字化、数字化需求创造和以数据为中心的信息精确性不断提升，首席营销官的角色、职责和结构正在转型。根据史宾沙管理顾问公司（Spencer Stuart）的数据，几乎三分之一的公司没有首席营销官。相反，像强生、来福车（Lyft）、滨特尔和优步（Uber）这样的公司正在将诸多营销职能整合为"首席体验官"——首席（增长、营收、商业、体验或客户）官，他们的任务是有效统一和协调销售、营销和服务职能，使其成为一台运转良好的增长机器。根据杜克大学对首席营销官的一项调查数据，有 71% 的企业声称其首席营销官能够与销售高度整合，并与合作伙伴密切合作。

大型企业，如思科、霍尼韦尔、盛庞卡和滨特尔公司等，也引入了拓展版首席体验官的职务角色，如首席增长官、首席营收官、首席商务官和首席客户官，其职责范围更广，可以对企业商业资产、运营、销售支持基础设施以及客户旅程进行更好的管理。例如，思科公司任命格里·艾略特（Gerri Elliott）为其第一位执行副总裁级别的首席客户和合作伙伴官，负责全球销售和营销、现场运营以及全球合作伙伴关系管理等工作。作为销售和营销管理者，艾略特将围绕公司的市场战略和增长机会调整组织架构，同时监管思科公司的品牌资产。

一些企业将所有的收入运营业务聚集到一位增长管理者之下。全球医疗公司是一家软件即服务公司，其业务领域主要包括帮助医疗保健服务供应商提升供应链流程自动化水平，整合销售、客户成功以及运营职能，从而支持其实现更可持续和可扩展的增长。他们任命斯科特·凯利（Scott Kelly）为分管销售、客户成功和运营的高级副总裁。其主要职责为在企业内培育协作、持续改进和持续学习的文化，帮助营收团队适应动态市场中的变化，并更好地实现商业流程赋能。作为他工作的一部分，科特·凯利通过整合销售运营、培训和开发，以及对交易部门的关键赋能支持，创建了一个收入运营团队，推动商业流程持续改进。

最终，在有的放矢地工作后，实现了良好效果。讯远通信公司的营销负责人乔·卡梅洛（Joe Cumello）说道："当销售和营销合力时，它可以成为力量倍增器。"他会与销售部门同事密切合作，找到关键的着力点，共享人才，实现销售和营销的最佳资源组合，从而在两者之间产生乘数效应。整合销售、营销、服务和客户全生命周期价值管理职能，以及培养团队合作的使命就落在了首席执行官身上。

无论头衔是什么，都要设置一个主要的增长管理者，根据收入运营模型来整合销售、营销和服务，加速增长。头衔、职责和工作范围因公司而异。但是，将销售、营销和服务部门整合为一个营收团队的挑战不会因为名称的不同而消失。科里·托伦斯认为，仅靠首席体验官的头衔并不能使高管获得领导商业运营转型所需的充分授权。"仅仅给一个头衔，例如首席转型官、首席增长官，但没有给予其领导商业运营转型所需的强有力授权、明确职责范围和可评估的关键绩效指标，也没有匹配强大的收入运营职能来推动执行，这样的问题解决力度非常微弱，不会带来预期的结果。"

第五章
领导模式三选一：专断式、民主式和放任式

正如前面章节所述，企业可尝试不同的领导模式，找到适合的方式整合营收团队，以实现更大的增长。在过去的半个世纪中逐渐占据主导地位的组织模式提供了一种舒适的熟悉感，并将干扰最小化。许多企业对自身现有架构比较满意，但发现过时的领导模式在逐步变成负担，员工沮丧受挫。一些具有创新精神的领导已经不满于现状，为收入运营探索了三种新的领导模式：专断式、民主式和放任式。就像不同的政治制度一样，没有一种是完美的，并且它们之间还存在着灰色地带。尽管如此，这三种领导模式代表了差异化竞争的新方法。在本章中，你将看到对每一种模式的介绍，包括典型的优点和缺点，以及领先企业如何部署这些领导模式的案例。

↱ 专断式：实行"首席体验官"负责制，由首席体验官负责管理营收团队

专断式领导模式是通过权威机构协调所有营收团队。在这种模式下，企业将所有与收入相关的职能的决策和运营控制权整合到一位领导之下。换句话说，这种模式创造了结构性变化——无论是暂时的还是长

第二部分
利用管理系统整合营收团队

期的。传统的销售、营销和服务职能可能仍然作为独立的实体组织存在，或者它们也开始变化且界限逐渐模糊。但最大的变化是，他们现在都受制于一个共同的领导（除了首席执行官外）。这类领导拥有你所能想到的所有典型的管理自由裁量权和工具：严格的报告路线、预算监督、激励机制设置等。以下是一些公司如何采用专断式领导模式的例子。

由首席体验官集中管理所有增长支持相关业务，并授予广泛的职权和决策权限

包括亚美亚、思科、霍尼韦尔、全球医疗、盛庞卡和滨特尔在内的一众 B2B 企业都设立了"首席体验官"的职位，这个职位拥有更广泛的职责范围和职权，可以更好地管理商业资产、运营和启用基础设施以及整个企业的客户旅程。

通常，首席执行官、总裁、首席运营官或业务部门负责人将扮演增长管理者的角色，成为所有收入相关职能部门的关键人物，集中分配所有增长资源，并负责为所有面向客户的员工和职能部门创建共同的目标。整合是自上而下进行的，只有一个管理者负责制定增长战略并分配资源以实现它。不幸的是，大多数管理者不可能在每个核心职能领域都拥有相关专业背景或实际经验，因此很难在所有核心职能领域都发挥出最大作用。此外，如果是在首席执行官直管的情况下，太多的控制权集中于一个人，这给收入运营带来了毁灭性的瓶颈。尽管如此，任命增长管理者的理由清晰必要，许多企业也正在采用这种方法。

设立首席体验官职位，领导商业转型并协调所有营收团队职能

亚美亚公司将销售、渠道、客户成功和营销置于一位首席体验官的管理之下，引导所有营收团队创建团队合作文化和单一职责原则。亚美亚公司的首席执行官吉姆·基里柯说："为了让我们的营收团队更加高效，我们采取的措施之一就是引入首席营收官，在全球范围内为整个营收团队建立单一权威。首席营收官是对营销、销售、交付、客户成功、专业服务以及所有渠道合作伙伴等支撑企业运行职能负责的责任人。随后，我们引入了一位全球服务负责人，一位负责全球渠道的高级副总裁，以及一位全球战略合作伙伴负责人，他们是将新技术推向市场的关键人物——所有人都向首席营收官汇报。这一机制运转得非常好。团队相处愉快，切实强化了我们团队合作和信任的核心文化原则。它也让事情变得更简单——因为这是一个简化了的组织。听起来可能很复杂，但实际上要简单得多，因为有单一职责原则，他确保我们的营收团队得到授权，并控制过程确保他们取得成功。"

跨职能资源分配及决策集中化

盛庞卡公司对其商业运营、赋能系统和支持收入循环的商业洞察实行集中化管理，以推动两位数的规模增长。为了促成这些变化，他们引入了一位新的管理者来整合运营，为客户成功、营销和销售的营收团队提供支持，并要求在销售支持和收入情报方面获得更高的投资回报。该公司设立了总裁和首席增长官职位，置于所有增长职能之上，领导这些增长职能更好地协作。这种模式要求对每一项营收资源、项目和资本投资等实行责任制，通过拟定财务有效标准（SLA）来确定增长资源和资

本投资的优先级、规模、分配和评估。

盛庞卡公司首席营收官克里斯蒂安·史密斯深刻领会到，让每一项商业职能（包括销售支持）都对增长结果和投资回报负责，将产生重大影响。"当我负责全球销售时，我做的第一件事就是评估支持职能的影响，这是有争议的，"史密斯说，"我想知道我们所做的事情是否真的有效，这对于从数据和技术中释放更多的增长潜力至关重要。对投资回报率的关注确实帮助我们优化了支持理念。它使我们专注于高影响力的目标，使其更加基于职务，但坚持目标导向。这有助于我们了解企业所采取的效率提升措施是否奏效。例如，我们在招聘新员工方面的效率实际上比一年前提高了35%。同时，我们还评估了投资组合对销售代表工作效率的影响。这是我们每周审查企业指标的一部分。"

创造共同目标，培育增长文化

马克·劳滕巴赫（Marc Lautenbach）8年前加入必得宝公司担任首席执行官，其使命就是将长期衰退的业务转变为增长业务，提供市场领先的邮件、航运、电子商务物流和金融服务解决方案。劳滕巴赫明确了公司目标，以及所有营销相关职能部门的关键绩效指标，并将其细化延伸至面向客户团队。从启动数字渠道，到倡导面向市场的营销转型，再到投资于邮件、航运和物流市场的产品创新。他领导企业为客户创造了更大价值，提升了企业营收增长回报。马克让整个企业更加专注于加速推进实现营收增长。劳滕巴赫为营收团队明确了3个营销绩效目标，具体包括建立数字销售和服务渠道，改善客户体验，以及通过营销、现场销售和内部销售渠道之间更好的团队合作降低销售成本等。通过共同努力，他的销售和市场管理者能够直接在线上处理大部分的简单交易，并通过将交易迁移至数字销售和服务渠道,其接入的电话服务减少一半,同时显著改善了客户体验,数字客户满意度高达80%。作为努力的成果,公司能够腾出更多销售资源专注于增长和高潜力细分市场,最重要的是,其客户关系能够得到进一步加深。

民主式:领导职能的联合

民主式领导模式通过改善流程来增进团队合作。采用这种模式的企业通常都制定了参与规则,建立了领导委员会。同时,增长职能相关的管理者间还签署了协议,从而实现协调优先事项、管理增长计划及共同消除障碍的目标。即使在公司汇报结构或组织结构没有正式调整的情况下,仍然有一个覆盖到所有增长相关职能的管理矩阵,助推责任制和共同目标的建立。这使得民主式领导模式成为3个组织模式中对现状产生影响最小的模式。该模式强调团队合作,但各项职能仍然可以保持各自领域的独立性。事实上,这一模式高度依赖于信任,但众所周知,信任是大多数企业团队所缺乏的,而且还需要时间才能达成真正的共识。下面是企业如何采用民主式领导模式的示例。

Insightsoftware 公司的神奇"双胞胎"

Insightsoftware 公司首席运营官乔·希利(Joe Healey)和首席营销官史黛西·韦斯特(Stacy West)均是新一代增长管理者的代表,他们的职责是推动有机增长,并将销售与客户成功、专业服务结合起来。作为首席运营官,希利直接管理着销售、客户成功、客户支持、专业服务职能,并与韦斯特在营销方面保持密切的合作关系。希利和韦斯特在销售队伍设计、营销战略以及管理部署的方式方法上保持着密切合作，尤其是在商业团队、流程、系统和运营等支持营收增长的管理上，两人更是默契十足。"我们是神奇的'双胞胎'。"韦斯特说道。

"我们想法相似，我们经常以同样的方式处理问题，以至于我会经常说，不要做我肚子里的蛔虫。我不认为销售和营销紧密合作是什么非必要不可的事，但要真正做到这两个职能的密切配合，并不容易。希利和我相互尊重，我们都觉得保持良好沟通、步调一致地扩大业务规模是我们共同的责任。我们过去领导销售和营销团队的经验有一大好处，它使我们更好地了解我们所做决策对上游和下游的影响。这也是我偶尔看到其他管理者会搬起石头砸自己脚的地方。有时，销售部门会做决定，但他们并不了解或考虑它对营销的影响，反之亦然。"韦斯特和希利紧密合作，能够共同积极推进市场份额增长。他们一起构建并实现了直接和间接渠道的组合，重塑了这些渠道中的角色，改善了漏斗前端业务开发、产品专业知识和客户的管理，并将这些团队集中在更紧密的细分市场和客户服务上。

为了协调各部分不断变化的工作，韦斯特和希利选择了以叠加流程的形式覆盖不同的组织职能，而不是正式地调整组织模式。例如，他们转向收入运营框架，管理负责收入增长的人员、流程和系统。他们积极地推进两个营收支持运营团队——营销运营（由韦斯特负责）与销售服务运营（由希利负责），保持同频共振。希利说："我在过去的公司部署过收入运营并试图整合销售和营销职能。但我们现在选择的道路是继续让营销运营和销售运营分开，但共享信息，相互支持整个客户旅程。例如，韦斯特和她的团队会与我们的销售和客户成功运营团队合作，确保将目标客户营销平台的信号和意图数据反馈给业务发展团队、客户开发代表和客户营销代表。"

通过合作，韦斯特和希利已经能够跨销售和营销部门有效地共享数据和洞察，抢抓市场机遇，并以更统一和协调的方式管理端到端商业流程。韦斯特的营销团队设计的营销内容提供了一致的价值主张，而希利会安排营收团队的所有成员将这一信息传递到他们的目标市场。韦斯特说："除了销售和营销职能，让关键的客户支持、技术支持和客户成功团队成员参与到客户旅程中至关重要。我认为这有点像精益生产——围绕管理链条上下游培训员工，助推团队努力提升效率，实现预期的结果。我们在销售、营销、客户成功和客户支持方面不断改进这一模式。我们致力于留住顶尖人才，并继续保持较快速度增长。"

讯远通信公司的团队目标和文化

讯远通信是一家网络系统、服务和软件企业。乔·卡梅洛和杰森·菲普斯（Jason Phipps）分别为营销部门和销售部门负责人。在过去的 4 年里，他们建立了一种紧密的伙伴关系，这种关系在团队合作和成果方面都是罕见的，为经济增长贡献了超过 10 亿美元。

尽管销售和营销的"联姻"对每个组织都是挑战，尤其是在 B2B 技术部门，卡梅洛和菲普斯已经能够建立一种非常高效的工作关系。他们在文化、团队合作和收入增长方面都取得了巨大的成功。在过去的 5 年里，讯远通信公司的营收从 24 亿美元增长到 36 亿美元。

卡梅洛和菲普斯已经破解了大多数企业面临的一个巨大难题——让销售和营销合二为一。营销负责人卡梅洛表示："这一切都始于销售负责人的一次邀请，他们高度认可营销的价值。我对菲普斯的做法非常赞赏，因为当时我还只是向他汇报工作的高级副总裁。菲普斯邀请我成为他的战略合作伙伴，让我在每次有关公司增长的战略对话中都有一席之地，因为他明白，当销售和营销通力合作时，它可以成为'力量倍增器'。这与我整个职业生涯的经历显然不同，在我的职业生涯中，营销部门一直被视为'服务'于销售的部门。"

菲普斯说："我会从几年前我与卡梅洛的第一次对话说起，当时我们正在考虑将营销和销售合并到一起。但值得一提的是，现在销售和营销是两个同级的团队，向首席执行官汇报。当时我们考虑把销售和营销职能整合在一起有几个原因。一是杠杆作用和人才的原因。销售在我们的增长中扮演着重要的角色，有人担心销售会拿走所有的营销预算。坦率地说，这种情况当时已经发生了，所以我认为这实际上是通过利用销售和营销之间的一种'乘数效应'来对资源进行重新优化配置。这一点很重要，因为预算并不是无限的，在某种程度上，把另一个组织推向一线直接面向客户并不能像将这些预算投给营销部门那样助推增长实现。我相信，如果将下一笔预算投入营销领域，会产生更大的杠杆作用，尤其是当营销能够触达最关键的目标对象时。"

菲普斯表示："从人才的角度来看，将销售和营销结合起来，可以让我们有更多的人才互动。其中卡梅洛做的一件事就是引进新的人才，为运营和产品营销团队增加了一些有销售背景和营销经验的关键人物。这些关键人物带来的影响力立竿见影，使我们更容易在整个团队中创造杠杆和协同效应。信任和团队合作是 21 世纪商业的关键组成部分，尽管结果可能较难量化。"

菲普斯发现，他们之所以能够密切合作，关键在于讯远通信公司是一家指标驱动型企业。"我们都意识到，通过与客户进行有意义的对话，获取更多增长相关的定性信息以及掌握销售团队出手干预次数的信息非常重要。"

菲普斯说："我们让营销团队——以及工程和产品团队——参与到与客户的对话、季度业务回顾以及其他客户开发活动中。这些合作表明，我们正在建立信任,营销被视为销售团队的延伸。因此,我们开始以'参与质量'(QOE)来评估我们的客户团队,'参与质量'客观反映了提升客户健康度和终身价值的所有行动和参与。"

"传统的需求生成指标对我们来说既无实效也不相关,因为我们与客户关系非常深厚,而且销售周期很长,"卡梅洛补充道,"所以,我们必须调整方法。我们真正关心的是账户的指针移动——是聚焦下一个请求建议书或是更深入地与关键利益相关者接触。我希望能够向我们的销售团队提供关于客户如何与我们互动的所有数据,然后把这些数据交给菲普斯,告诉他,当我们赢了的时候,这就是获胜的参与模式,而当我们输了的时候,这就是我们的现实情况。"

他继续说道:"因此,我们开发了客户参与报告和参与质量评价方法,使我们能够更全面、实时地了解我们对客户所产生影响的广度、深度、频率。我们的仪表盘就像一个'心电图',为我们提供了账户的动态图像。我们的参与程度恰当吗?利益相关者是否参加了网络研讨会,参加了'演示日',或者下载了资料?"

"把职能整合在一起需要的不仅仅是团队合作;它还要求不同职能共享数据,"菲普斯说,"其中很大一部分是重新思考我们如何组织我们的运营和设计支持组织。在运营方面,我们必须协调和整合营销和销售业务。卡梅洛和我有一个共同的运营支持团队。卡梅洛在这个团队中负责市场运营,这个团队创建了客户参与仪表盘,或者我们一直称为'心电图'。我的团队里有销售支持和销售运营人员,他们主要关注用户参与质量。但他们需要与卡梅洛的运营负责人有联系,因为当他在现场查看客户参与仪表盘时,我们知道这将与参与用户质量密切相关。所以,如果某个账户的用户参与质量很高,那么它的'心电图'应该能够体现出来。"

这种团队合作不局限于两位管理者，其囊括了整个企业的所有职能部门。卡梅洛说："我们还与 IT 部门的伙伴合作，更好地利用来自整个组织的数据。很多公司，包括我们也是其中之一，从运营到财务职能都存在着数据孤岛。这超出了菲普斯和我的控制范围，所以解决它需要一个更大范围的讨论。因此，我们不得不退一步，在领导层中进行更广泛的讨论，讨论我们想要用数据分析和人工智能做什么，以及我们如何融合数据并利用数据创造价值。这将创造一个巨大的机会。"

甲骨文和思爱普公司的需求生成委员会

职能全球化——过去几十年比较流行的一个做法，是将公司各部门的职能资源、人员和预算整合成一个全球性职能部门，每一职能部门负责各部门的全球事务。从而提升各职能的专业化程度，并通过减少碎片化来提高效率。尽管公司后台职能的整合相当普遍，但面向客户的职能（如营销和销售）的全球化整合往往会产生更多的内耗。例如，建立全球营销部，会导致营销职能与销售等其他业务职能之间产生更大的嫌隙和矛盾。因为后者会对由此产生的职能失控感到不满。

2000 年，甲骨文公司对其营销职能进行了全球化整合，将所有预算、人员编制和项目优先级的决定权从区域团队转移到首席营销官。为保持与销售之间的联系，亚洲和欧洲区域营销管理者率先提出一个新概念，即需求生成委员会，作为销售和营销职能之间同步工作计划、优先级排序及协调管理的流程。需求生成委员会本质上是该地区销售和营销主要负责人之间的季度会议，主要工作如下：

1. 审核市场、收入和客户数据；

2. 就主要目标市场策略达成一致；

3. 合理分配资源，激发需求，以实现并超过目标收入。

随着人们对这一流程的热情高涨，甲骨文公司时任总裁查尔斯·菲利普斯（Charles Phillips）从各区域引进了这一流程，并在全球范围内实施。这将需求生成委员会向上扩展至企业领导层，向下扩展到细分区域。在扩展取得成功后，又增加了更多的职能，需求生成委员会甚至演变成一个企业营销主题的领导专题会议。

数年后，思爱普公司也采取了类似的做法，促进了销售和营销职能之间的成功联动。这一次，需求生成委员会使用了更多的数据分析来评估前后结果以及营销工作对营收的影响。

通过需求生成委员会流程的应用，思爱普公司以大致相同的资源多创造了 55% 的渠道机会，总价值增加了 48%。

瞻博网络的协同资源分配

瞻博网络是致力于连接世界的安全人工智能驱动网络的供应商。迈克·马赛林和马库斯·朱厄尔（Marcus Jewell）分别是瞻博网络的首席营销官和首席营收官，在过去数年里，他们在销售和营销之间建立了紧密合作关系，有效促进了团队合作，且成果卓著，这为瞻博网络的收入激增做出了贡献，并使瞻博网络成为一家快速增长的公司。

随着通信技术和基础设施市场的成熟，瞻博网络公司在经历了 10 年赢利但增长相对放缓之后，其收入基数接近 50 亿美元，上季度销售收入增长了 38%，客户满意度也再创新高。他们的营销团队已经将瞻博网络公司的业务扩展到增长更快的新市场，包括人工智能驱动的企业解决方案（28%）、云数据中心解决方案（28%）和安全（21%）。这使瞻博网络公司实现了重大转型，正如迈克·马赛林所描述，瞻博网络公司从追逐"利润最大化"变成了具备"敏捷增大"能力的企业，其能够根据市场变化迅速调整业务并开发新的增长市场。

"几年前，我们作为一个管理团队意识到，仅仅向过去的客户销售产品是无法实现我们的增长目标的，"马赛林补充道，"我们作为一个管理团队共同做出了这个决定。这是一份销售声明，也是一份营销声明，更是一份产品构思声明。增长已经成为一项团队运动，所有这些因素加在一起，现在使我们得以成功扩张。"

为了进军新市场，瞻博网络过去几年在销售和营销方面又投入了数千万美元。他们已取得显著成效。由于他们作为一个团队工作，马赛林和朱厄尔能够平衡这些资金在整个收入循环中的投资方式。他们还非常慎重地考虑了应该用于技术资本投资的资金比例，而不是为应收团队增加正确的技能。

马库斯·朱厄尔表示："我们如何分配这笔投资很有趣。少接触和无接触数字渠道的出现，以及将销售、营销和客户成功相结合的需求，确实改变了我们对预算和资源分配的思考方式。就预算花在哪儿这一问题，迈克和我都把增长投资的增加视为'可替代的预算'。我们成立了一个小型领导委员会，来确定我们应该把这笔钱花在哪里，从而推动最快的增长，最大限度抓住市场机遇。我们对希望实现的目标结果制定了明确的目标和关键指标，并能够以此为基础就最佳分配达成一致。最终，当我们考虑增长引擎时，我们不会将销售和营销预算分开。我们会确保这些投资能够在整个企业中发挥关联的作用，并保持其灵活性和活力。"

马赛林补充道："在我多年分配营销和产品预算的经验中，这是非常独特的。通常每个人都有自己的预算目标，你可以做你能做的。但是，当我们看到机会出现时，临时调整资金的可能性非常小。我认为，你必须更加灵活，要考虑你的营销引擎，以便在快速发展的市场中竞争。"

↱ 放任式：收入运营"摇滚明星"

在放任模式中，销售运营、营销运营和其他类似的角色——如销售支持、客户分析、培训和发展——被合并为一个整体，为销售、营销和服务职能提供支持。这种模式在机构权威中夹杂着潜在间接影响，催生了模糊地带，在一些企业会难以平衡。尽管如此，这种模式仍然有支持者。像盛庞卡和 Rev.com 这样快速发展的企业，投资者对有机增长的预期超 50%，已采取措施将营销、销售和客户成功支持业务整合到一个领导的管理之下。TPX 通信公司、亚美亚公司和 Rev.com 公司已经采取了更为正式的措施，让一位领导负责所有以营收为中心的运营职能管理，并对销售运营、营销运营和销售支持等职能建立了硬性的报告机制。

这使得这名高管能够跨职能"连接不同的点"。

例如，这种组织结构有利于从网站和数字营销活动（由营销部门负责）中收集第一方数据，将其与客户关系管理中的账户结构和联系人（由销售部门负责）匹配，最后交付给一线销售人员（使用销售支持部门的工具）使用，并形成客户健康度报告（由客户分析部门负责）。

它还有助于将销售策划（销售运营部门负责）与培训系统（培训和发展部门负责），以及追踪、记录和分析系统（销售支持部门负责）连接起来，从而形成将收入循环的所有支持系统纳入一位管理者麾下的机制。"单一管控点"更容易实现对客户参与数据的管理，因为这些数据分散于数十个系统。

在许多方面，这是对企业现状最明显的改变，因为组织结构图上创建了一个"新"功能，其改变了较低级别的权力矩阵，但对最高级别的管理权力毫无影响。毫不奇怪，越来越多的人把这个新功能简单地叫作"收入运营"。虽然这确实是在朝着收入运营的方向迈进，但本书提供了一个更全面且经过验证的方法。

案例研究：提升企业整体价值

GHX 公司的销售、客户成功和收入运营高级副总裁斯科特·凯利（Scott Kelley）的职责是整合全球医疗公司面向客户的营收团队和商业运营，支持他们实现更可持续和可扩展的增长，并充分实现动态市场的全部潜力。

在过去的二十余年里，全球医疗公司通过收购实现了非有机增长，同时也通过客户关系管理实现了有机增长。在基于信任关系的生态系统中创造价值的潜力使加速有机增长成为企业的战略优先事项。凯利说："有机增长已经成为我们公司的首要目标，因为我们有很大的机会基于我们的客户网络创造更多的价值。鉴于我们高水平的市场渗透率，当前我们主要专注于为现有客户提供更大的价值——通常这意味着在整个创新过程中，我们与客户的合作得到了强化，我们对客户需求的理解加深了，并将他们与内部专家联系起来。"

随着全球医疗公司的销售网络和产品的不断拓展，其产品、客户、组织和营销策略的复杂性不断上升。凯利说："随着我们收购其他企业，我们的商业模式也变得更加复杂。"

这种日益增长的复杂性迫使领导层转变商业模式。围绕提升客户生命周期价值调整目标，我们不断探索简化跨职能客户旅程的方式方法，推进商业团队、流程和资源整合。凯利说："我们意识到，通过收购和创新，我们的业务变得越来越复杂，为了支持可持续的有机增长，我们必须改进增长支持的组织和运营，以统筹我们每个业务所服务的细分客户领域。"

凯利认为，商业转型应从高层开始，领导力是当前及未来支撑增长的核心因素。凯利表示："我们相信，强大的企业文化可以克服各种增长障碍。因此，我们的领导层专注于建立一种持续改进和协作的文化。"

斯科特·凯利的职责包括培育相互协作、持续改进和持续学习的文化，以帮助营收团队在动态市场中进行创新，并更好地支持商业流程。为了匹配斯科特实现可拓展目标所需的变革，全球医疗公司将销售、客户成功及其运营支持职能整合到一个统一的组织中，以支撑更可持续和可扩展的增长。为了整合这些关键职能，凯利创建了一个收入运营团队，将销售运营、培训和开发，以及交易等关键支持部门整合到一个统一的组织中，推动企业商业流程的持续改进。

凯利说："这一切都是为了与我们的客户保持一致。整合——包括团队整合、技术整合，以及最重要的文化整合——对我们提升为客户创造价值的能力至关重要，反过来，也对我们产品的增长潜力至关重要。我的工作是确保我们所有的销售和客户成功团队在每个领域都保持一致，并确保客户将我们视为一个统一的整体，即一个专注于帮助他们解决问题、创造价值和降低医疗成本的一个整体。要做到这一点，我们需要了解掌握客户当前面临的难题，以及他们需要什么帮助来实现目标。而传递客户声音的最佳来源之一就是销售团队。"

优化商业架构变得越来越重要，因为全球医疗公司已经发展成为一家软件即服务企业。这已经将销售组织的重点转移到最大限度地提高客户终身价值，并向其提供全套供应链、医疗和金融产品。凯利不断监测客户行为的变化，并重新审视有关销售业绩的历史假设，以优化商业架构，更好地占领市场和分配资源。为了实现这一目标，斯科特的团队重新调整了客户的优先级、客户类型，凯利还在销售队伍中引入了新的专家角色，并更加强调客户成功职能的作用。

凯利说："最让我夜不能寐的一件事就是我们如何有效地与客户互动。作为一家软件即服务企业，如果我们不能以一种与客户目标一致的方式参与进来，那么我们就不会成功。我们需要不断地评估一些问题，比如：我们的一线销售人员是否知晓哪些群体是最重要的客户，以及与每个客户的沟通要点是什么？他们是否经常与客户保持有效的联系？而我们的客户成功团队，是否在解决问题基础上，积极主动地帮助客户从我们的解决方案中获得最大收益？我们是否有技术可以将客户使用情况可视化？让我们知道客户什么时候在使用或未使用我们提供的工具——以及我们的客户成功团队是否会迅速行动起来与客户接触？我们能否在视频会议和面对面交流之间找到平衡？"

凯利是一个极端推崇数据驱动并以指标为导向的人。他会有效利用渠道健康状况、客户参与度和销售人员绩效数据来优化资源分配，提升销售人员效率。他通过假设验证的方式，不断调整销售区域定义和配额计划，从而最大限度地在实现市场机会与销售代表配额、容量、能力和压力之间找到最佳平衡。凯利说："作为一名运营管理负责人，我认为销售团队是一个企业最重要的客户接触点，需要仔细建模，才能高效地与客户接触。我还想知道产生特定销售额计划背后的数学计算。我们将这些信息作为评估业绩指标的基础，对我们的销售人员进行追踪，使他们能够与其负责的区域、配额和激励措施相匹配。我们有效利用历史数据——完成一笔交易的平均用时、销售代表拨打销售电话的节奏，以及销售代表（在特定职位上）的历史表现——为我们提供指导。"

成功的另一个关键是建立和实现持续学习和持续改进的文化。凯利表示："持续学习对于跟上我们产品、网络和市场的快速发展至关重要。在我职业生涯的早期，我在通用电气公司和富士医疗公司工作，我真的学会了把培训视为一个持续的过程，就像其他高技能职业一样。"

第三部分

连接技术、数据、流程和团队的运营系统

PART 3

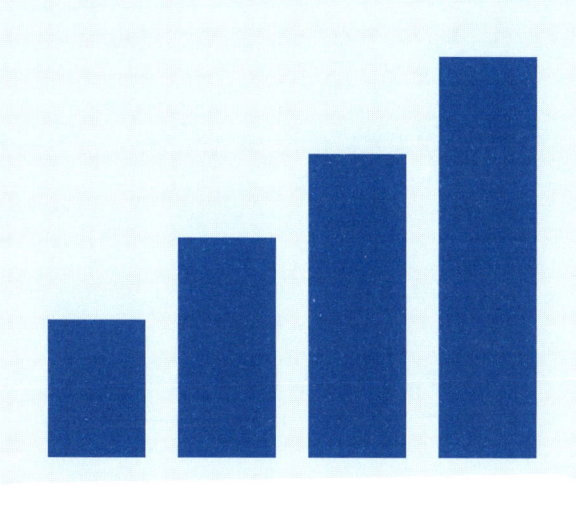

第三部分
连接技术、数据、流程和团队的运营系统

第六章
组建运营系统的九大模块

在本书第一部分，我们提出有机增长是企业价值增长的主要驱动因素。然而，随着客户行为不断变化，数字技术成为销售关键要素，以及企业增长职能的分散化，使得增长的公式也随之变化。为应对上述挑战，企业不得不采用系统商业模式来平衡增长的艺术性和科学性。这个模式，我们称为收入运营。

在本书的第二部分，我们介绍了收入运营的第一个组成系统：管理系统。这个管理系统有六大支柱，其中包含了数项核心原则。基于我们的研究和观察，我们提出了提升营收团队领导力和管理能力的3种选择。

在本书这一部分，我们将介绍收入运营的第二个组成系统，即运营系统。这个运营系统整合了技术、数据、流程和团队，助力企业实现稳定、可扩展的增长。

稳定可能很"无聊"，但它代表了一种价值创造的管理路径。像丰田和通用电气这样的企业通过持续改进流程，并将其应用于运营和供应链，创造了数千亿美元的公司价值。为实现这一目标，他们将精益生产、持续改善（Kaizen）、六西格玛和全面质量管理等原则融入了实践。所以，为什么不对面向客户的业务采取类似的管理方法呢？稳定的、可扩展的增长会带来很多好处：销售人员可更好地执行分配的销售任务；

项目能够产生可预测的成效；分析人员可就向谁推销和怎么做等问题做出更准确的预测；更多的销售人员能够完成工作配额。

可扩展性对投资者更具吸引力。数字技术，特别是高级分析和人工智能，为提高销售团队的生产力、参与度和可见度奠定了坚实基础。当它们处于最佳状态时，数据、基础设施和流程在一个技术生态体系内相互作用，能够加速销售增长，成倍增加销售资产的回报，提高公司价值。尽管销售和营销技术投资在部分关联或独立运营的情况下也产生了一些回报，但没有充分体现其价值。

运营系统的价值创造体现在三个方面：扩大收入，降低成本，以及改善客户体验。改进其中一个方面可以实现收入、成本或客户体验的持续改善。但如果能找到同时改善其中两个方面的方法，就成了已故的苏曼特拉·戈沙尔教授在其《激进变革》（*Radical Change*）一书中所提出的激进的商业绩效改进。

那如果能同时对上述三个方面进行改进，结果会怎么样呢？曾经，这被认为是不可能的。但事实并非如此。我们与众多的首席体验官开展了深入访谈沟通，我们发现，同时对这三个方面进行改进不仅可能，而且非常必要。这种转变只有通过采用系统的方法才能实现。这就是收入运营。无论是想要实现小赢，还是大赢，甚至是商业转型，它都提供了实现目标的最佳途径。

◆ 企业的运营系统

已连接的数据、技术和流程是运营系统九个模块之间的桥梁，也是构成运营系统的基础，使收入运营得以实现。为了不那么拗口，我们简单地称其为收入运营系统技术基础设施。收入运营系统的核心，就在于

第三部分
连接技术、数据、流程和团队的运营系统

以商业洞察连接增长资产和价值驱动要素（见图6-1），从而促进业务增长和公司价值创造。

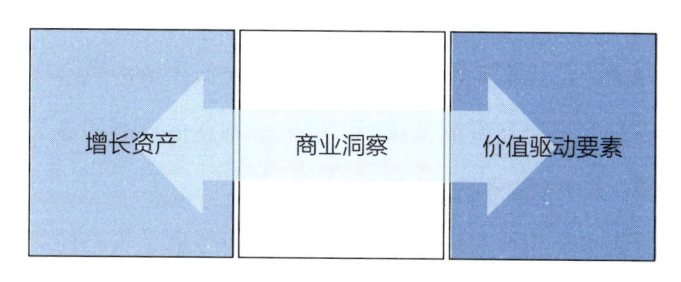

图 6-1 收入运营系统的核心

增长资产包括有形资产和无形资产。其中，无形资产具体是指用来获取、发展和扩展客户关系的资产，如人员、数据、技术、品牌偏好、销售方法、客户关系资产、渠道和认知份额等，都是其中的一部分。

尽管销售已实现了渠道和基础设施的数字化转型，销售变得更加资本密集，但销售、营销和服务团队的人员仍然是销售系统的最大资产。超90%的首席执行官和管理者告诉我们，"员工是我们最大的增长资产，不管是以这样或那样的形式发挥作用"。总体上，这些增长资产代表了对业务进行大量财务投资，其运营预算一般占总收入的15%~50%，具体取决于公司的规模。

商业洞察为行动、沟通和决策提供参考信息。对我们来说，商业洞察是管理决策、销售行动和资源分配的重要情报，它不是单纯的数据。洞察作为一种机制，使人能够将增长资产与价值驱动要素联系起来。通过先进的数据分析，我们能够生成客户需求、客户偏好、机会、销售人员生产力和客户反馈的情报。其中，关于销售人员技能、活动和表现的情报，有助于改善人员技能培训、沟通内容、资源分配和效率。以自上而下和自下而上相结合的商业洞察为参考，管理者能够及时掌握账户健康、管道健康、销售人员业绩和市场动态等情况。

109

价值驱动要素是指驱动现有团队和资源产生更多收入和利润的能力。人才管理、创新、定价、促销和流程自动化有助于根据机会优化资源分配，最大限度地提高每一次销售互动的收益，并释放销售人才的全部潜力。例如，B2B企业可将客户交互转移至低接触的数字渠道，通过赋能技术提升客户交互价值，从而以更低成本获得更高的参与度、更快的响应速度，提升销售代表工作效率。

过去，大多数企业对增长资产都只是进行零散、策略性的管理。例如，根据销售管理协会的研究，在客户管理系统出现的30余年里，67%的企业的客户管理系统投资回报率仍然低于可接受水平，用户采用率也不尽如人意，还有大量未实现的潜力令人遗憾。

简单地讲，其问题不在于客户管理系统技术本身。本书列出了100项客户管理系统最为重要的技术名单，目前，赛富时公司已整合进大部分领先的销售支持、互动和数据分析工具。然而，其仍未能将客户管理系统用于简化销售者工作流程和记录客户参与数据。从根本上说，这是一个系统问题，而不是技术问题。

◆ 收入运营系统的建设模块

根据我们的研究，收入运营系统可分解为9个独立的模块（见图6-2）。

以下是这9个模块的清单。

1. 营收支持。商业技术资产、能力和系统，为销售人员提供支持。具体包括客户关系管理和销售支持，客户参与、内容管理和准备系统。此外，它们还包括一系列支持日常销售工作流程的专业工具和解决方案。

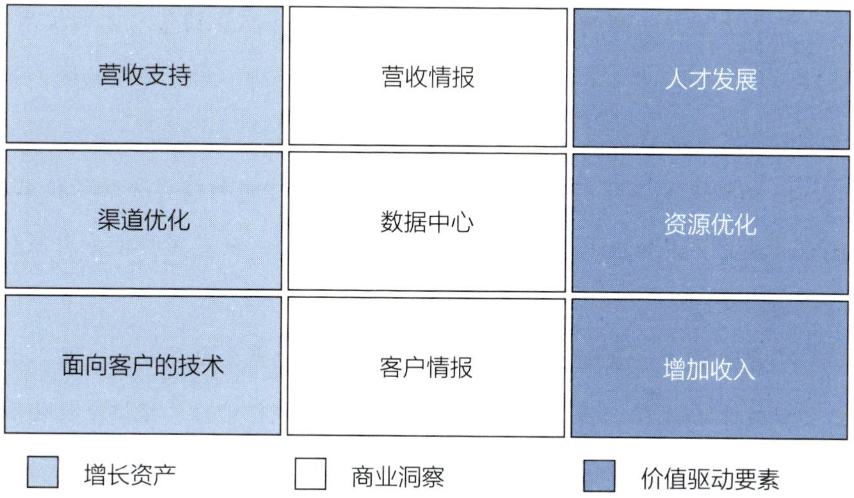

第三部分
连接技术、数据、流程和团队的运营系统

营收支持	营收情报	人才发展
渠道优化	数据中心	资源优化
面向客户的技术	客户情报	增加收入

☐ 增长资产　　☐ 商业洞察　　☐ 价值驱动要素

图 6-2　收入运营系统的建设模块

2. 渠道优化。以系统、流程和能力提升，助推数字和模拟销售渠道的客户参与度、效率、销售节奏提升，以及渠道交叉和渠道覆盖优化。

3. 面向客户的技术。"自有"数字销售基础设施包括网站、博客、移动应用和电子商务平台，以及用于吸引并与客户开展线上互动的营销自动化、非接触式销售和社交媒体解决方案等。

4. 营收情报。通过数据分析和通信技术，从销售和交易数据中形成情报，帮助增长管理者对增长战略、投资和项目开展管理评估。情报内容具体包括评估指标、仪表板，以及企业用于评估增长战略、投资和项目财务回报的分析能力。

5. 数据中心。对企业自有系统和第三方系统所有的客户、营收、销售活动数据等资源进行汇集、转换和变现的技术能力。

6. 客户情报。软件应用程序、能力和流程可将客户数据转化为可操作的商业洞察，帮助面向客户的团队更好决策，优化活动和推荐，有针对性地回答问题，并设定销售优先事项。

7. 人才发展。所有用于吸引、培养和留存跨职能销售人才的技术、流程、资产和能力。具体包括培训方法、销售手册、学习管理系统、销售准备和开发软件以及学习和培养计划。

8. 资源优化。针对客户和市场优化人员、时间和精力分配的技术、流程和能力。具体包括确定销售区域、设定配额、确定客户优先次序和指导需求管理活动的应用程序和数据分析。

9. 增加收入。帮助销售者在与客户的互动中产生更多利润、收入和价值的技术和流程。具体包括用于帮助优化和执行定价、提供个性化服务，以及创建有效宣传和提案的工具、能力和解决方案。

即使每个企业因竞争差异在部署和执行上略有不同，但上述模块是每个企业都必不可少的。有些会涉及有形的软件平台和组织，如客户管理系统或销售支持功能。其他的则是无形资产，存在于团队成员的心中，如信念系统、销售专业知识。例如，大多数区域和配额计划都是根据历史数据和组织预设倾向来分配资源，但它们既没有记录，更没有广泛共享，也没有根据动态的市场条件定期重新测试。

这九大模块对任何现代销售系统都是通用的。来自不同组织以及有不同视角和不同背景的管理者都能理解这些内容。重要的是，名称的标准化提供了一套可供所有人使用的词语，使不同的参与者能够识别、认可并围绕它共同努力进行沟通，从而加速收入增长，降低成本，改善客户体验。

值得一提的是，即使上述建设模块能够在企业中发挥重要作用，但不会改变企业性质。过去，企业结构调整及其遗留的技术投资肯定会给未来的增长造成障碍，但这里所述的运营系统创造了一种大多数企业所不具备的弹性和聚焦。

连接最多"点"的团队胜出

收入运营需要在营收团队的职能部门之间进行真正的协调和整合，才能取得成功。运营系统可通过"洞察力"的应用，以有意义、差异化和价值创造的方式，将碎片化的职能连接起来。

连接最多"点"的团队胜出。

找到不同建设模块之间的连接"点"，以更好的渠道绩效、优化资源分配、更高效的产品供应，以及参与度更高的员工，拓展成果及内在价值创造。

以下是我们访谈过的高管们通过连接不同的"点"创造价值的方式：

- 加强对整个收入循环（需求、交易和消费）的控制，减少利润和机会流失。
- 简化销售人员日常互动，提高面向客户的员工的效率、可见性和绩效。
- 充分利用技术倍增器，提升增长资产、资源和投资回报。
- 吸引、招聘、培养和留住高绩效销售人才，让他们在企业工作更久。
- 平衡资源分配，支持更多实现配额的销售代表，抓住更多市场机会。

企业管理者需要连接日趋复杂的技术生态系统，促进更加稳定和可扩展增长的产生。销售基础设施和面向客户的技术解决方案的采用，使单点解决方案、客户接触点和数据来源范围突增，我们必须理顺关系、捋清边界。"营销人员处理渠道、投资、选择和变化时存在无数可能性——同时面临这么多选择，很难设定优先级。"安泰保险公司（Aetna）前首席营销官大卫·埃德尔曼说。在过去20年里，这种技术投资组合占据了销售和营销组合以及资产负债表的很大一部分。例如，根据营销责任制标准委员会的分析，自有数字基础设施和资源（即内容、数据科学家、博客和促销活动）占了营销组合的三分之二。

没有一种工具可以解决所有的问题。它需要许多步骤来收集、转换和部署信息，从一个来源收集、转换和部署信息到可以创造价值的人或地方需要很多步骤。例如，在销售人员需要的时候及时向其推送有效销售内容，至少需要3个步骤，并跨越多个系统。客户数据信息亦是如此。从获取、汇总、分析到基于客户数据生成洞察，同样是一个多步骤的过程。

过去，技术供应商会不断地在越来越小的范围内重新定义市场类别，以找到一个可以防御性地占据绝对领导地位的市场。而分析行业的崛起，通过不断扩大"魔法象限"和供应商分析强化了这一概念，并将解决方案狭隘地定义为更小、更紧密的市场细分。如果一家技术提供商存在于多个技术类别中，它往往必须证明自己作为"平台"的价值，否则就会因脱节和混乱而受到惩罚。

现在，以收入运营系统的视角重新思考这个问题，你会发现像Revenue.io[1]、Highspot[2]、第六感洞察公司（6sense）、RFPIO[3]和Varicent[4]等领先的营收支持方案提供商都集成了3个或以上的既定类别技术。他

---

[1] Revenue.io 是一个人工智能驱动的收入运营应用程序供应商。

[2] Highspot 是一家人工智能销售工具开发公司。

[3] RFPIO 是一家基于云提案请求的软件供应商。

[4] Varicent 是一家提供绩效管理和报酬计划解决方案与软件供应商。

第三部分
连接技术、数据、流程和团队的运营系统

们藐视传统分类方法，因为他们已经找到更好的方法。他们断言将多种技术生态系统连接起来是一件好事。事实上，在我们对改变商业模式的前100项技术的排名中，每个解决方案都至少连接了9个建设模块中的3个。他们不认为这种整合是多余的；相反，他们将这种连接作为其解决方案价值的核心来推广。

Highspot公司是一个致力于连接销售和营销技术，以形成更连贯的销售工作流程的平台，其首席执行官兼联合创始人罗伯特·瓦比（Robert Wahbe）重申了拥有一个更好地支持销售人员的"运营系统"的重要性。"有成千上万的技术可以提高营收团队的绩效表现，从而产生更稳定的收入，改善客户体验"，瓦比说到。企业平均投资了20个技术工具。少则10个，多则达40个。事实上，重要的不是工具的数量，而是你将销售和营销技术生态系统中的点连接起来的能力。这听起来很复杂。从产品集成和数据流的角度来看，的确如此。这是我们大部分资金的投资领域。

第六感洞察公司首席技术官兼创始人瓦尔瑞·巴哈利亚（Viral Bajaria）同样强调了将商业技术组合连接到运营系统以实现增长的概念。他认为销售和营销技术生态系统就像一个元素周期表，可以帮助你成长。他表示："你需要一个这样的系统，因为只有这样你才能改善客户体验、创造价值和利润、实现增长。""你需要连接不同的技术孤岛。这就是现代销售创造价值的方式。"

像瞻博网络和日立公司这样成功的增长型管理者正在使用运营系统结构来打破自动化孤岛，重新连接他们的销售和营销技术生态系统。

WalkMe公司的杰夫·麦基特里克表示。他还曾在思科和日立公司负责销售支持工作。"我在思科、日立和现在的公司工作了15年，负责建立销售支持平台和实施数字销售，从中学到的一件事是，当涉及技术时，人们往往会想得太复杂。在现实中，把销售技术的高利润和高产组合在一起并不像'造火箭'那么难。它确实需要努力工作、团队合作和领导力。绝对存在一本攻略，成功的秘诀非常简单。"

瞻博网络首席执行官马库斯·朱厄尔表示："技术工具是有用的，但它们实际上只是运营系统的组成部分。根据朱厄尔的说法，真正的价值在于将这些点连接起来。朱厄尔认为管理者应该是不同技术的协调者，以符合企业独特性的方式提高销售人员效率和客户互动。每个企业都有自己独特的销售运营系统，"朱厄尔继续说道，"所以，认为存在适合所有人的平台是一种错误的认识。你为什么要把这样一项战略资产拱手让给一个外部的万能工具？"

瞻博网络公司首席营销官迈克·马塞林补充道："将销售和营销之间的点连接起来尤其重要，因为销售不是一个线性过程。销售和营销都拥有能够实现完整收入循环的资产。销售可以下沉并做一些事情。营销可以参与到收入循环的其他部分。如果一方不知道另一方在做什么，企业就输了，客户的体验就会很糟糕。"

建设模块最大化，并实现互联，将大幅提升增长空间，因为目前的方法可能行不通。电子商务诞生25年以来，通过数字渠道实现B2B销售的比例还不到25%。根据杜克大学福库商学院的研究，大数据时代已经过去10年了，分析对决策和公司财务绩效的影响基本没有变化。销售管理者和从业人员并没有利用他们所拥有的数据来提高销售人员效率或识别客户意图。其他备受推崇且随时可部署的技术（5G通信、增强现实和人工智能）的采用率仍不到10%。像大多数销售计划一样，这些技术需要强有力的领导承诺和管理变革来实现其潜力。

最终，收入运营将促进对整个商业技术栈（指所有的销售和营销技术）的彻底反思。技术协同工作成为新一代的管理者区别于他人的标志。对他们来说，这些模块在技术生态系统中交织在一起，为他们的销售资产带来更高的回报,并使销售、利润和公司价值实现增长。

在接下来的几章中,我们将把收入运营系统的九个模块分解到具体组成部分(见表6-1)。

表6-1 收入运营系统

增长资产		商业洞察		价值驱动要素	
数字资产管理	学习管理	渠道浮动	账户健康和终身价值	寻找新人才	帮助新销售人员
客户关系管理	销售自动化	机会潜力	销售人员业绩	发展技能和能力	留住顶尖人才
渠道优化		数据中心		资源优化	
直接销售	虚拟销售能力	销售人员活动数据	客户参与数据	销售资源分配	优先级排序
经销/分销渠道	直接面对客户	产品使用数据	交易数据	销售时间优化	优化覆盖范围和目标
面对客户的技术		客户情报		增加收入	
自有数字渠道基础设施	市场自动化	推荐引擎	客户管理	定价	个性化
移动基础设施	电子商务	广告活动最佳化	响应管理	价值工程	数字化

■ 营收支持　　□ 营收情报　　■ 人才发展

117

第七章
获客之道：连接数据、技术和渠道资产

战略性管理商业资产的重要性

客户数据、数字渠道、销售内容、产品知识等支持增长的资产是企业中最具价值的资产之一，我们通常称为商业资产，运营系统必须有能力战略性地管理这些资产。

我们已经从管理销售人员变成管理销售生态系统。人仍然是至关重要的，但资金和预算正在从人力资本转移到能使人变得更有效率的工具上来。作为这一变化的一部分，促进销售的增长技术组合在规模、成本和复杂性方面都有所增长。

为了获得新客户，运营系统必须在不让销售人员负担过重的前提下起到帮助作用。必须适当地重新平衡渠道，最大限度地提高收入收益，并将企业拥有的数字基础设施变成竞争武器。以下是管理核心增长商业资产的一些例子。

1. 人员。提高面向客户的员工的投资回报率。让他们专注于正确的行动、客户和对话上。最大限度地利用与客户接触的时间，提升培育转化和客户指导能力，强化创造客户价值的销售行为和活动。"我们非常关注资产回报和我们的投资回报,"Flexential公司❶的首席执行官克里斯·唐尼报告说,"我认为我们的销售机器是一项增长资产,对其进行投资,开发销售人员和渠道资源,并对销售人员进行培训,是我们的营销战略,也是我们价值主张的核心。"

2. 客户数据。像管理资产一样管理客户数据。将这些数据转化为驱动营收并实时帮助销售代表的洞察。统一销售和营销数据源,将其转化指导战术行动的洞察。《信息经济学》一书的作者道格·兰尼认为,"未能衡量客户数据资产价值的企业领导者,忽视了数据经济的新商业现实和21世纪商业模式中的信息经济学。衡量数据资产价值对收入来源和开支节省的贡献,可以证明其维护和培养预算是合理的,并确定商业价值的最低限度,以证实数据投资可以用来维护和货币化数据"。

3. 数字销售技术基础设施。重新将技术组合设想为一个相互联系的生态系统,将现有的所有工具——数据、人员、技术结合起来。

4. 销售内容。无论哪个企业创建,都要围绕一致的价值故事和营销战略来调整销售内容。整合、管理并使销售内容与客户旅程相一致。用操作手册、培训、思想领导力、验证材料来支持更相关、更有说服力和影响力的互动。"如果数据是现代增长引擎的氧气,那么销售内容就是燃烧所需的汽油。"《出版或灭亡》(Publish or Perish)一书的作者布鲁斯·罗杰斯说,"内容是有价值的商业资产,因为现代销售越来越以自有的数字销售渠道为中心,这些渠道在很大程度上依赖于及时的、有针对性的、个性化和合规的内容。"

最大限度地提高销售人员、数据和内容等增长型资产的回报率可以

---

❶ Flexential公司是一家数据中心托管服务提供商。——译者注

释放巨大的公司价值，而这些资产长期以来一直没有得到充分利用。例如，销售代表没有将大部分时间放在与客户交谈上，数据和内容没有充分发挥作用，而且大多数首席营销官不相信新技术会在短期内取代他们的营销人员。

经过几十年的数字创新和投资，销售技术还没有发挥其巨大的潜力。我们的受访者对这些技术资产的低采用率和低利用率表示失望。例如，根据销售管理协会的研究，大多数客户关系管理系统的投资回报率低于可接受的水平，用户采用率也不尽如人意，而且还有很大的潜力没有发挥出来。就像在普通道路上驾驶一辆专业赛车，大多数以收入为中心的技术栈有大量功能未被使用，但由于表现不佳，甚至无法证明目前的支出水平是合理的。

对销售人员来说，面向客户的员工对技术的低水平使用限制了其影响力。大多数销售人员很难将新的销售方法运用到日常实践中，包括将数据输入到客户关系管理系统中、执行正确的销售策略、采用营销部门开发的思想领导力内容。对营销人员来说，问责制和团队合作是具有挑战性的，因为大多数利益相关者（主要是首席执行官、首席财务官和首席营收官）质疑营销活动的潜在影响力，并怀疑其投资的合理性。销售和营销这两类的可衡量资产回报率都很低。

大多数企业不是靠数据驱动的。例如，《福布斯》杂志调查的360名首席营销官中，大多数人表示他们没有利用客户关系管理系统、营销自动化和数字营销平台中的第一方数据来支持决策或衡量结果。大多数销售经理和绩效专业人员告诉我们，他们无法有效地利用人工智能和先进的数据分析来了解销售人员的效率或客户的意图。

围绕销售技术基础设施的运营也不尽如人意。销售内容是增长投资组合中不断增长的重要组成部分（根据HubSpot数据，占营销预算的41%）不仅重要而且在不断发展。80%的首席营销官报告称，他们增加了对内容创作和交付的投资，其中包括销售指导、下一步最佳行动指南、操作手册、推荐引擎、实时脚本和自动化聊天机器人等内容。

不幸的是，这些内容在现代销售模式中无法实现规模化，因此非常昂贵。例如，根据《福布斯》杂志的"出版或灭亡"研究，在5个细分市场对品牌内容资产进行本地化、定位和个性化，其成本是原始内容资产的20倍以上。加上大规模增加新的数字渠道和一对一细分，使成本曲线陡然上升。

如果想在数据分析、数字销售技术和内容方面的投资获得合理的财务回报，则需要改进管理技术和管理数据资产的方法。

英迈智能公司（Inmar Intelligence）总裁兼首席客户官詹妮弗·莫尔丁（Jennifer Mauldin）强调了销售资产回报率的重要性，并将长期可持续增长作为衡量成功的标准。"提前预判做出明智投资的关键是，从董事会到公司管理层都将重点放在可持续增长和增长投资对公司价值的贡献上，"莫尔丁说，"当我们考虑到增长时，我们并不认为增长是不惜一切代价的。相反，我们着眼于谨慎和可持续的增长。换句话说，我们看重的是公司价值的增长，以及促成这一增长的因素——知识产权、创新和人才。"

开发运营系统是提高销售人员工作效率、技术采用率和销售资产回报率的最佳途径。它将连接和协调核心销售客户关系管理、销售能力，培训和内容管理以及销售结构。这种增长资产的连接将简化日常的销售工作流程，使得增长更加稳定可持续。

采用基于系统的方法，可以更轻松地制定清晰的战略和财务标准，帮助支持团队和运营团队发展增长技术组合。现在我们将详细介绍与增长资产有关的三大模块。

- 支持销售的客户关系管理系统、销售支持系统，以及内容和学习技术。
- 让客户参与互动的直接、现场和合作伙伴销售渠道。
- 以数字方式吸引客户的自有数字销售基础设施。

模块一号：营收支持——支持销售的客户关系管理、销售内容和学习技术

客户关系管理、数字资产管理以及培训工具和平台代表了资产负债表上一个的重要资产组合。大多数企业已经拥有 20 个或以上此类工具，此外还有成千上万的后备工具。

这些资产相对于其预期的财务影响而言表现不佳，给负责增长的管理者带来了更大的压力。

客户关系管理平台往往只是作为销售团队的记录系统，但销售人员确实希望得到实际的帮助，并试图忽略任何负担感。有趣的是，根据对 2900 名销售代表的调查，在过去的几十年里，衡量销售效率的关键指标——花在客户身上的时间和配额完成情况并没有发生实质性的变化。

运用支持工具也没有起到很好的效果。存放销售工具的数字资产管理系统与教授知识的培训和发展系统是脱节的。旨在为销售代表提供更好的洞察的销售参与和对话智能解决方案都绕过了客户关系管理。系统中的内容、数据和 IP 都没有分配到位。"如今，销售资产都摆在那里，"盛庞卡公司的首席执行官克里斯蒂安·史密斯表示，"但我们的团队必须主动争取，这些工具是可选的、自助的，并且在某种程度上是人工操作的。我们需要做得更好。我认为这对于推动这种一致性和绩效来说是一个很大的机会。"

幸运的是，销售数据分析和人工智能正在加快传统销售支持、准备

和参与软件之间的融合。这将使一线销售更快、更简单、更一致。这些解决方案存在于自动化和日常工作流程的关键环节，涵盖了寻找内容、准备销售电话、在客户关系管理系统中记录结果到响应征求建议书等一系列环节。将它们连接起来将带动客户关系管理、销售支持、数字资产管理、培训软件和客户数据方面的投资重新焕发活力。因此，他们创造的销售成果会增加收入、企业价值和利润。

在过去几年中，来自第一方网站、电子邮件、日历、记录的销售对话、非接触式销售平台和第三方来源等可访问的销售参与数据呈爆炸式增长。人工智能正被越来越多地用于挖掘这些数据，这将有助于销售代表做出更好的决策，并帮助管理者评估销售培训需求、销售优先级和销售绩效。高绩效的销售企业正在使用新一代的人工智能工具来提升销售支持基础设施资产的自动化水平，以实现更好的销售成果和更高水平的一线销售生产力。

新的系统已经出现，这使得使用客户关系管理系统作为行政记录系统的同时，也能对所有的客户参与数据进行聚集、协调和部署。商业创新仍然必须克服太多互不相干的应用程序争相成为"单一虚拟管理平台"，避免出现工具疲劳现象。"我们的商业技术生态系统中有很多不同的系统，"Canonical 公司❶全球销售运营副总裁格雷格·蒙斯说，"这使得客户、内部销售人员以及管理这些系统的运营和支持人员的工作变得复杂。我们经常感觉是我们为销售工具工作，而不是工具为我们工作。"

这种趋势因为客户行为的持续变化而被放大，改变了供应商的格局，导致了销售和营销技术领域整合、兼并和收购的浪潮。例如，因为分散性的日常销售工作流程和销售者体验已不被接受，销售支持（销售

---

❶ Canonical 公司是促进开源软件项目的公司。——译者注

指导)、销售准备(销售培训)和销售参与(数据驱动的销售)解决方案正在走向融合。扎根于管理销售内容和数字资产的销售支持公司,如Highspot、BigTinCan和Showpad,一直在进行开发、收购和销售培训,参与制订发展解决方案,将销售准备与传统的销售支持相结合。这种功能上的重叠使得销售支持和准备人员的安排趋于合理化。这是有道理的,因为:

- 他们支持相同的核心日常销售活动——目标、优先级排序、准备、参与、跟进、报告。
- 他们使用同样的内容——销售手册、培训内容、产品内容和销售内容,来准备会议、练习销售技能,并与客户沟通。
- 他们越来越多地使用相同的数据——从实际的演讲、对话,以及电话录音或练习演示中获得客户参与和销售人员活动数据。

这仅仅是个开始,还有很长的路要走。但这代表了一个真正的机会,可以实质性地改变销售的经济性,并从根本上改善销售人员和客户的体验。如能够将端到端平台结合在一起,有效利用人工智能和先进的数据分析来提供快速、简化、可扩展的服务,其获得的经济回报也会很可观。

现在可以如何利用这个机会?我们采访的高管正在使用先进的数据分析,通过以下方式连接搁浅的销售支持资产:

1. 理顺营收支持系统。大多数公司已经投资了太多的销售工具(平均超过20个)来支持日常的销售工作流程并使其自动化:如何培训、指导、传播内容、加强客户关系,以及高效地管理合同。许多运营和支持部门的领导担心这种销售技术栈的日益复杂性和"技术混乱"会对销售成本、销售人员体验甚至销售代表流失产生负面影响。花时间来评估销售技术组合和客户数据资产，就能立即找到使技术栈合理化的方法。这将消除浪费、冗余现象，搁浅或清除不良资产。它将优化销售人员的体验，提高技术采用率，甚至可提高生产力超50%。这是一个机会：清除重复，或是断开连接的僵尸程序，以及未充分利用的资产，同时提升企业价值、影响力和销售体验。

2. 简化日常销售工作流程。为销售人员赋能，最大限度地提高在销售支持、客户关系管理和参与技术方面的投资回报。提高一线营收团队的可用性和技术采用率，通过降低成本、提高资产回报率以及实现更加稳定的增长，在财务上获得回报。"大多数企业尚未意识到销售技术的巨大优势，"Canonical公司格雷格·蒙斯特指出，"一个很大的原因是缺乏对销售体验的关注以及他们所部署的销售工具的可用性、实用性和使用情况的关注，没有将其作为销售技术部署的关键战略和运营目标。这些问题与购买的技术工具的特性和功能关系不大，而与它们的易用性以及管理层的支持程度有更大的关系。这一点在客户关系管理系统部署中尤为明显，但其实也适用于每一类旨在帮助营收团队变得更加聪明、更快速和更有效的工具。因此，在销售人员、数据、技术和内容方面产生的大多数投资的财务回报远远低于财务上有效的衡量标准（资产回报率、投资回报率、销售效率和配额实现）。

其中一些责任落在销售团队身上。销售管理者需要坚持将简化销售人员的工作流程作为其销售支持战略的主要目标。有些责任则由供应商承担。具有前瞻性的解决方案提供商，如Highspot公司和revenue.io公司正在将整个销售技术端口连接起来，围绕单一虚拟管理平台、分配的销售任务、一个记录系统进行融合。总之，通过简化销售人员日常工作流程及其业务中数据、技术和内容的管理，企业的总体成本和销售人员体验都将得到改善。

3. 以实时的客户参与和行为数据促进客户关系管理系统自动丰富、更新并增强功能。根据《福布斯》杂志的一项分析报告，大多数（61%）高绩效的营销人员正在开发一个单一的客户视图，以指导目标定位并告知多渠道客户参与计划。这是因为常见的客户和账户资料推动了一系列事件触发的目标客户营销、销售参与、数字营销以及跨营销、销售和服务接触点的媒体传播。随着现代化销售速度的提高为跟上客户期望，这些触发器和警报的响应速度越来越快，而且往往是实时的。

为了创建这些档案，销售支持团队正在将来自不同接触点、渠道和媒体互动的数据统一到一个记录系统中，存储进一个共同的客户档案，而不是将数据保存在独立分散的应用程序里。最佳解决方案会自动进入并立即增强客户关系管理系统，同步客户参与和销售人员活动数据，此过程不需要销售代表输入数据，这就确保了数据的完整性和流程的一致性。越来越多的业务流程依赖于来自资料的信号，因此，在更新资料方面的任何延迟或不一致，都会致使成熟的营收支持系统产生间隔问题。

Revenue.io 公司的首席执行官霍华德·布朗说："许多销售采用对话智能工具获取对话数据流来帮助销售代表进行优先级排序和外联，他们已经帮助数百个企业获得洞察和促进发展。真正的价值是通过将对话数据与其他参与数据（如营销自动化数据、外部意图数据和客户关系管理系统中的机会数据）相结合，帮助选择或规定销售人员应该与谁联系，采取何种行动获取最佳结果，以及需要发展什么技能。"

4. 将销售支持、数字资产管理和销售准备工作整合为一个销售活动。先进的数据分析已经将销售支持、准备和参与软件类别推向了一个单一的端到端平台。销售运营、培训和支持部门的经理将这些能力组合起来，创建一个闭环反馈系统，将规划和优先级（在销售之前）与客户的行动和参与（在通话期间）以及强化和指导（事后）整合起来。他们将核心销售支持功能（在适当的环境下在适当的时间向适当的销售人员提供适当的内容）与培训和发展能力相结合。这就提高了通话前的销售准备工作质量，并根据实际表现评估销售技能。这些见解以微观学习和强化为目标，旨在解决即时销售需求和长期技能差距。

连接分散点，简化销售人员的工作流程

日立公司提供了一个很好的例子，说明增长型领导者如何通过连接技术端口的各个部分来实现销售的自动化、简单化和快速化，从而解决销售过程中的主要问题。杰夫·麦基特里克和吉姆·布卢姆（Jim Blum）领导日立公司的销售运营团队，他们的工作重点是连接和创建一个数字销售平台，由于成效突出，被评为"年度最佳销售运营项目"。

"当涉及技术时，人们往往会想得太多，"杰夫·麦基特里克认为，"事实上，将高利润和高生产力的销售技术组合编织在一起并不是什么尖端科技。但它确实需要努力工作、团队合作和领导力。绝对有一本成功手册，成功的秘诀非常简单。"

"一个关键是应用帕累托法则[1]，不要让追求完美的执念阻碍赢利，"他继续说，"大多数 B2B 销售团队都在为一些基本问题而挣扎。销售业务高管经研究一致确定了销售过程中阻碍销售人员发展的问题或'热点'。包括找到满足客户期望的正确产品、解决方案

---

[1] 帕累托法则指 20% 的因素影响 80% 的结果。——编者注

和销售内容，快速轻松地获取能够支持交易的竞争信息和客户参考资料，在寻找和准备提案、定价和征求建议书方面获得帮助。"

在销售人员需要的时候向他们提供相关的培训和准备资源，可以减少为销售电话做准备和确定优先次序所需的时间。

"在日常销售工作流程中将这些点连接起来和创造成果并不容易，"麦基特里克说道，"就这样简单明了，将销售组合的不同部分拼接在一起，创造出一个能够在适当的时间提供适当工具、信息和资源的销售工作流程，最困难的部分是领导力，变革管理，以及如何建设团队并量身定制流程。"

根据麦基特里克的说法，有5个关键点可连接整个收入促进技术组合，以建立一个能够创造价值的数字销售平台。

1. 采取自上而下的管理方法。在评估整个销售和营销技术组合时，销售领导层需要同意采取自上而下的管理方法，以创造和获取价值为前提。在这里，头衔并不重要，但应该有一个人或团队负责确定销售技术组合中的所有部分应如何共同发挥作用来提升公司的财务价值。

2. 找出销售过程中的关键杠杆和失败点。"我们的销售运营、销售支持和内容运营团队共同协作，进行技术评估和合理化分析，"麦基特里克报告说，"首先，我们对销售活动进行分析，对整个营收团队进行定性和定量调查。这使我们能够确定销售人员工作流程中的问题或'热点'，并将我们的销售技术组合重点聚焦于特定'特点'，更好地发挥支持作用。"

3. 理顺流程和关注技术组合。为了在日立公司做到这一点，麦基特里克的团队对技术产品组合中的众多工具进行自上而下的评估，找到需要得到更好支持的特定热点。"我们的技术栈理顺了许多不相关或重复的功能和技术，这些功能和技术不支持销售，因为它们要么闲置，要么没有用处，"麦基特里克报告说，"在不同的功能孤岛中对管理冗余工具所有成本进行相加时发现，这为我们节省了一笔惊人的资金。"

4. 使用一流的工具填补关键空白。"与此同时，我们进行了差距分析，确定需要升级的功能和工具的优先顺序，以填补我们现有的技术无法有效支持关键销售热点的领域，"麦基特里克继续说道，"例如，我们在路线图中添加了销售参与工具，以便提供更好的优先级排序，并指导销售人员进行销售，因为电话销售前规划占用了他们太多的时间。"

5. 利用数字解决方案来提高利用率。向数字销售平台转变的最后一步要求我们要么专注于更好地利用已有的解决方案要么摆脱它们，麦基特里克说："我们将所有的关键工具和功能连接到一个数字采用软件，衡量用户的使用情况，这个软件能够轻松而快速地发现和使用所有可用工具。这是一项简单且高收益的工作。我们了解到，虽然在整个营收团队中有'一些采用'，但没有一个销售代表或经理知道我们已有的所有工具。更重要的是，从商业案例和价值的角度来看，我们意识到，在利用销售工具和资源方面，即使只使用一点也会有很大的帮助。根据我们的经验，基于现有的技术、内容和数据资产，技术采用率提高 2 倍就会产生 5～10 倍的回报。"

他认为：精简销售人员工作流程的唯一方法是，现有的每个解决方案都要与销售工作流程中的每个工具或平台相连接。但我们必须与客户关系管理系统和这个生态系统中的其他核心平台合作并整合，如竞争情报和生成合同、征求建议书和销售文件等平台。重要的是要认识到，客户关系管理系统是销售人员需要关注的地方，它代表了销售团队的基础平台和记录系统。如果一个销售代表必须使用 10 个单独的虚拟管理平台才能工作，这就不是能够给予他们支持、赋能和授权的最佳方式。必须对此进行简化，使他们只使用一个或两个综合虚拟管理平台，就可以在客户关系管理系统和日常实际使用的其他平台上完成他们需要做的大部分工作。如图 7-1 所示，看看杰夫是如何安排这一切的。

| 准备及产品理解 | 将销售时间的 7% 用于优先处理线索和机会 | 将销售时间的 9% 用于销售电话内容准备 | 将销售时间的 8% 用于客户关系管理系统中的数据输入和记录活动 | 将销售时间的 9% 用于竞争对手、产品和客户研究 | 定价及演示准备 |

图 7-1 将技术栈与日常销售工作流程中最常见的问题相联系

"组建数字销售平台的好处在于，它为销售运营主管提供了一个'双赢'举措，它受到销售团队的欢迎，管理上很实用，财务上也很健全。将销售技术栈中的各种非性能部件组装成数字销售平台，我们得到了销售团队的拥护，并很快获得成功。我们因为技术采用率的小幅提高得到了非常丰厚的投资回报。从战略角度来看，该平台通过启用虚拟、远程销售和'新派'数字销售渠道，帮助我们解决了数字购买行为和虚拟销售的占比增加的问题。在管理上，该计划改善了系统客户关系管理系统基础架构的影响和效用，并加强了其作为记录系统及销售实时数据单一来源的作用。最后，'连接分散点'（见图 7-2）提供了一个系统化的方法，通过一系列增量收益和微观革新，不断提高销售系统的一致性和性能，避免了通常商业转型会遭遇的变革管理问题，从而使收益持续增长。"

第三部分
连接技术、数据、流程和团队的运营系统

活动数据			提前分析		增长价值驱动	
客户关系管理数据	数据保护	电子邮件和日历数据	人工智能	优先级排序		实时指导
自有数字渠道数据	第三方购买信号	内容使用数据	数据转移		内容推荐	一对一指导

图 7-2　连接销售参与数据和商业价值之间的分散点

↳ 模块二号：渠道优化——最大限度地提高有效互动

"4D"销售系统的出现（数字化、数据驱动、动态化和地理分散）企业管理和优化其销售渠道性能的方式产生了巨大影响。

提高销售渠道经济效益的关键

向"4D"销售的快速转变重新配置了支持销售的预算和基础架构。在一定程度上，为了应对数字化转型，首席财务官削减或转移了以前用于销售差旅、房地产开销、娱乐和活动的资金，并通过数字渠道将其转移到技术和培训中。这一转变加大了数字销售渠道的比例，提高了可见性和可审计性，例如大多数销售对话被记录下来。销售业务在新冠大流行期间的剧烈变化表明，即使是销售具有高度复杂性和体验要求的解决方案，在没有面对面互动的数字渠道也可以正常开展。"B2B 企业认识到，如果将数字销售渠道融入现有商业模式，其销售代表的互动积极性、响应速度和工作效率可提高 50%，并且成本更低。"蓝山投资咨询

131

的迈克尔·史密斯说。

沃顿商学院的研究表明，为应对员工分散式办公的新情况，企业调整了营销组合。

- 97%的企业正在改变其营销战略。
- 超过80%的受访者削减了商务差旅的预算。
- 大多数人接受在家工作或在任何地方工作的现状。
- 大约一半的企业正在裁减现场销售人员规模。
- 81%的企业正在增加对数字技术的投资，以提高市场占有率和客户参与度。
- 88%的受访者认为，新冠大流行为改变他们接触客户的方式提供了一个巨大的机会。

这对销售的经济性产生了深远的影响。对"4D"销售的财务影响，再加上销售技术和数据分析革命，可能超过过去20年大规模采用直接和电话网络渠道带来的销售转型。在20世纪90年代，像戴尔、IBM、盖可保险公司（GEICO）和嘉信理财等渠道创新者通过将低价值的个人电脑、软件、保险和金融交易从昂贵的现场销售转移到成本较低的直接渠道，将销售成本降低了一半以上。

销售企业可以通过充分利用商业转型的潜力来实现更大的收益。支持人工智能的服务自动化、虚拟助理、非接触式销售和对话智能工具可以大大改善实体和数字销售渠道的成本、效率和体验。短期内，这些工具可以自动执行销售任务，指导销售决策，利用座席时间捕获销售对话以进行分析、确定优先级和提供个性化服务。对于那些愿意利用现成的但未被广泛应用的技术，如人工智能、增强现实、5G通信和触觉技术来真正改变销售体验的人来说，"4D"销售为财务收益和竞争差异化提供了更大的未开发的潜力。

沃顿商学院的拉古·艾扬格教授表示，随着时间的推移，人工智能、对话式商务和情感处理工具将创造更多的价值，帮助虚拟销售代表在缺乏非语言暗示和肢体语言的情况下评估客户的情绪并建立信任。"情感人工智能（AEI）的进步将对人类细微的情绪做出更恰当的反应。情感输入将从数据驱动的重智商互动转变为以深度情商为引导的体验，使品牌有机会在更入的、个人层面与客户建立联系，"艾扬格说，"那些认真规划感知人工智能（包括声音、视觉、嗅觉和触觉等感官输入）的公司，可以补充他们的产品，找到竞争优势。"

科里·托伦斯重申了为面向客户的一线员工提供大规模实时辅导和指导的重要性。"为了最大限度地利用稀缺的时间，我们必须让销售人员更好地了解客户在购买周期中的定位，并尽快提供其所需要的信息和内容。"

《赋能》（*Team of Teams*）一书的作者斯坦利·麦克里斯特尔强调，面对瞬息万变的市场和客户购买行为，加快沟通速度至关重要。"我们所处的世界是加速发展和相互联系的，传统的企业职能结构僵化，营收团队成员之间的流程交接过于拘谨和缓慢，无法跟上客户的期望以及市场和竞争变化的加速步伐。"

遗憾的是，僵化的职能结构和团队之间的流程交接使得传统企业很难快速处理信息。"作为一个僵化的还原主义机械怪兽，僵化企业是濒临灭绝的物种，"麦克里斯特尔说，"随着世界的发展速度越来越快，相互依存度越来越高，我们需要想办法在整个企业中提高团队流动性，建立一支数千成员、跨越各大洲的团队。"为了加快信息的流动和共享节奏，他建议销售领导大幅提高与面向客户员工沟通的节奏。这意味着更新现场信息的频率从每周转变为每天，并最终转变为实时沟通，以确保关键的决策、指导和重要信息能够快速传递给企业边缘的销售人员，让他们在正确的时间快速做出决策，通过正确的信息和解决方案吸引客户。

作为一个例证，麦克里斯特尔指出，美国武装部队在适应反恐战争的新挑战方面取得了成功。在麦克里斯特尔的领导下，美国联合特种作战特遣部队被迫放弃了几个世纪以来作为军事指挥基础的分级、自上而下的指挥和控制结构以及线性规划过程。为了战胜像基地组织这样高度适应性和网络化恐怖组织的新威胁，他们被迫放弃一个世纪以来的传统智慧，寻找变得更快、更扁平、更灵活的方法。通过研究由海军销售部、中央情报局特工和陆军突击队等高绩效团队的最佳实践，并找到了将其推广至三大洲数千人的方法。他们建立了一个团队网络，并在极其透明的沟通和分散的决策权下运作。他们拆掉了不同组织之间的藩篱，扭转了多年来"自下而上"的信息流，在各个队伍中推广"将军和军官级别"的信息和意识，为前线人员提供他们所需的信息和背景知识，以便主动采取行动并迅速做出决定。为了促进信息流动，他们建立了一个"虚拟"态势感知室（SAR），这是一个适应性的情报中心，为正在进行的反恐怖主义行动提供关键的实时信息。在实践中，该部门就像一个中枢神经系统，分布在全球70个地方的7000名团队成员将在每日作战和情报通报会上会面。

结果是戏剧性的。"当我们试图在旧系统的限制下更紧更快地完成同样的任务时，我们成功地将突袭的数量从10次增加到18次，"麦克里斯特尔报告说，"在新体系下，这一数字飙升至300次。在人员增加最少的情况下，我们的运行速度提高了17倍。"

销售旅行、活动和日常业务不会从销售公式中消失，但它们将被大幅削减和重新分配。"每个企业都会根据自己的竞争情况、客户偏好和进入市场的模式来优化资源配置。但经验表明，与传统的现场销售相比，数据驱动的'4D'销售系统可以带来超过50%的销售效率提升，并减少10%的成本。"迈克尔·史密斯说，他已经帮助数十家企业通过增加"虚拟客户经理"降低了销售成本并提高参与度。

这些业绩增长的三个主要方面如图7-3所示。

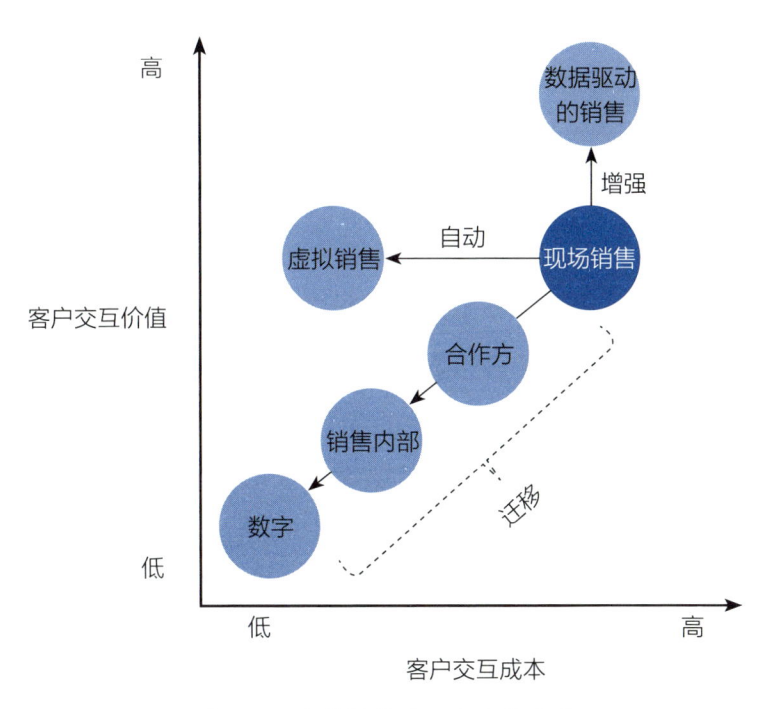

图7-3 业绩增长的三个主要方面

- 将销售互动从高成本的现场销售渠道迁移到低成本的呼叫中心、数字和非接触式销售渠道。例如，一次满负荷的现场销售的成本可能超过1000美元，而呼叫中心的互动成本远低于100美元。将不太重要的互动转移到低成本、低接触，甚至是无接触的渠道是可行的。许多客户甚至更喜欢这样的渠道。人工智能支持的非接触式销售创新，如聊天机器人、非接触式销售平台和推荐引擎，在将交互类型迁移到最佳渠道方面提供了持续改进。即使是像莱德系统公司（Ryder System）和联合租赁公司这样经营重型设备的公司，也已经将数亿美元的销售转移到低接触和无接触渠道。在过去的几年里，莱德系统公司的销售副总裁约翰·格里森（John Gleason）已经成功地调整了公司的商业模式，将小型交易和客户的销售覆盖范围转移到呼叫中心。"当我加入莱德系统公司时，我们没有内部销售人员，"格里森说，"现在莱德系统公司有170名内部销售人员，他们解决了最大的问题之一——二手卡车销售。莱德系统公司是北美最大的二手卡车销售商，大多数客户是拥有3辆以下卡车的小客户。如今，所有这些车辆交易中有35%是由我们的内部销售团队承接的，生产率更高，客户满意度更高，成本也更低。当我把小客户交给内部销售时，我们的客户保留率从50%上升到72%，客户满意度指数（CSI）上升了400个基点，而成本下降了一半。"

- 自动化消除了面向客户的员工的低价值时间投资，并消除了日常销售工作流程中低价值的任务。这样做是有挑战的。从本质上讲，销售过程是非线性的、不稳定的和不断变化的，这些现实阻碍了实现自动化的广泛应用。此外，销售人员受工作惯性驱使，可能会将节省下来的时间又花在低价值或根本不相关的事情上。尽管如此，任何能让销售人员花更多时间服务客户的工具都具有革命性的潜力。

- 支持功能可帮助销售人员在客户接触点和互动过程中增加更多价值。销售人员通过讲述更好的故事，执行行之有效的销售行动并将时间集中在最有利可图的机会上，从而创造更多价值。用更有效的价值主张内容和交付来武装、培训和指导销售人员,可以在每个销售代表的收入、交易规模、价格、利润实现、客户生命周期价值、关系资产和差异化客户体验方面重塑经济影响。瞻博网络公司的马库斯·朱厄尔表示:"迄今为止,技术和系统提高销售绩效的最大机遇是提高销售互动的价值。"

支持功能决定一切。这就是我们看到的最大收益所在。这是一个腹背受敌的销售系统,我们销售的交易额高达 1.2 亿美元,所以要有人际互动。但是,有很多方法可以让销售人员做得更好,从而影响利润率、合同总价值、销售人员效率,并能使客户体验与众不同(这是我们的首要目标)。

优化销售渠道的技术

技术不仅成为销售结构核心,而且更具体地成为销售渠道的核心。技术可以优化渠道的成本、有效性和体验,无论是直接的还是间接的。以下是企业管理者如何利用这一优势。

1. 直接销售和服务渠道的自动化。根据对销售经理和效率专家的调查,企业很难跟上客户对速度、响应完整性和相关内容的喜好变化。82% 的服务主管认为,他们必须转变其客户服务运营来保持竞争力,以应对直接渠道客户参与和服务案例不断增加、向远程购买的转变以及从产品到 SaaS 和订阅服务的转变。支持人工智能的服务自动化、虚拟助理、非接触式销售和客户服务自动化工具可以更经济高效地管理增加的交易量并提供高质量的客户体验。人工智能虚拟助理可以实时筛选、鉴定、评判、指导,甚至编写对话脚本。哲思公司(Cogito,一家利用行为改变软件提升接线人员情绪智力的解决方案提供商）、叙事科学公司（Narrative Science，美国一家自然语言处理服务提供商）和销售鲸公司（SalesWhale，一家通过人工智能，帮助企业利用邮件完成自动化销售的初创公司）使用参与数据来提供通话指导。Tact.ai 公司❶和 Zoovu 公司❷使用对话智能、聊天机器人和自动化的组合来提高座席的生产力和效率。Gainsight 公司❸和 Totango 公司❹，是为具有多品牌或复杂市场细分的大型企业设计的，它们通过连接客户参与和活动数据源，积极监测账户健康状况变化，从而减少客户流失，帮助销售人员维护和发展客户关系。

2. 用工具和技术支持虚拟"4D"销售代表。2020年，受居家办公影响，现场销售代表不得不采用虚拟销售。自新冠疫情出现以来，视频会议平台上的销售互动量增长了30倍。大多数销售企业还没有做好准备。快速的变化使每个企业都面临着开发虚拟销售渠道和数字化营销模式的压力。销售团队使用 Chorus.io、Gong.io 和 Revenue.io 等对话智能工具，以及 SalesLoft、Xant.ai 和 Outreach.io 等销售参与平台，在提高电话销售透明度的同时，提升了决策水平和客户参与度，并为销售人员划出销售技能提升重点。

3. 优化直接面向客户的渠道。大多数客户更喜欢使用在线服务渠道，如在线聊天（81%）、短信（78%），以及社交媒体（71%）和移动应用（82%）等。通过交互管理平台，如 Podium，连接网络聊天、短信等接口，可实现跨接触点的在线交流，形成一体化的客户体验。企业部署

---

❶ 一家致力于打造虚拟现实（VR）触觉体验的公司。——译者注

❷ 一个采用人工智能设计的数字技术平台。——译者注

❸ 一家企业级软件服务提供商。——译者注

❹ 一个客户成功平台。——译者注

了 Ada、Conversica Drift 和 HubSpot Sales Hub 等聊天机器人，在没有真人参与的情况下，机器人可自动回答问题，共享信息及预订会议。目前只有不到四分之一的服务人员在日常运营中使用了人工智能助手，向导及聊天机器人，这为未来的价值增长留下了较大的空间。

4.将销售、服务交互和交易迁移到低接触和无接触渠道。将销售互动从高成本的现场销售渠道迁移到低成本的数字渠道并不新鲜，但其经济效益仍然令人信服。例如，IBM 公司将 86 亿美元的交易从他们引以为豪的"蓝装"直销渠道迁移到自己的电话网络渠道。通过此举降低了 40% 的销售成本，节省了 18.6 亿美元的服务成本，提高了客户满意度，销售额增长了 50%。越来越多的客户转向在线，迁移是永无止境的，新的人工智能技术创造了更多的交易类型。聊天机器人、非接触式销售平台和推荐引擎等人工智能创新技术带来更高质量的互动。随着越来越多的千禧一代和 B2B 客户要求 100% 无接触的购买体验，渠道迁移提供了不竭的机会。根据杜克大学福库商学院的研究，从 2018 年到 2021 年，数字渠道销售的比例翻了一番。

5.通过提供他们"当下"所需的指导来提高销售人员的业绩。由于客户参与和销售人员活动数据呈爆炸式增长，将人工智能引入销售流程，这为一线销售人员的业绩提升提供了前所未有的潜力。在销售中使用了人工智能的销售代表，其工作效率几乎是原来的 5 倍。这种数据收集和分析能力的双重发展为加速销售增长创造了重要机会。

在过去 30 年里，大多数销售数据都是手动输入，然后存储在客户关系管理系统中。营销数据被锁在数字营销系统中，很少共享。但在过去的几年中，数据分析团队可获得的客户参与和销售人员活动数据出现了爆炸式增长。这些数据大部分来自 4 个核心数据源：客户关系管理系统、销售支持系统、记录的对话和交互数据（包括电子邮件和日历信息）。即使在今天，仍有一半的销售代表无法获得他们所需要的数据，只有三分之一的销售代表使用数据分析方法来确定销售线索的优先级和资格。诸如 Revenue.io 等销售支持平台已经开始使用先进的数据分析和人工智能来分析多个来源的内容消费、客户参与和销售人员活动数据。他们利用数据分析，实现与关键账户中利益相关者的互动可视化，并建立量化账户健康状况的客户参与度指标。蓝山投资咨询的科里·托伦斯重申了为面向客户的一线员工提供大规模实时辅导和指导的重要性。为了最大限度地利用时间，我们必须让销售人员更好地了解客户在购买周期中的定位，并尽快提供其所需要的信息。

以实时数据驱动的销售指导增强销售渠道

一些高级销售运营团队加强销售技术产品组合，创建数据驱动的算法销售生态系统，从而显著提高销售人员在客户互动中提供价值的能力。以下是四种新兴的数据源。

第一种是电子邮件、日历或"交互"数据。销售解决方案提供商已经善于从 Exchange 邮件服务器、微软 Teams 和即时通信交流平台 Slack 等协作系统中捕捉和分析销售和服务人员的电子邮件和日历数据。此数据为客户关系管理系统管理账户和预判销售机会提供了数据支撑，从而构建了更完善的客户参与、销售人员活动和渠道运行状况的图景。

第二种是我们所谓的"内容数据"。大多数企业现在都在通过数字资产管理、销售支持或营销自动化系统，来系统地跟踪内容分发、客户和潜在客户的参与度以及他们的消费状况。这种内容分发创建的数据就像曳光弹，可以映射客户参与度，充实客户团队，并传达客户意图。

第三种是第一方数据。大多数企业都拥有强大的数字销售基础架构，可以在数字渠道吸引客户。其中包括网站、博客、移动应用程序，以及营销自动化、电子商务、社交媒体和电子邮件平台。这些平台现在已经采用了自动数据输入、人工智能数据捕获、销售线索评分、自然语言处理等技术，能够在客户关系管理系统或客户数据平台中捕获更高比例的此类数据。

第四种是新兴的数据集，即对话记录。在过去10年中最有价值的客户数据集也许就是大规模记录和分析客户在电话和视频会议中的对话。这种类型的数据通常被称为对话智能。在过去几年中，随着Zoom等协作平台、人工智能引导的销售代理、非接触式销售和对话智能工具被大规模采用，被捕获并进行数字记录的呼入和呼出销售和服务电话的比例已经增长了百倍。超过2亿参与者在一天内使用微软团队协作工具进行互动就是一个很好的例证。

此类客户参与和销售人员活动数据正迅速成为销售领域不可或缺的要素。任何想要使用这些数据的企业都可以获得这些数据，它可以为收入引擎注入活力。Revenue.io公司首席执行官霍华德·布朗认为："不需要大批由博士组成的数据科学家队伍就能获取、组织和利用这些数据并从中获利，但只有一小部分企业（低于5%）真正做到了。这是一座有待开发的'金矿'。"

不幸的是，这些数据大多存在于许多不同的系统中，因为每个解决方案通常都有自己的数据集，这就造成了数据孤岛。例如，许多帮助销售代表判断客户优先级及服务范围的销售智能工具，只采用了单一来源的客户交互数据，没有与客户关系管理系统进行深度集成。然而，数据只有进行集成，才能用于辅导、指导和绩效评估。这是一个需要解决的问题。"有关收入流的数据比以往任何时候都多，但如果没有正确的数据分析，不能按照业务节奏快速向一线销售人员提供销售洞察，这一切都只是噪声。"杰夫·麦基特里克说，"运营团队需要挖掘客户参与数据流，发现客户情绪、意图和反对意见的正确信号，从而帮助成本高昂的销售、客户成功和销售工程资源在现场销售对话中发挥最佳性能。"

数据孤岛中的客户数据价值有限。如果优化和调整营销、销售、支持和客户成功团队，为客户和销售人员提供尽可能好的体验，那你将从电话营销方式的信息全貌中受益。销售人员需要知道客户的支持力度和问题数量，他们回答问题的方式是否显示出恐惧、兴趣或矛盾。管理者需要知道销售代表真正擅长的是什么，他们能在对话中创造什么价值，以及他们需要哪方面的培训。这些是实现更多收入、更可持续增长和更快乐的客户群的关键。

增长型创新者正在利用人工智能将大量销售参与数据集与他们创造直接价值的五种方式"连接起来"：提供更好的渠道绩效、资源分配、人员管理、衡量标准和产品渠道准备。

霍华德·布朗报告说，人们不了解的至关重要的一点是，销售代表需要的是实时可操作的洞察，这才是最重要的区别。"随着现代销售的'时钟速度'不断提高为跟上客户的期望，通知一线销售人员的提示和警报需要越来越快。在许多情况下是实时的。"

虽然看起来很复杂，但其实很容易做到。图7-2提供了一个蓝图，使用先进的数据分析来连接和转化参与数据，使其能够成为指导、增强和支持一线销售人员的洞察。这个蓝图中概述的参与数据已经存在于大多数企业内部。当今工具和技术民主化的好处在于，可以通过试点实时销售指导和大规模一对一指导，帮助企业挖掘数据"金矿"，且不必进行大的变革。措施效果是可量化的，因为该系统从这些数据集中生成了一些强有力的指标，可以证明哪些措施是有效的，哪些措施是无效的。这样就可以很容易地将该试验组的表现与整个企业的其他部门表现进行比较。

使用先进的数据分析来创造价值，可以极大地改善销售资产的低回报，包括人员、数据、技术和内容。

例如惠普公司，一家致力于向大型企业提供软件服务的企业，其业务遍布150多个国家和地区，在已有的赛富时系统和呼叫中心技术基础上，深度融合了销售自动化、数据分析技术和人工智能培训，大幅提高了销售人员的参与度、生产效率、速度和可见性。这些功能的组合消除了负责在关键地区进行本地销售的内部销售代表所面临的许多障碍，使其通过呼叫对话获得了400%的销售机会。"Revenue.io帮助内部销售团队达成更多交易并提高我们的连接率，"惠普内部销售流程总监达娜·克拉克（Dana Clark）说，"其提供了一个市场领先的平台，帮助我们实现更大的销售增长。"

Cvent公司能够在不牺牲通话质量的情况下将其销售开发代表的生产力提高20%以上，通过使用对话智能实时管理、监控和指导销售代表，从而实现一种协作式指导文化。"实时聆听销售代表对话的能力使Cvent公司的销售经理能够花更多时间进行辅导，而不是等待销售代表判定是否有必要进行通话。"Cvent公司战略项目和项目管理办公室高级经理珍·施卢特（Jen Schlueter）表示。

负责增长的高级别领导者必须强迫自己避开这些背景噪声。首席体验官必须为销售运营和支持团队提供明确的战略和财务标准，以帮助他们评估、整合和发展其增长技术组合。这需要一个自上而下的路线图，通过建立一个收入运营系统，从对数据、技术、内容和数字销售基础设施的资本投资中产生更多的增长和利润。

为了让运营团队获得实时销售指导和大规模一对一辅导，可以向当前或潜在的销售支持或解决方案提供商展示这一蓝图并进行测试。如果他们是合适的长期合作伙伴，他们应该能够回答其是否有能力提供实时数据驱动的销售指导和培训。

1. 是否能帮助控制业务中已经存在的客户参与和销售人员活动数据的四个核心来源，即客户关系管理系统、销售支持系统、记录的对话和交互数据？目前大多数企业没有充分利用他们在客户关系管理系统、营销自动化系统和数字营销平台内的第一方数据来支持业务决策或推动可衡量的增长。

2. 是否能在销售过程中的"重要时刻"提供实时指导？通过提示、提醒和基于实际发生的情况进行主动指导，让销售代表获得正确的指导，"进行中反馈"比对话智能解决方案的"事后复盘、评估和回顾"能起到更大的作用。

3. 是否帮助我们的经理在销售过程中指导销售代表？通过适当整合智能、参与和授权平台，使销售经理能够在销售过程中指导销售代表。与模拟销售对话的线下会议或传统方式相比，这是更好的辅导方式，因为后者使得销售经理的大部分时间在电话和会议之间度过。前者可以将管理和专家资源放到能够发挥最大作用的地方，比如达成销售、创造差异化或挽回客户。

4. 能否完整展示什么是有效的做法，什么是无效的做法？结合来自销售准备、支持、参与和对话智能解决方案的数据，提供"多线程"图景，展现培训、销售代表和策划的表现情况。在闭环系统中衡量销售人员的表现、对他们进行指导并提供其所需的培训和行动手册，管理者可以识别和强化有效做法，并专注于改进无效做法。

5. 能否从营销运营中向销售代表传达客户意向或流失信号？每个企业都在网站、博客、移动应用、付费媒体、非接触式销售渠道和电子邮件营销平台和项目上花费了很高比例的预算。这些平台在公司的客户参与中占据了很大的份额。人工智能解决方案可以将这些有价值的客户意向或流失信号传递给销售人员，以便他们能够采取行动。

6. 解决方案能否将客户关系管理系统转化为一个既实用，又具有预测性的记录系统，从而促进收入情报的生成？从销售支持人员和他们支持的销售代表的角度来看，如果不将客户数据存储于客户关系管理系统，那么它就未发挥实际作用。将数据作为记录系统保留在客户关系管理中是很重要的，因为销售人员需要简单一致的销售活动，而客户关系管理系统始终处于其日常工作流程的中心。他们不能到不同的系统或"单一虚拟管理平台"去寻找客户信息，而且也不能太晚才发现接洽客户所释放的关键信号和洞察。任何对话智能或"收入智能"解决方案，都必须对客户关系管理系统的所有文档进行统一，才能提升数据完整性，最终成为实时客户情报的唯一来源。高级人工智能解决方案应该能够完全、自动和实时地更新。

7. 能否通过自动记录和更新客户数据提高数据的完整性并节省

销售人员时间？

随着企业中几乎所有的客户互动、销售活动和营销计划都能从对客户的洞察中获得信息，销售已变得越来越受数据驱动。这使得干净、完整和最新的客户数据变得非常重要，所以许多销售主管告诉我们，他们会对销售人员的数据清洗活动进行经济激励和补偿。提高客户数据完整性的最佳方法，就是通过系统对呼叫记录、数据录入及数据合规性进行自动化处理，代替过去的人工处理。特别重要的是确保所有交互数据完整、即时进入客户关系管理系统。这很重要，因为为了跟上客户的步伐，越来越多运行销售业务的程序、指导和提醒都是实时发生的。

解决方案供应商代表 Revenue.io 在过去的 8 年里，建立了一个端到端的 RevOps 平台，利用人工智能将整个销售和营销技术生态系统连接起来，帮助一线营收团队优先考虑客户体验。该平台将来自对话中的客户和客户参与数据与客户关系管理系统和第三方购买信号相结合，以创建完整的销售人员活动、行为和对话图景。它们还与增长技术生态系统中的其他关键资产（销售支持、视频会议）进行整合，以共享信息并利用这些系统中产生的洞察。

与许多有希望实现收入增长的数据分析应用程序不同，此应用程序并不是"遥不可及"。每个企业都有基本的数据可供使用，包括对话记录、客户的内容消费、客户关系管理以及来自电子邮件和日历的交换数据。根据首席体验官要求，企业可以利用已经拥有的客户参与和销售人员活动数据，在 60 天内大规模试行实时指导和辅导。

第三部分
连接技术、数据、流程和团队的运营系统

↪ 模块三号：面向客户的技术——管理客户接触点的自有数字销售基础设施

正如所讨论的那样，大多数企业已经建立了大量由公司控制和公司拥有的数字渠道，以满足客户日益增长的在线学习、购物的需求。这种面向客户的技术组合收集了大量的第一方数据，包括客户购买信号和传达未满足需求的行为。这也是一个由公司控制 100% 信息的渠道。

这种数字销售基础设施需要大量的资本和运营投资，它占据了大部分的增长资源，但很少作为一个独立的预算项目出现。营销企业通过营销组合模型对媒体支出进行微观管理来调整目标定位，但往往忽略了数字销售基础设施中大量的有形、可归属的数据。这些数据以及为其配备的人员可能代表了他们最大的增长资产，而这一资产却没有得到充分利用，并且相对于其潜力而言表现不佳。

什么是数字销售基础设施？

> 数字销售基础设施包括公司用来吸引客户的所有数字渠道，并控制其中 100% 的信息。这些渠道包括电子商务平台、网站、移动应用程序和博客。它们可用于解释产品、传递信息、提供服务和协助购买。我们将定义延伸到任何数字营销、销售或服务接触点，这些接触点可以吸引客户、收集有关他们的第一方数据并归企业所有。这个定义适用于 HubSpot、Adobe（Marketo）[1]和 Pardot 等

---

[1] 营销软件公司及产品 Marketo 已被奥多比并购。——编者注

价格不菲的营销自动化平台。它还包括像 Sprinklr 等利用社交媒体进行监测和交流的平台。支持人工智能的聊天机器人和非接触式销售软件（如 Podium）通过文本与客户自动沟通，也是数字销售基础设施的关键组成部分。

数字销售基础设施需要内容来回答客户提出的问题、赢取流量并提供联系客户和潜在客户的理由。为了通过这些渠道赢取媒体流量，各企业中将有相应人员和团队专注于内容生产，优化搜索排名并推动人们访问。这种面向客户的技术组合收集了大量的客户参与数据，披露客户兴趣、未满足的需求、购买意向或可能的损耗。这个技术组合同样价格不菲。把这些资产相关的所有支出相加就是一项重大的资本投资。同样，当你把与运行和供养这一基础设施有关的所有程序和人员的所需费用加起来时，它可能是增长的运营预算的四分之一或更多。管理者面临的一个大问题是，数字销售基础设施是一项庞大的资本和运营投资，很少作为一个独立的预算项目出现。它有许多所有者，并存在于许多"职能筒仓"中。

如果算上已经出现的所有技术、内容和自有数字营销渠道时，构建、支持和运行数字销售基础设施所需的资本投资和运营费用的规模、广度和组合是巨大的。现在，公司将更多的营销资金用于自有数字营销渠道和媒体，而不是用于谷歌、脸书❶等付费媒体。基于客户的销售和购买倾向建模等项目正在取代传统的营销活动项目。

---

❶ 脸书（Facebook）现已更名为元宇宙（Meta）。——编者注

这些针对性更强的活动利用了在自有数字基础设施内捕获的大量数据。令人失望的是，自有数字基础设施很少成为综合预算类别，因为不以这种方式利用它会阻止这些计划将结果作为营销支出的一部分进行全面报告，或者强制将其排除在最全面的投资回报率模型之外。许多自有数字基础设施是由营销部门购买和管理的。因此，自有数字基础设施经常陷入孤岛陷阱。它往往与销售和服务团队的技术、流程和数据观点脱节，而销售和服务团队本应为其提供线索和情报。这就是为什么大多数（62%）营销企业没有利用其数字营销技术系统中的第一方数据进行营销规划和测量的一个重要原因。

这些企业在销售方面的同行也是如此。只有 32% 的销售代表表示他们在日常销售中使用来自营销自动化系统的信息。

为了使这种自有数字基础设施产生的数据实现收益，管理者必须找到将数字互动与客户档案联系起来的方法，将这些信息提供给销售和服务团队，并建议他们采取明智的行动。这需要融合先进的数据分析、销售支持以及销售和营销的高度整合。

基于客户的营销是一个很好的例子，它将营销数据与销售和服务行动联系起来。

经济性是另一个障碍。任何试图将这些有价值的第一方数据资产货币化的项目都应该获得极高的投资回报。不幸的是，在理论上，面向客户的技术的货币化是令人信服的，但还没有得到很好的理解。价值链跨越了太多的职能业务部门，使得没有一个管理者能够提供商业案例。这种模糊性加剧了人们对营销无法将其结果与具体的销售结果联系起来的看法。传统的瀑布式和筒仓式的营销漏斗的 MQL 和 SQL 指标已经过时，所以我们需要一个新的分析图表方法，使自有数字基础设施的经济性变得清晰。

"数据是新时代的石油，我们坚信这一点，因为技术可以捕获大量数据，"联想集团全球商业营销副总裁大卫·拉宾（David Rabin）最近在接受沃顿商学院采访时说，"我相信我们应该能够衡量我们所做工作的70%。我可以衡量媒体和活动中的基本要素——注册、参与度、出席率。但是，营销周围有一条'护城河'——在营销参与和销售结果之间仍然存在人为因素，因为销售代表必须接收这一线索，并将其编入客户关系管理系统，对营销行为给予信任并对其进行验证。营销人员所面临的问题与客户是一样的。有成千上万的解决方案可以帮助我们解决这个问题。然而，对于新企业而言，它们根本就接触不到可帮助其解决问题的工具，更谈不上具备使用工具的能力。"

这就是营销人员喜欢躲在点击量、网站访问量、下载量和合格销售线索等渠道前端"虚荣指标"背后的真正原因，以证明他们对数字营销、媒体和技术的投资是合理的。绝大多数入站数字营销互动（95%）都是匿名的，这意味着你无法判断访客是潜在客户，还是机器人。

当企业拥有一个系统能够识别更多的数字化潜在客户，并将这些信息传递给能够将其转化为价值的人时，面向客户的技术的真正价值就会实现。销售和服务代表最能利用这些信息来创造价值，无论是达成交易、改善客户体验，还是阻止愤怒的客户离开。"收入运营系统清楚地描绘了销售系统的状态，"6sense公司的首席技术官兼联合创始人瓦尔瑞·巴哈利亚说，"有数据存在的地方，就有需要使用数据的地方。第一方数据非常丰富。问题在于它与客户关系管理系统脱节。因此，客户关系管理系统里的数据变得陈旧。通常它是最旧的系统，因为没有人去更新信息，而且里面有很多不完整的数据。有些人试图绕过这个系统，但最终如果你想让销售人员使用来自网站的营销信号和第三方购买信号，你需要客户关系管理系数中的数据，这就是为什么我们如此强调清理数据，清理不良数据，填补数据中缺失的数据空白。"

Datadog 公司的销售系统分析师迈克·戴阿利奥（Mike Diorio）强调了一个简单的事实：销售代表需要单一的记录系统来简化他们的销售活动，执行基于客户的营销等更先进的解决方案。"我经常告诉我们的销售团队，如果它不在客户关系管理中，它就不存在，"戴阿利奥说，"销售队伍需要单一的记录系统和工作流程才能成功。对我们来说，赛富时平台 Salesforce.com 代表了包罗万象的真理，销售代表所做的一切都需要记录下来，以获得可见性。"

一系列解决方案为销售主管提供了切实可行的方法，使他们的企业能够将这些被搁置的面向客户的技术资产与这里概述的 4 个价值创造来源联系起来。

1. 将数字营销数据纳入客户档案和一线销售系统。越来越多的客户数据平台正在将从数字渠道和接触点（包括电子商务、营销自动化网站、移动应用程序、博客、社交媒体）获取数据的过程自动化，以便在客户对话、决策和报价中帮助销售和服务团队。像 Revenue.io 这样的收入运营平台会使用营销数据来自动丰富客户关系管理系统中的档案。

2. 利用来自非接触式销售技术的数据与销售、营销和服务团队合作。一些解决方案提供商正在利用非接触式销售平台中创建的客户参与数据，如聊天机器人、人工智能数字助理、社交媒体、文本和消息平台。像 Xant.ai 和 HubSpot Sales Hub 这样的销售参与平台正在利用来自聊天机器人的数据来完善客户资料，为销售人员提供指导。客户体验平台（如 Sprinklr）和交互管理平台（如 Podium）正在从文本和消息传递交互中提取洞察，这些互动在客户接触中占的比例越来越大，因此可以用于为销售和服务行动提供信息。

3. 与销售和服务团队分享数字营销数据。奥多比的 Marketo、甲骨文的 Eloqua、思爱普的 eMarketing Cloud、赛富时的 Saleforce.com 和 Pardot 等营销自动化平台具有整合聚集成的功能，从而跨销售、营销和服务职能部门实现共享数据。例如，思爱普公司为其客户提供了客户数据平台 Emarsys，可以快速而轻松地统一其所有三个解决方案——SAP 销售云、电子营销云和服务云平台的客户互动。

4. 启用基于客户的营销以提升客户覆盖率。许多 B2B 企业采用来自 6sense、Demandbase 和 Terminus 的各种复杂的基于客户的营销或客户参与平台，应用数字、定位和个性化的营销实践来提高销售效率和开发关键客户。这些平台将先进的数据分析方法与营销内容相融合，以加速企业销售，重新定义客户旅程。基于客户的营销是一个很好的案例，被描述为一个连接销售、营销和服务的系统，而不是一个狭窄的技术类别。例如，6sense 使用人工智能和数据分析来分析不同来源的客户参与数据，以支持营收团队的日常销售。他们跨多个系统协调潜在客户和客户数据，围绕账户结构绘制数据，以便更轻松地开发、交叉销售、追加销售和客户渗透。他们将这些数据与客户关系管理系统中的资料进行整合，使用第三方数据来扩充数据。这能够帮助负责增长的管理者利用他们在销售、技术、客户关系管理系统以及内容管理系统和支持系统方面的巨大投资。

使用基于客户的营销的销售团队实现数字营销基础设施的货币化

大多数企业采用复杂的基于客户的营销，应用数字、定位和个性化的营销实践来提高销售效率和开发关键客户。基于客户的营销战略融入了匹配客户的分析数据，第三方账户信息，营销内容，实现了销售和营销活的高度整合，加速了企业销售，并重新定义了客户旅程。

营销人员在基于客户的营销的项目上投入了大量的资金。信息技术服务营销协会（ITSMA）的研究表明，B2B首席营销官在基于客户的营销项目上的花费超过其营销预算的四分之一（28%）。杜克大学首席营销官调查报告指出，营销人员现在在客户关系管理方面的投资比在品牌建设方面的投资还要多。这些数字可能被夸大了，但可以肯定的是，企业正在花大量的钱在基于客户的营销的项目上。

投资于基于客户的营销是有意义的。在先进的数据分析的支持下，这些项目有望更充分地利用技术和数据，更好地将营销工作与关键客户的销售工作联系起来，并将营销和销售过程更完美地结合起来。"我将基于客户的营销定义为一种古老做法的新名称，即深入研究客户，并将这种有意义的洞察力用于制订销售和营销计划"，Extreme Reach公司的首席营销官梅琳达·麦克劳克林（Melinda McLaughlin）报告说，她负责公司的基于客户的营销战略。"然而，令人感到新鲜和兴奋的是，我们激活这些战略的工具包迅速变得多样化。由于这些新战略中许多是数字化的形式，我们的行动会反馈在数据之中，帮助团队更好地了解哪些是有效的，哪些是无效的，这样我们就可以在近乎实时的情况下进行调整、转弯和转向。"

尽管基于客户的营销专注于关键客户销售，但它是一个真正的跨职能项目。这些数据和资源往往归营销部门所有，这是因为营销部门控制着使这些项目运行的大部分增长资产，特别是营销技术栈、需求生成项目，以及为它们提供动力的营销内容。但仅靠这些资产并不能确保成功。首席营销官需要非常明智地了解它们的运行方式，因为基于客户的营销项目有许多不确定的部分，面临着与历史上所有其他销售和营销合作相同的阻力。

"技术进步实现了销售和营销的统一，这种最终状态的愿景表面看起来非常好，"莱博智科技公司首席营销官杰米·普尼希尔刚刚接管了公司的基于客户的营销项目，"但当你深入了解激活基于客户的营销的细节时，大多数首席营销官都需要精准导航来帮助他们解决一些非常重要的故障、扩展和应用问题。例如，如果销售人员和营销人员希望在共同的客户旅程中协同工作，他们需要定义并就共同的目标、流程、激励措施和共同的责任达成一致。B2B公司在历史上衡量营销漏斗与销售管道和线索的方式将发生巨大变化，以支持无缝的客户旅程，并在使用许多接触点吸引利益相关者。"

　　执行基于客户的营销项目的管理者常常陷入将其定义为"技术"的陷阱中。分析人士强化了这种信念，即技术可以完成所有的工作，而解决方案供应商也没有做什么来消除这种观念。现实情况是，一个成功的基于客户的营销项目需要销售、营销和服务之间的高度协调。6sense公司的瓦尔瑞·巴哈利亚说："大多数行业分析师历来把我们归入基于客户的营销基于客户的营销类别。但这并不能说明问题的全部，还有很多问题。这个类别是基于客户的营销，但实际上我们是帮助营销人员、销售人员以及客户成功团队。我们的任务是为整个收入周期的账户、活动和机会提供100%的可见性。因此，营销、销售或客户成功部门的任何人员都可以使用这些信息来开发客户，无论是赢得新的收入、保留现有的收入还是在现有客户群的基础上向上销售。"

　　基于客户的营销项目将从网站或移动应用程序中获取数字营销信号，根据主账户结构将其与客户和账户进行识别，在理想状况下将这些信号传达给使用客户关系管理系统作为记录系统的销售和服务代表。在对外联系的基础上，销售代表需要确信营销人员向客户传达正确的信息。有很多地方存在着交叉和融合的问题。一位销售支持主管抱怨说，营销部门在没有与销售部门合作的情况下就引入了基于客户的营销解决方案。供应商培训销售代表使用他们平台上的触发器，而不是使用Salesforce.com 中管理所有客户参与数据的批准程序。销售代表们感到困惑，钱被浪费了，且采纳率很低。

另一个问题是，基于客户的营销的经济性虽然令人信服，但没有得到很好的理解。超过 95% 的入站数字营销互动是匿名的，以至于客户代表不知道他们的客户正在参与业务。这意味着，如果一家公司花了 10 美元的全额、自有和付费的营销费用来获得匿名咨询，他们实际上为这个咨询花了 200 美元。再加上维护支持销售线索流的数字营销基础设施所需的资本支出，成本甚至更高。基于客户的营销的真正价值在于通过识别更多的数字线索，并将这些信息传递给能够将其转化为价值的人，从而使所有的投资得到回报。赢得一笔交易或挽回一个客户，传统的瀑布式和孤岛式的营销指标无法使这个经济公式变得清晰。

负责增长的管理者应该关注成功的 4 个关键，以确保他们的基于客户的营销战略在公司价值和财务绩效方面产生成果。

1. 将可扩展性作为基于客户的营销技术投资的核心目标；
2. 将绩效衡量从营销渠道发展为客户参与指标；
3. 提高企业共享客户数据和洞察的速度和效率；
4. 与销售和财务部门一起为基于客户的营销资产的长期投资建立一个共同的经济目标。

专注于可扩展性。可扩展性是基于客户的营销的一个核心目标，因为高质量的客户关系管理非常耗费资源。信息技术服务营销协会表明，为客户提供高度个性化的一对一服务，每个账户需要花费 36000 美元，因为这涉及高价值的人际互动。除非技术极大地改变服务和开发客户的成本结构，否则这些单位经济效益无法在成百上千的客户中扩展。"要使基于客户的营销投资真正获得回报，就需要扩大规模。"瞻博网络公司首席营销官迈克·马塞林表示，"当我们把人力销售工作集中在几个最大的客户身上时，我们能够为客户提供一流的服务，并因此获得了信息技术服务营销协会颁发的奖项。我们面临的挑战是如何利用技术、流程和个性化来为数千个客户群中的利益相关方提供这一级别的服务。为了提高可扩展性，我们做了很多事情：建立数据科学团队，以便更加专注于构建客户数据存储库来支持大规模基于客户的营销所需的先进的数据分析，确保我们有最先进的营销技术栈，并大规模加大需求挖掘力度。"

让客户参与成为衡量成功的标准。许多B2B公司的首席营销官认为，基于需求单位瀑布模型的传统销售和营销效率衡量标准（营销来源渠道、营销合格线索、销售合格线索）是有缺陷的。这些指标受到销售和财务的挑战。它们把宝贵的精力浪费在记录谁获得了信贷，而不是提高账户的赢利能力上。

这也使得与许多个体利益相关者的互动难以调和成一个关于账户潜力、赢利能力、渗透率和客户终身价值的连贯图景。VMware公司的首席执行官罗宾·马特洛克（Robin Matlock）建议，基于客户的营销的测量单位需要从传统的营销渠道和合格的营销线索发展到客户参与和账户健康。

加速数据和客户洞察的共享。现代营销产生的客户数据，使营销人员能够识别发出购买信号的触发事件，标记来自账户内重要影响者的询问，并根据过去的客户行为做出关于下一步最佳行动的决定。然而，企业对这些数据采取行动的时间窗口很小，受制于客户的时间、注意力和对响应的期望。这使得加速数据和关于机会的决策从源头（如网站，营销中的算法）到能够对其采取行动的面向客户的员工（如客户服务代表）成为关键的价值驱动力。营销科学研究所的学术研究已经证明，企业生成、传播和响应市场情报的能力，在利润、销售和市场份额方面对公司价值和财务绩效具有可量化的积极影响。

建立投资基于客户的营销资产的共同经济目的。根据杰米·普尼希尔的说法，"销售和营销在历史上一直是相互独立的职能部门，有独立的目标和关键绩效指标。但从客户的角度来看，他们与公司之间只有一次客户旅程和一次综合的互动。为了让基于客户的营销发挥作用，如果营销和销售要围绕共同的客户旅程进行协作，就需要有共同的经济目的和财务激励"。商定一个共同的财务目标以支持基于客户的营销战略的执行是至关重要的，但可能很棘手。与传统的营销活动相比，基于客户的营销项目需要更多的资本投入。因此，首席营销官必须建立长期投资路线图，建立支持基于客户的营销所需的数据分析基础设施、技术、内容和自有营销渠道，同时平衡短期需求生成战术以推动销售。最具经济效益的商业案例将把基于客户的营销视为一种力量倍增器，通过销售准备、内容个性化和营销计划执行，极大地提高了这些增长资产的利用率。

第八章
化数据为洞察力：为销售行动、沟通和决策提供参考

释放分析潜力驱动增长

先进的数据分析、人工智能和机器学习以及为其提供支持的大量新销售参与数据集的出现，代表了自呼叫中心（40年前）、客户关系管理系统（30年前）和数字渠道（20年前）成规模使用以来，加速销售增长的最重要机遇。高级销售数据领域的这场革命为负责增长的管理者提供了前所未有的潜力，以此提高营收团队工作效率，增加销售资产回报，提高公司价值。这使得能够捕获和统一客户数据并将其转换为客户和销售人员洞察，从而优化和自动化跨职能部门的销售、提升营销和服务工作流程成为重要的优先事项。

企业和投资者一致认为，更好的洞察力能够带来新的收入和利润增长。负责增长的管理者正在大力投资以实现这一潜力。平均而言，到2022年，对数据分析的平均投资将超过整体营销预算的11%。到2025年，随着企业将人工智能和机器学习纳入业务流程，人工智能软件的支出将达到1250亿美元。90%的企业都在使用人工智能来改善他们的客户旅程，彻底改变他们与客户的互动方式，并为他们提供更有吸引力的体验。

通过与一些企业领导者交谈得知，他们使用先进的数据分析重塑客户旅程、自动化销售活动，从而将投资转化为价值。其他人则通过洞察来优化销售资源的分配，更好地管理销售团队，并提高销售渠道的绩效。

同时，投资者已经向 1400 多家由人工智能驱动的销售和技术公司投入了超过 50 亿美元的资金，以满足这一需求。因此，在我们对改变商业模式的 100 项技术的分析中，超过 90% 的解决方案使用先进的数据分析、人工智能和机器学习来更好地支持销售、营销和服务团队，这也就不足为奇了。

创新者将销售和营销技术组合连接起来，以优化资源分配，指导营收团队，赋能个体销售人员，并衡量和激励业绩，同时致力于个性化的互动、定价和产品服务。总体而言，这组平台迅速成为收入运营系统的关键。它将销售和营销技术、数字销售基础设施和客户数据方面的传统投资转化为销售成果，从而增加收入、企业价值和利润。

这个新的收入运营系统以统一和货币化客户数据和洞察为核心来创造价值，同时在外围实现跨职能的销售、营销和服务工作流程并实现自动化。

实际上，它迫使高管重新构想技术栈和营销模式，有效聚合协调客户参与数据，而不仅仅关注客户关系管理。这导致了一场革命，即公司如何通过利用技术的全部潜力来加速利润增长并创造收入。这场革命正在模糊传统软件类别之间的界限，使得将客户数据转化为洞察的能力成为在销售中创造价值的主要驱动力，并成为增加销售资产回报的关键。

这些力量的结合迫使负责增长的管理者在几个方面做出改变。

- 商业洞察策划平台将创造更多价值。这使得那些比客户关系管理系统更快更好地协调和部署客户参与和销售人员活动数据的平台显得尤为重要。企业正在通过寻找将大数据转化为洞察的方法来创造价值，这些洞察可以在销售过程中的"重要时刻"实时为销售者的决策、行动和对话提供指导。"负责增长的管理者需要核心的决策系统，"6sense（一家专注于智能分析预测的B2B公司）的创始人瓦尔瑞·巴哈利亚说，"现在每家公司都有20多种甚至50多种工具来帮助他们增长。甚至有更多的媒体和营销伙伴来接触客户。他们需要将所有这些工具的参与数据集中起来创建核心决策系统。一旦做出决定，将这些洞察推送到系统中，这些数据和信息就可以创造价值。在这个生态系统中，最佳解决方案和平台都有一席之地。但归根结底，需要一个系统把它们整合到一起。"

- 更加依赖算法来定义区域、客户优先级和销售工作的分配。远程销售，以及将销售、客户成功和营销整合成一个营收团队是大势所趋，释放了地域、职能和角色对销售资源分配的传统限制。这使得销售人员可以更自由地利用人工智能来定义数据优化的区域边界、销售人员任务、客户优先级以及资源的分配。"短期内，销售企业正在部署算法来进行基本的客户优先级排序、潜在客户、推荐可能成功的内容或销售行动，并将销售资源重新分配到可以产生最大影响的地方。"沃顿商学院营销教授伦纳德·洛迪什报告说，"使用人工智能工具的更成熟的企业还可以创建算法派生的客户响应模型，以帮助消除猜测和直觉，从而跨地域、职能户和角色调整销售资源。"

- 将销售和营销解决方案连接成闭环系统，更好地支持日常销售活动的规划和执行。人工智能正在迅速融合传统的销售和营销软件类别，使一线销售更快、更简单、更一致。这种融合能力为B2B

第三部分
连接技术、数据、流程和团队的运营系统

企业提供了一个直接而重要的机会，将使其营收团队实现更高水平的增长。如果负责增长的管理者能够以更简单的方式配置这些平台，供销售、营销和客户代表使用，他们将认识到这一最新销售技术的巨大前景。最先进的企业要求他们的支持团队将其销售支持、销售参与、销售准备和对话智能能力连接到闭环流程中，为一线营收团队的每个成员提供大规模的实时指导和辅导。

- 让管理者更好地了解销售人员活动、客户参与、预测承诺和渠道健康状况，并支持更多数据驱动的决策。在后新冠大流行时代，居家办公、混合工作和随处工作已成为常态，更高水平的可见性现在是必不可少的。它为销售经理提供了他们所需要的信息，更好地管理、评估、指导和授权远程营收团队，从而更快地做出正确的决策。销售领导正在建立基于销售人员活动和客户参与的关键绩效指标，为销售人员的业绩、客户参与和预测承诺提供更高的透明度，使渠道健康和更高的数据驱动决策成为可能。远程销售和线性指标不能准确反映客户购买或营收团队销售的方式，基于活动和参与度建立的关键绩效指标具有实际意义。数据和人工智能可以评估账户赢利能力和对公司财务业绩的贡献，为所有面向客户的员工创建更好的激励机制。

这意味着可以更好地控制已有客户参与和客户活动数据。

就像运动队的负责人一样，销售、营销和服务领导者需要将他们的团队导向一个共同目标。换句话说，需要使用先进的数据分析和人工智能，将销售参与数据转化为一套共同的衡量标准和激励措施，让销售、营销和服务部门朝着公司价值、客户终身价值和利润的目标努力。

沃顿商学院体育分析与商业计划负责人阿迪·怀纳（Adi Wyner）

教授认为，体育团队在过去几十年中所经历的文化和商业转型与销售和营销领导者今天所面临的挑战十分相似。他经常在《点球成金》（Moneyball）一书中指出奥克兰运动家队总经理比利·比恩（Billy Bean）所面临的挑战，这是一个关于从顶层引领转型的例子。竞争环境迫使他通过使用基于数据的方法来挑战棒球的正统观念，以便找到更好的方法来建立和管理他的球队。他改造组织的努力面临着与销售和营销改造项目相同的文化、结构和能力障碍。为了最终获得成功，他不得不努力在数据能力上投入大量资源，以合适的价格获得合适的人才，并让总经理在教练战术、比赛策略和比赛指挥上有更多的权力和控制力。"比利·比恩的杰出之处不是因为他发现了把走步数作为预测球员表现的数据的价值，而是当数据结果与球队传统智慧和根深蒂固的信念相抵触时，他坚信自己的球队应该找到转变的方法。"怀纳教授说。

为了实现这一目标，销售领导者越来越多地寻求一套新的数据工具，包括客户数据平台、销售参与平台以及销售数据和自动化解决方案，能够将数据转化为信息，并将信息转化为价值。这些工具正在承担协调各渠道数据的艰巨工作，并使其实时提供给销售、营销和服务代表。在实践中，企业正在将这些解决方案落实到位，与传统的客户关系管理系统进行整合、增强，甚至在某些情况下，绕过传统的客户关系管理系统，将客户参与和销售人员活动数据结合起来并从中获利。

这代表着支持增长的系统的重心发生了实质性的转变，转向能够以更快、更有预见性、更有行动力的方式聚集、转换、协调和传播客户洞察力的平台。这种趋势从通常被称为客户数据平台、销售参与或收入加速平台的快速增长中得到了证明。名称可能有所不同，但这些类型的平台和解决方案的提供商是我们分析中增长最快的公司之一。在本书中，我们将收入操作系统的"重心"称为参与数据中心。本章将详细介绍最好的企业是如何从营销和销售系统中汇总数据，并将其转化为洞察力，为销售行动和资源分配决策提供依据的。

📌 模块四号：营收情报——管理和评估财务价值

机会潜力、账户健康和终身价值、销售人员业绩和渠道活动的可见性被认为是管理者为更好地管理其销售系统所需的4个最重要的洞察力。高德纳咨询公司销售副总裁布伦特·亚当森指出，那些在制定更准确的指标和激励措施方面取得进展的公司在竞争时具有显著优势。"将指标和激励措施与客户的购买行为结合起来的公司能更准确地了解销售成本、销售时间的机会成本，以及不同资源如何在商业成果方面为其商业组织做出贡献，"亚当森建议说，"这将使他们能够更好地决定如何根据他们对公司的顶层、底层和价值的贡献来分配人员、技术、数据和内容资源。"

先进的数据分析可以更好地了解账户的健康状况、渠道活动的准确性、机会潜力和类似情况。这些洞察力可以从企业目前收集的客户参与、产品使用、财务交易和销售人员活动的数据中获得。

远程销售、传统的营销漏斗和线性瀑布指标不再能够准确反映客户购买或营收团队的销售方式，因此基于渠道活动和销售人员参与而建立的关键绩效指标具有实际意义。数据分析和人工智能可以根据账户赢利能力和对公司财务业绩的贡献，为面向客户的人员创造更好的激励制度。

销售主管可以利用先进的销售数据分析、参与和绩效管理平台，获得对销售人员活动、客户参与、预测承诺和渠道活动的更多可见性，并实现更多的数据驱动的决策。具体来说，这些方法包括：

1. 创建更精确的账户健康和终身价值衡量标准。AT&T、讯远通信、Marketo 和敦豪国际物流公司（DHL）等公司的销售和营销领导者正采取措施，使其指标和激励措施与活动和行为相一致，从而实现更好的销售结果、更高的账户终身价值和改善账户健康状况。通过使用先进的客户参与分析和销售人工智能来创建客户参与指标，作为销售参与、交易吸引力、内容使用和个人层面互动实时信息绩效衡量的基础，为管理层提供符合当前购买现实的更准确的代理服务。

2. 实施自动化提高销售预测的准确性。Aviso 公司（Aviso 是一家利用机器学习技术，为企业提供销售预测的大数据分析初创公司，帮助企业提升销售业绩）和 Clari 公司（Clari 是一家为企业开发端到端销售分析和预测平台的初创公司）等销售数据分析的领导者，正利用企业系统的数据创建更准确的收入预测。目前，只有大约三分之一（34%）的销售领导使用智能预测，其中 90% 认为这一工具使他们更高效地完成工作。

3. 量化销售人员的业绩、能力和一致性。一线销售经理可以使用人工智能来显著衡量营收团队中"B 级和 C 级参与者"的表现。通过使用先进的数据分析技术自动化评估和辅导销售人员，根据活动和行为创建销售人员的业绩衡量标准，并使用作业成本管理数据和洞察提高关键客户的覆盖率和渗透率。

让销售、营销、产品和服务代表协同工作以提高账户健康和渗透率的最佳方式是通过创建数据驱动的激励机制和关键绩效指标，培养团队共同目标，从而提高客户生命周期价值。销售领导开始使用先进的数据分析方法得出新的衡量标准，更准确地量化团队为客户创造的客户体验。以团队合作为导向的领导者正超越过时的和不正常的瀑布指标，因为这些指标使销售、营销和服务相互冲突，导致了交接、漏洞和浪费。通过创建数据驱动的指标，将赢利能力、渠道健康和销售业绩以 1～10

分的评分体系进行评价。同时利用 Xactly 和 Captive IQ 等销售分析解决方案来跟踪定义团队成功的行为和活动，同时逐步采用创新的数据驱动型客户参与措施和激励措施，这些措施与账户健康状况和价值创造相关。

4. 通过模拟来测试和评估增长战略方案。一流的公司都在使用模拟工具来压缩时间、评估多种情况、权衡利弊并加速建立共识。基于人工智能驱动的模拟工具提供了更快、更多的合作方式，以打造基于客户的营销和业务部门增长计划。

与大多数公司使用的传统的自上而下的战略发展方法相比，模拟工具为领导团队进行"战争游戏"提供了优势条件。首先，它将营销战略和方案的测试时间压缩到未来 7 年。鉴于大多数战略在开始后的几个销售期才会产生结果，这将可能是一个巨大的优势。其次，人工智能驱动的模拟可以管理数以百万计的场景和可能的资源分配，以找到最佳组合并实现最大的增长。管理者可以测试和平衡销售人员的重点、呼叫优先级、客户目标和处理不同组合类型，创造最大的利润和增长贡献、投资回报率和配额实现率。由于可以将几十个甚至几百个现场领导纳入模拟过程，将自下而上的本地市场知识和绩效洞察与自上而下的重点结合起来，以实现最大的利润、收入和机会份额。同时对规划人员进行"压力测试"并调整计划，以应对快速变化以及不同的客户和市场情况。最后，加快营收团队战略制定、战术规划、沟通和实施的时间。

5. 使用先进的数据分析技术优化增长计划、提升预测的准确性。由于客户行为的快速变化、产品生命周期的缩短、虚拟销售系统的复杂性、销售建模对于销售资源的分配等预测和战略制定越来越重要。由于更好的数据更广泛应用于增长战略和数据民主化，先进的建模技术在实践和财务上变得可行。

通过建模，管理者可以根据企业增长目标和资源限制来平衡和调整相互关联的投入。建模还迫使管理层不得不整合量化数据输入、客观实证分析，以及基于经验判断和本地市场了解的预估，从而实现公司领导层确定的增长优先事项、目标和战略。"了解机器学习和人工智能工具的优点和缺点是很重要的，"TD集团营销数据和分析主管罗恩·克莱恩（Ron Cline）报告说，"这些工具和建模技术使我们能够更快地分析更多数据，获得更多统计有效的结果，并减少工作量。"

先进的建模和分析技术可以通过5种特定的方式显著改进流程和结果。改进关于销售响应功能的关键假设可以预测与销售工作增量相关的增量收入。对这种关系的更好理解是至关重要的，因为它是所有销售资源、预算、配额和区域定义的基础。建模也会产生更好的假设，使企业超越简单的启发式方法或经验法则（即假设对所有客户和地区的销售响应是线性的或工作分配是平等的），而转向更细致和准确的假设，以反映需求和基于决策科学的销售响应的真实性质。

6. 制定长期投资增长的财政贡献措施。营销责任制标准委员会首席执行官、赛百味公司前首席营销官托尼·佩斯表示，责任制是可扩展增长的根本。"对所有营销投资的财务回报进行更严格的财务审查和改进营销问责制，对于保护、释放和提高它们创造的财务价值至关重要，"佩斯说，"遗憾的是，根据营销责任制标准委员会的研究，目前的预算制定流程、财务报告标准和措施实践显示，超过三分之二的公司无法有效地衡量通过改善品牌偏好、客户体验、销售激活、客户忠诚度和文化相关性来创造价值所获得的投资回报。"

"核心问题是营销缺乏公司价值链上常见的那种问责制和衡量标准。"《负责任的营销》（Accountable Marketing）一书的编辑大卫·斯图尔特说，"营销仍然是一门'黑暗的科学'，从业者可以生产理想的结果，但不能告诉你他们是如何实现的。"

福迪威（福迪威是一家多元化的成长型工业企业）和莱博智科技公司领导层的高管同意这一现实。"让营销资产、投资和渠道前端的营销活动产生财务回报是实现赢利增长的基础，"莱博智的首席营销官杰米·普尼希尔说，"财务回报是唯一可以用来向首席执行官、首席财务官和首席营收官传达关键增长投资回报的词，如数字销售基础设施、销售内容、品牌建设和客户体验。因此，我们将重点转向理解、衡量和改进我们管理的商业资产（数字技术、数据、内容、线索和人才）对增长、利润和公司财务绩效的贡献。"

工业企业福迪威正在使用数据分析方法来创建反馈循环，以评估销售、营销和客户成功方面的结果、归因和业绩。福迪威公司的副总裁克尔斯滕·鲍斯特一直在努力帮助业务部门建立分析系统，建立反馈循环，衡量行动和投资对销售的影响。"在我们的文化中，对增长结果和收入归属负责的理念真的很重要，"鲍斯特分享道，"我们领导者致力于真正理解销售和营销投资与增长结果之间的联系。这种理解是非常关键的，因为它把销售和营销变成了增长的推动力，而不是可有可无的开支。"

利用先进的数据分析，提升销售人员业绩、账户健康水平和机会潜力

扩大收入是一项团队行为。通过多种渠道向数字客户进行销售，需要更多的职能角色，更多的工具和策略，以及更多的沟通和协调。随着企业努力跟上不断变化的客户旅程，营销和销售主管的角色已经演变成日益复杂的技术生态系统的协调者。

像丹尼斯·卡科斯、讯远通信公司的杰森·菲普斯和曾在 VMware

工作的罗宾·马特洛克这样以团队合作为导向的高管，推动20世纪的需求单位瀑布指标出台，这些指标通过将销售、营销和服务置于冲突之中来支持线性销售流程，造成漏洞和浪费。

经验告诉他们，基于需求单位瀑布模型的传统销售和营销效率衡量标准——营销来源渠道、营销合格线索、销售合格线索——在许多方面存在缺陷。这些指标不能促进团队合作，也无法解决当前的客户行为。需求单位的瀑布指标使得销售和财务面临挑战。这样的例子不胜枚举。它们把宝贵的精力浪费在记录谁得到了信贷，而不是提高账户的赢利能力上。与个体利益相关者的互动难以整合成为一个展示账户潜力、赢利能力、渗透率和客户终身价值的连贯图景。

为了让营收团队共同创造客户生命周期价值，他们主张制定衡量客户参与、客户内部创造的能量、团队成功和客户生命周期价值的指标。例如，罗宾·马特洛克将销售和营销资源、团队和投资绩效的衡量指标从传统的营销渠道和营销合格线索转变为客户参与和账户健康。"在账户层面与个人层面获得洞察力对我们来说是一个巨大的范式转变，"马特洛克在福布斯首席营销官峰会上的一次演讲中表示，"这意味着将可口可乐视为一个完整的账户整体，而不是一个潜在的客户或需要通过购买记录追踪的消费个体。一次消费行为一般需要数十个人的参与，一个账户整体可以由许多潜在客户组成。如果我想评估一个账户的运行情况，了解其当前及参与我们营销活动的情况，解决方案是客户参与的质量。然而，进行大规模衡量是较为棘手的。对于客户中的许多利益相关者，法宝就是跟踪营销和销售系统之间的互动。"

潘多拉公司的首席营销官丹尼斯·卡科斯认为，要让销售、营销和客户体验这三个各自为政的工作团队围绕共同的客户目标进行合作，以加强对整个客户生命周期的控制，领导层需要制定一套更好的绩效评估标准和财务激励措施。在这个新的增长计算公式中，决定成功的关键因素之一就是根据统一的客户参与度指标，创建一个共同的绩效评估标准，以评价客户成功，并激励营销团队更好的合作。而另一个关键就是创建一套共同的在财务上有效，并由数据驱动的激励机制，其中市场和销售的最终量化指标是公司价值、未来利润和收入增长。

"创造一个共同的团队目标，聪明的领导者必须做两件事，"卡科斯说，"首先，他必须定义什么是成功，为企业中的所有领导明确一个共同的目标。例如，在 TD Ameritrade 公司（TD Ameritrade 是美国的一家在线经纪公司），我们的首席执行官将成功重新定义为高促销者净值评分。这就将企业的目标完全转移到获得客户成功上来。其次是创建一组共享的运营目标，并通过这些目标一步步实现最终的成功。为了实现这一点，需要将目标分解成可跟进的日常事务，例如参与质量、服务级别、解决问题时效和客户宣传。在此基础上，需要为整个团队制订共同的激励计划或共享关键绩效指标。拥有共享激励机制是一种强有力的运营方式，因为它鼓励团队合作，并且是可扩展的。"

要实施这套绩效评估标准体系，需要从存在于客户关系管理系统、交换服务器、营销自动化和内容管理系统中的客户数据中提取出客户参与质量指标。秘诀是使用先进的分析方法开发一套关键绩效指标以跟进能够被定义为团队成功的行为和活动，而这些行为和活动要上升到统一的绩效评估标准和财务激励措施。如果所有这些不同的职能部门和面向客户的大量员工要进行高效合作，用这样的方式将创造出一个与公司价值和经济表现挂钩，并获得高认可度的共同绩效评估标准和财务激励措施。基于线性销售漏斗和独立职能角色的分级、漏洞和瀑布指标，既不能促进团队合作，也不能解决当前的客户行为。

iCIMS 公司首席执行官史蒂夫·卢卡斯认为，创建一个通用的评估系统和模型来协调与所有主要客户利益相关方的销售、营销和服务合作，以提供卓越的客户体验，这对于实现高速增长至关重要。

卢卡斯曾在两年内将公司收入翻了一番，并将公司价值增加了两倍，达到47.5亿美元，因此名声大噪。他表示："在参与经济中成功的一个关键因素是制定一个通用的客户参与质量指标，向企业中所有利益相关方明确每个指标代表的参与卓越度。这意味着作为一个企业，在客户宣传、互动质量、内容共享和其他关系健康指标方面，定义满分是什么样子。"卢卡斯敦促他在Marketo公司的团队明确定义并量化一个良好的客户关系，从1～10分的区间内使用先进的数据分析来构建复合指标，以便在客户层面量化和跟踪客户参与度。他对参与度的要求一直很高。任何客户参与度低于9分的客户团队都必须采取一系列行动来改善账户健康状况。与此同时，他还创建了一个词汇表、标准、报告，最重要的是，为他的营销团队提供财务激励，以便与这些"理想客户"建立关系。为了强化鼓励团队为最有潜力的客户提供高质量的客户参与，他的团队在参与并开发"理想"客户时获得了高20%的佣金。而当他们把精力花在不太理想的潜在客户时，他们得到的佣金要低20%。

卢卡斯的想法并不在少数。AT&T、讯远通信和敦豪国际物流公司的销售和营销主管正在采取措施，通过制定指标和激励措施鼓励能带来客户终身价值、利润率和合同总价值增加的活动和行为。他们使用高级客户参与分析和销售人工智能来创建客户参与指标，以此作为绩效评估的基础。这些指标基于有关销售参与、交易吸引力、内容使用和个性化客户交互的实时信息，为管理层提供更准确的实时情况。

例如，中外运敦豪国际航空快递公司使用先进的客户参与分析和销售人工智能来创建客户参与质量的评估标准，使他们能发现机会并采取行动，以帮助客户取得更大的成功。AT&T公司的业务部门根据客户增长、赢利能力和客户满意度制定了评价体系和激励措施，以帮助其营收团队平衡赢利能力、价值创造和客户成功等相关因素。讯远通信公司能够整合来自销售支持、运营、营销和销售部门的数据，以创建一个分析图表和参与质量评估指标，使领导层能够更全面和实时地了解其对客户影响的广度、深度和频率，以及关键客户中主要利益相关方的客户参与水平。讯远通信公司的营销负责人乔·卡梅洛说："我们的分析图表就像一个销售的心电图，它让我们能够以数字和图片的形式动态掌握客户的情况。它让我们一目了然地了解客户参与水平，以及利益相关者是否参加了网络研讨会和'演示日'，还是只是下载了材料？"

模块五号：数据中心——利用高级分析将增长资产与价值联系起来

客户数据是公司最有价值的资产之一。例如，债权人对美国联合航空公司的客户数据资产的估值高于公司价值，《信息经济学》一书的作者道格·兰尼说。设法收集已经拥有的第一方数据是有效之道，可以在没有增量投资的情况下增加销售。遗憾的是，只有38%的首席营销官认为他们在数据和分析方面的重视完全支持他们的决策过程。

数字营销项目、数字销售平台和第三方数据提供的信息可以表明购买动机、购买意向或流失风险。一线销售人员可以利用这些信息来决定下一步的最佳行动，优先考虑时间紧迫的机会和线索，并在目标客户中确定新的客户。但他们需要这些信息来及时采取行动。这使得能够将信息从源头（如网站、聊天机器人或移动应用程序）快速传递给客户关系经理或客户服务代表，并由其采取行动。这通常是实时的，使得提高信息流的速度成为管理的优先事项。

现代销售的核心是寻找方法，利用先进的数据分析来收集客户关系管理系统、销售支持和数字销售系统中的数据，并从中获利。从根本上讲，这使得能够统一、部署客户数据和洞察并将其变现的解决方案变得非常重要。正如我们前面提到的，企业和投资者普遍认为，人工智能和机器语言可以通过重塑客户旅程、改变客户体验和优化营销渠道的投资来推动新的收入和利润增长。销售系统正在转变为更快、更规范、更具预测性和可操作性的客户数据平台。客户数据平台（如Snowflake、Lytics、Blueshift和Tealium）和销售参与平台（如Outreach.io、Salesloft和Xant.ai）的快速增长证明了这一趋势。

有多种方法来收集、整合、分析和部署客户参与数据，以充实和增强已知客户数据的基础，帮助营收团队节省时间，做出更好的决策，更有效地分配资源，并提供更好的客户体验。具体来说：

1. 聚合来自多个来源的第三方数据，以发现销售触发因素。OracleSalesCx、InsightSquared、Cognism、XiQ和People.ai等销售分析解决方案正在聚合来自许多外部来源的数据，以发现事件促发因素、购买信号，并发现潜在客户及流失客户的风险。Hulu、Blueshift、Zylotech和Tealium等客户数据平台通过自动整合和交付，以及与销售和营销团队从数字营销平台触发数据，实现了这一目标。最好的是将其与来自客户关系管理系统的第一方数据相结合，以便实时为一线销售、营销和服务代表提供可操作的洞察。这些解决方案会自动将数据记录到客户关系管理系统中并附加数据记录，以提高数据质量并全方位了解客户。Bombora、Discover.org和Everstring等第三方数据解决方案正在通过客户购买意向、潜在客户和事件触发器实时追加和丰富现实客户和潜在客户数据库，因此销售代表可以在潜在客户仍处于"市场"状态时抓住机会并迅速采取行动。

2. 围绕客户结构管理和组织数据。像 Lattice、LeanData、Jabmo 和 6sense 这样的客户数据管理和协调解决方案正在帮助客户团队管理和协调来自公司内外的潜在客户和客户的参与数据,以便客户团队更轻松地开发、交叉销售、追加销售和渗透目标客户。

3. 自动整合、协调和清理来自客户系统的数据。客户数据平台的一个主要使用情形是,从企业已经拥有的第一、第二和第三方数据源中实时地自动加入、协调和同步数据。这一过程的自动化有助于确保客户资料反映最新的数据。像 Insight Squared 这样的销售解决方案从电子邮件、日历、内容和呼叫记录中汇总数据,并将其与客户关系管理系统中的数据整合。像 SalesloftOutreach.io 和 Xant.ai 这样的销售参与平台可以自动汇总客户数据,锁定匿名互动,并清理记录。像 Seamless.ai 和 Node 这样的销售自动管理解决方案可以清理客户数据并丰富客户资料,使其更具预测性,可供一线营收团队及其用于吸引客户的特定应用程序使用。

4. 围绕一个共同的客户档案,汇总客户活动、销售人员活动、产品使用和交易数据。大多数高绩效的营销人员已经开发了客户的单一视图来指导目标客户。他们通过将来自许多接触点、渠道和媒体交互的数据统一到一个共同的客户档案中来实现这一目标。Treasure Data、Snowflake 和 Openprise 等客户数据平台已自动协调和管理各个客户档案和关键客户的数据。销售自动化解决方案(如 People.ai)会自动记录客户交互数据,以丰富客户关系管理系统并全方位了解客户。其他解决方案可以通过第三方潜在客户、触发器和行为数据帮助丰富客户档案。例如,销售自动化解决方案(如 Seamless.ai 和 Node)可以清理客户数据并丰富客户档案,使其更具预测性,并可由一线营收团队和他们用来接触客户的应用程序使用。

5. 整合来自许多客户参与系统的数据。现代销售引擎依赖于来自许多渠道、系统和接触点的数据，以支持销售决策、优先级排序和演示。大多数企业在各种营收支持系统中都有大量的客户参与数据，包括交换（电子邮件和日历）、内容管理、营销自动化、网站、社交媒体和客户参与管理系统。这还不算客户数据的最大来源之一，即来自电话录音和 Zoom 会议的数据。那些能够捕捉和统一客户数据并将其转化为洞察的企业，能够使跨职能的销售、营销和服务工作流程得以实现优化和自动化，将比未采取行动的企业更具有竞争优势。像 Revenue.io 这样的对话式人工智能解决方案从现场电话销售和人工智能辅助的服务人员那里捕捉、转录和整合客户参与数据，因此它可以用于为销售辅导、优先级排序和行动建议提供信息。像 Blueshift 和 Zylotech 这样的客户数据平台有助于简化来自内部数字营销、网络营销平台第一方数据的整合。

结合多种来源的数据来创造收入

福迪威、必能宝和莱德系统公司的高管正在使用客户参与度、产品使用情况和销售人员活动数据，以帮助他们管理客户旅程、更好地分配销售资源、更好地管理销售团队，并提高销售渠道的绩效。

例如，克尔斯滕·鲍斯特认为，每个企业都有机会利用其企业内已存在的客户参与数据。"当涉及分析时，"她指出，"我们的理念是进步而不是完美。我们在这方面的一个基本信念是，从你已经拥有的数据开始。"随着时间的推移，你可以根据需要来丰富这些数据资源，以获得更好的可见性并提高效率。大多数公司都有现成的数据，可用来帮助其增加销售额。例如，每个人都有收入或销售数据，可以用来更好地了解客户购买的产品以及续约和流失率。大多数还有服务记录，帮助他们了解谁需要服务以及如何改进服务。"许多企业都有所谓的产品遥测数据，也就是产品使用数据，这些数据提供了宝贵的洞察，了解客户在使用什么，他们在哪里获得价值，以及我们可以在哪里帮助他们实现目前无法获得的价值。"鲍斯特说。例如，福迪威是一家工业企业，目前正在整合客户参与度、销售活动、产品使用和遥测数据，以支持对营收团队进行辅导和指导。鲍斯特称，"先进的数据分析是我们正在投入使用的力量倍增器"。越来越多的核心商业化流程正在得到人工智能的支持，使我们的团队能够更快地获得洞察和采取行动。"

同样，莱德系统公司正在使用来自他们租赁车辆的产品遥测数据，为帮助销售商以更高的价格出售服务的程序提供信息。莱德系统公司聘请了数据科学家来汇总第一方产品遥测数据和第三方数据，以帮助提高销售业绩。该团队应用先进的数据分析来计算购买倾向、成本和价格弹性，以确定销售人员要关注的潜在客户的优先次序。例如，莱德系统公司使用安全和维护数据主动拜访客户，向他们推荐如何通过降低保险费和避免昂贵的停工期来降低总成本。"在维护方面，我们维护的卡车有故障代码，出现故障时会立即亮起红灯，"莱德系统公司前首席增长官约翰·格里森说，"我们可以通过与原始设备制造商合作，从传感器上获得这些信息，我们会给客户打电话说，嘿，我知道你在路上，但请把你的车开过来，因为你会碰到一个问题，是你甚至没有意识到的。"格里森继续说："我们使用第三方数据的一个很好的例子是联邦政府收集和披露的合规安全责任得分，用于评估卡车在高速公路上的安全性，或者，如果你看到一辆卡车因为刹车灯坏了而被州警察拦下，警察可能会注意到其他问题并报告。有了这些信息，我们会给潜在客户打电话，说你的合规安全责任得分是业内最差的，可能会影响你的业务。我给他们打电话是因为他们有问题。从业绩的角度来看，如果我们的销售代表可以在合规安全责任得分不高的客户身上使用这些数据，并且向他们展示解决问题和降低总成本的方法，那么购买的可能性就会提高。"

必能宝公司的首席营销官比尔·博雷尔认为，数据和洞察是为客户解锁并释放更多增长和价值的下一个前沿领域。他们利用客户数据平台开发了一个参与度数据中心，聚合并利用来自各种数字渠道的客户参与数据。"我们的数字渠道、设备以及营销和销售技术正在生成新的物联网数据，可以利用这些数据进行更好的销售并改善客户体验，"博雷尔说，"我们正在采取一系列举措来利用新的数据。我们最近与客户数据平台雪花（Snowflake）合作，组织有关客户的所有信息，为更好地营销活动和客户行动提供信息。我们开始使用对话智能和自然语言处理来挖掘客户的反馈意见，以帮助客户解决他们的问题并提供更好的服务。此外，我们还在继续寻找方法，利用技术将来自我们数字渠道的第一方数据与第三方客户洞察结合起来，以支持我们的销售团队。"

◆ 模块六号：客户智能——利用客户数据为决策、行动和沟通提供信息

支持数字化的客户希望得到更快、更好的答案。这给销售人员带来了更大的压力，要求他们在与客户直接接触的有限时间内提供卓越的客户体验。这加快了客户信息必须商业化并在整个企业中共享的步伐。销售速度变得如此之快，以至于营收团队往往需要实时的销售洞察来参与竞争。

这些压力促使负责增长的管理者寻找更好的方法来使用先进的数据分析，将客户关系管理、销售支持和数字营销系统中的客户数据转化为可操作的洞察。与我们交谈过的高管将可操作的洞察定义为客户情报，

第三部分 连接技术、数据、流程和团队的运营系统

可以直接为一线销售人员每天在销售过程中的重要时刻做出的决策、行动和对话提供信息。

"营收团队不需要大数据，他们需要关于下一步行动的指导、建议和优先级。"Revenue.io 公司的首席执行官霍华德·布朗解释说，该公司已经帮助数百个企业利用洞察实现增长。"销售人员需要知道哪些行动将带来价值，并在其时间和注意力方面产生最高回报。我们需要使用数据来帮助营收团队，将不同意见转化为销售指导，而不是让他们不堪重负。"

由于需要可操作的洞察，因此需要优先考虑统一、转换和解释来自许多客户参与系统的数据，以回答下列关键的日常销售问题：

- 提出什么内容或提议？
- 哪些利益相关者和决策者要参与？
- 如何快速、合规地回应客户问题、征求建议书和信息征询书？

将大量客户数据转化为可操作洞察的压力，也是我们采访过的 90% 以上高管都在整合支持销售、营销和客户成功运营的一个重要原因。他们已经意识到，必须采取更加协调的方法管理来自销售对话、营销系统的数据，并使其更快地提供给营收团队。他们再也承受不起在多个技术孤岛中管理客户数据的成本。

解决这个问题是数据驱动算法能够创造价值的最有影响力的方式之一。人工智能和高级的分析技术非常善于对线索进行优先级排序和资格审查，并推荐下一个最佳销售行动。伦纳德·洛迪什教授说，在分析能力有限和数据科学家短缺的情况下，这些任务对企业来说更容易执行。"在销售模式中，人工智能的应用有一个广泛的连续体，从相对简单到

非常复杂,"洛迪什报告说,"今天,大多数企业可以利用许多影响大、实施简单的销售人工智能应用。企业正在通过使用算法来帮助客户和线索进行优先级排序和资格认证,推荐会带来成功的内容或销售行动,并将销售资源重新分配到他们可以产生最大影响的地方,从而极大地提高销售业绩。在客户服务方面,通过将自然语言处理、情感分析、自动化和个性化应用于客户关系管理系统,人工智能正在开辟客户体验和客户成功的新领域。"

现在有大量的人工智能工具可以帮助销售团队根据客户意向对机会进行优先级排序,推荐下一个最佳销售行动,并同步或增强日常规划、内容收集和数据输入,这些工作占用了三分之二的销售时间。虽然目前只有不到一半(46%)的销售代表拥有关于客户购买意向的数据洞察,但大多数(62%)的高绩效销售人员认为,对潜在机会价值进行优先级排序并建议下一步行动的指导性销售有很大作用。

领先的企业可以通过多种实用方法将他们已有的客户数据转换为决策、行动和对话。

1. 用第三方的潜在客户、触发器和行为数据来充实客户档案。营收情报解决方案,如 6sense、Oracle Sales CX、Insight Squared、Cognism、XiQ 和 People.ai,正在从许多外部来源汇总数据,以发现客户购买动机、购买信号以及潜在客户的流失风险。然后,他们将其与来自客户关系管理的第一方数据相结合,向一线销售、营销和服务代表实时提供可操作的洞察。这些解决方案将数据自动记录到客户关系管理系统中并附加数据记录,以提高数据质量并全方位了解客户。像 Seamless.ai 和 Node 这样的销售自动化解决方案可以清理客户数据并丰富客户资料,使其更具可预测性,供一线营收团队和他们用来接触客户的应用程序使用。

2. 根据购买动机、购买意向和机会潜力来确定机会的优先级排序。销售代表花了 7% 的时间对线索和机会进行优先排序。但已经出现了一系列解决方案供应商，支持基于企业内部和外部客户参与数据的预测性线索评分和线索优先级排序模型。例如，Xant.ai 等销售参与平台优先处理日常任务，并利用数十亿次销售互动中的实时客户信息为销售团队提供帮助。Bombora 和 TechTarget 等第三方数据提供商通过使用客户意图数据丰富这些模型，让他们知道潜在客户正在寻找解决方案，从而使这些模型更加出色。

3. 推荐上下文内容和下一个最佳销售行动的分析引擎。销售人员正在使用支持人工智能的推荐引擎，就内容、对话和行动提出智能建议，以便在特定情况下促进销售。在基本层面上，它们可以帮助销售代表找到适合特定销售情况的内容。这一点非常有用，因为销售代表几乎花了 10% 的时间在销售准备上。像 Highspot 这样的销售解决方案现在使用人工智能，根据客户偏好、过去的成交记录和客户需求推送特定内容。

像 RFPIO 这样的平台使用人工智能和机器学习来分析整个企业的交互，从而对征求建议书、信息征询书和特定问题等复杂查询提供高度个性化和情景化的回应。这是一门名为"智能响应管理"的学科，它是一个先进的概念，使用人工智能和机器学习，根据客户和销售代表之间的实际交互来创建内容知识库。该软件使整个营收团队可以按需使用这些综合知识，而无须等待。一个简单的查询就能为销售人员提供他们所需的最佳答案，无论销售代表是在写文本、电子邮件、提案、演示或征求意见稿，都能立即得到结果。他们利用整个企业的问答交互，在符合法规和内部标准的前提下，按照询问的内容和格式，快速提供答案。销售参与平台，如 Salesloft 和 Outreach.io，都设置了次优算法，从而提供销售内容，销售话术及呼叫实时指导。这是一个很大的改进机会，因为只有 37% 的销售代表报告说他们获得了针对商机算法建议的后续步骤。

使用人工智能和机器学习简化和个性化销售内容供应链

如果数据是现代增长引擎的氧气，那么销售内容就是燃烧所需的汽油。

这是因为现代销售越来越以数字销售渠道为中心，这些渠道在很大程度上依赖于及时、有针对性、个性化和合规的内容。"新派客户"在通过直接、虚拟和数字接触方式与一线销售、营销和服务人员互动时，要求更快、更完整和更相关的内容。作为回应，首席营销官正在增加他们对内容和支持其交付的系统的投资，如销售支持和配置、价格和报价解决方案。

鉴于这种现代化的销售情况，需要将客户信息和销售、营销以及产品内容视为战略资产。在许多情况下，它们并不是。对于销售和营销内容尤其如此。

在销售内容预算大幅增长 20 年后，这些资产通常被当作"易腐库存"或临时营销资源来管理。许多首席营销官仍将大部分精力放在提升付费媒体支出的效果上。与此同时，大众视野之外，销售和营销内容的预算以及创造和提供这些内容的人员和机器已经成为大多数 B2B 企业增长投资组合中的重要部分。

这种情况需要改变。特别是如果你希望你的投资在销售和营销内容资产以及它们所支持的数字销售渠道方面产生合理的投资回报。如今，如果你把对销售支持、参与和准备系统的投资，以及搜索、社交媒体和当今主流非接触式销售渠道方面的投资相加时，这些就代表了 B2B 增长资产的绝大部分。

改变意味着要解决十多年来阻碍内容管理和数字资产管理项目的实际问题。其中一个是结构性问题，没有任何管理者能够控制整个内容供应链，这是一个跨越诸多利益相关者、孤岛和系统的企业流程。

另一个问题是评估和问责制。说到内容，没有多少人会真正在意。整个行业都在围绕目标、措施和官方媒体性能进行发展，但很少有企业在内容上花费很多钱。更少有财务模型将昂贵的数字渠道基础设施和数据驱动的销售工具的表现与推动它们发展的内容联系起来。

但面临的挑战更多。当前的内容管理模式在很大程度上仍然是落后的，速度慢、成本高，使得它们本质上是不可扩展的。这主要是因为用于计划、创建、组织、收集和分配内容的企业流程相关操作难题越来越多。其中包括：

1. 销售所需内容总量的增加。
2. 创建新内容的成本和复杂性不断增加。
3. 交付的时限性。
4. 必须通过越来越多的渠道传递内容。
5. 需要在全球范围内，跨领域、跨市场、跨行业和跨区域扩展和个性化内容。
6. 管理内容质量以及合规性的需要。

从财务角度来看，传统的内容运营在现代销售模式下根本无法扩展。例如，有研究显示，在5个细分市场上对品牌内容资产进行本地化、目标化和个性化的成本是原始内容资产成本的20倍以上。加上新的数字渠道和一对一的规模化细分，成本曲线就会陡然上升。

这些问题的交织迫使负责增长的管理者重新思考他们在整个企业中管理销售和营销内容的方法。杰米·普尼希尔在最近一次关于响应管理的高管论坛上表示："利用数字化速度和控制力来大规模创建个性化内容是必不可少的，但代价昂贵且复杂，除非转变这一流程。你无法绕过它，无法预见绕过它的方式，也无法控制绕过它的方式。但与此同时，你也不想通过在速度和规模上将其自动化来走老路。那么，企业领导者如何才能在这两者之间游刃有余？"

进步型高管通过挑战传统的数字资产管理和销售支持理念，来回应这个问题。他们正在超越传统的信息层次结构，将内容写入规范，并建立一个"单一真相来源"作为所有内容的堡垒和控制点。其中最成功的企业正在重新思考他们的工作重点，使他们的营收团队能够回答客户的问题，无论其人员、系统、交付渠道或范式如何。这就是智能响应管理的概念，它希望利用人工智能和机器学习，找到可扩展、智能和经济高效的方法，用于管理每个面对客户的员工、每个渠道、客户旅程的每个阶段以及每个客户细分领域的回答质量、速度。

智能响应管理正在成为运营系统的核心组成部分，该系统将昂贵的销售内容、客户信息和参与技术等销售资产转化为客户对话和销售成果，从而增加收入、利润和企业价值。

这一概念超越了普遍的内容管理方法，即将内容写入规范、创建自上而下的信息层次结构来组织它。普尼希尔分享道："像我这样年长的首席营销官，是在杜威十进制系统中长大的，而杜威十进制实际上是关于图书馆学的。这一切都是关于本体论、分类学以及以某种方式标记内容的。这是一种非常古老的、人工组织内容的方式。如果你仔细想想，我们网站的大部分信息架构都采用了这种图书馆学的思维方式。因此，我们都在试图猜测人们如何对自己进行分类，他们将走过的道路，他们会

第三部分
连接技术、数据、流程和团队的运营系统

提出的问题，以及他们会用什么购买渠道。但大多数千禧一代只想问谷歌，或者越来越多的使用语音搜索，由 Siri、Bixby、Cortana 或 Alexa 等语音激活设备驱动，或者由手机另一端的人类驱动。转向响应管理模式至关重要，因为今天我们必须考虑客户现在会如何提出问题，以及你如何快速和完整地做出回应。无论是由销售代表、客服代表、聊天机器人还是语音激活设备应答，这一点都很重要。"

使用智能响应管理作为内容推荐的基础，比让销售代表使用许多不同的数字资产管理、内容管理和销售支持系统来查找、定制和提供他们在现场销售情况下需要的内容要快得多、简单得多。这模糊了数字资产管理、内容管理、配置、潜能测试和培训开发等各种传统软件类别之间的界限。

帕特里斯·特里森（Patrice Trichon）是 1919 投资顾问公司的首席营销官，她有几十年的处理这些问题的经验。她强调了使用客户问题和信息来通知组织、治理、标记、定位以及内容合规性的重要性，这是内容运营中利用和扩展的关键点。特里森说："管理复杂、细化和实时的内容首先是关于客户的。它真正开始于我们能获得多少关于客户的信息，以便我们能真正系统化地与他们进行互动。这些信息对于确定我们要向这些客户提供什么类型的内容至关重要。"

帕特里斯还强调了创建一个强大内容体系结构的重要性，该体系结构可以定义、细分、组织、管理和分配整个企业的销售内容。"我们自下而上地建立我们的内容架构，询问需要在所有材料中传达哪些关键内容？在所有的客户和销售内容中都有哪些常见项目，无论是投资回顾和展望，还是征求意见稿，或者是情况说明。这使我们能够在最高水平上对内容进行个性化设置，"她继续说道，"创建这种基础内容体系结构使内容开发变得更容易、更快速、更具可扩展性，最重要的是，它与客户的关系更加紧密。"

推进响应管理的领军人物，RFPIO 公司的首席执行官加内什·香卡尔（Ganesh Shankar）表示，从内容管理转向智能响应管理模式的真正价值在于，它本质上更具有可扩展性，因为它使用人工智能来推动循环。香卡尔说："如果我们在系统里加入人工智能，客户对日常问题的响应，如对建议邀请书，报价邀请书、信息邀请书中提出的问题，甚至还包括服务问题、产品问题以及合规性问题等，都会被系统转化为智能资产。回答问题越多，人工智能获得的信息越丰富，系统就能生成更多的情报，这将促进客户的参与。这是一个良性循环。"香卡尔认为，内容管理和智能响应管理之间的区别很重要，因为它可以释放整个营收团队的潜力。"这从投标响应或建议书管理者开始，但自然延伸到企业中每个面对客户的员工，从销售、服务到技术支持。这也适用于非接触式销售、销售参与以及使用人工智能直接或间接回答客户问题的聊天机器人工具。最终，智能响应管理能够发展到可以控制、管理和优化企业对每个客户问题的响应方式。同样，不仅仅是征求意见书或询价，还有主动提议、演示、安全和合规问题、产品问题及服务问题。"

第九章
以现有团队和资源创造更多收入和利润

收入运营系统的第三个要素是利用数字技术和高级分析，通过提高营收团队的绩效和财务贡献来创造价值。这些技术可以加速销售增长，并通过以下方式从营收团队中获得更多的收入、利润和价值。

- 优化营收团队资源分配，以占据更多的目标市场份额。
- 培养和留住高绩效销售人才。
- 让团队专注于最具潜力的潜在客户。
- 确保更多的销售代表实现配额目标。
- 在价格实现、钱包份额❶和销售交易方面创造更多价值。
- 扩大客户合同价值、终身价值和年度经常性收入。

在从团队获得更多收入方面，一个主要机会是将重点放在更好的系统上，以招聘、培养和留住顶尖销售人才，简而言之，就是要确保建立一个强大、有能力的团队。这样做将提高收入增长和销售配额，同时降

---

❶ 钱包份额，即 share of wallet，是指客户从特定公司购买产品和服务的总开支的百分比。

低销售成本。我们接触过的 90% 的高管都认为他们的销售代表是其最大的增长资产。然而，根据我们的经验，很少有人将其销售代表作为有价值的资产进行管理。大多数人没有意识到这些资产在财务上的表现有多差，也没有意识到销售、利润率和成本损耗。如果普通的首席财务官把他们的销售代表当作财务资产来评估，他们会得出结论：销售代表成本高昂（占公司支出的 10% ~ 40%），他们需要经过大量的培训和管理，但大多数人无法完成配额，而且服务年限不到 2 年。为什么？因为大多数企业招聘、发展、评估、管理和激励其代表的方式是分散的。在大多数情况下，没有专人负责考核、管理或改善绩效。这些环节的脱节对收入目标、销售成本和利润率所造成的财务后果可能非常严重。根据蓝山投资咨询公司的研究，如果整个销售团队的销售代表流失率增加 5%，就会使销售成本增加 4% ~ 6%，总收入减少 2% ~ 3%。除了对销售成本、机会损失和收入目标的实现产生负面影响外，销售人员的高流失率也会损害客户关系。

AT&T 公司总裁弗兰克·朱尔斯表示："如果不投资于培训和培养员工，最终会花费大量资源来处理销售代表流失问题，寻找新的销售代表，并为他们提供支持，最终，他们中很少有人会成长为你需要的超越竞争对手的顶尖人才。"

创造价值的另一种方式是利用分析来筛选客户，缩小"靶心客户"范围，减少"长尾"客户。"缩小靶心"和"削减长尾"的客户。那么做可以聚焦于高潜力客户，大大提升每一次销售互动的效果，并帮助销售人员提高业绩。其原因是，虽然每个企业的领导者都了解针对客户的帕累托规则，但在以客户为目标时，大多数人并没有真正运用该规则。根据我们的经验，大多数企业瞄准的目标客户太多，而开发成功的少之又少。对许多企业来说，"客户曲线"仍然太长，销售人员继续追逐那些无利可图的"尾巴客户"。销售人员的乐观情绪,实现更多市场潜力的愿望,以及从稀缺的销售资源中获得最大收入增长的压力。它们根源于不良习惯,比如不挑战根深蒂固的传统体系。另一个坏习惯是使用"直觉"假设来评估和排列机会,而不是使用数据。还有在规划时过于依赖历史销售数据,而不是对未来的预测性见解。

一个基于事实的系统可以改变这种情况。秘诀是将你已有的客户参与数据转化为洞察。销售人员不需要更多数据。他们需要的是可操作的洞察,为客户优先级排序、资源分配决策以及针对特定目标客户的努力程度提供参考。例如,利用现有的客户关系管理系统和交易数据,可以开发出高度准确的模型,更巧妙地预测哪些客户会以最快的速度、最高的价格购买产品,且销售工作量最少。当我们把基于数据得出的购买模型倾向的客户分配与基于销售团队和当地市场领导者估计的客户分配进行比较时,通常会看到在转化率、销售配额实现和客户开发方面提高了20%或更多,蓝山投资咨询公司常务董事吉姆·奎伦报告说,他曾帮助数十家B2B企业部署此类模型。

利用数据资产更好地调整和分配销售资源与市场机会,是创造更多收入和价值的另一种方式。

销售绩效管理软件、分析和建模可以极大地简化复杂的区域定义和配额设定问题。它们还可以使区域和销售配额的设定、管理和更新过程更快、更省力、更准确。

不仅如此,最近在数据、建模和销售业绩管理工具方面取得的进展提供了一个机会,可以大幅改进区域和配额设定流程及其产出的质量和影响,以及管理该流程所涉及的资源、劳动力、时间和精力。这些先进的建模技术有可能提高区域和配额计划的准确性、有效性和可预测性。例如,根据销售管理协会的研究,将区域协调流程数字化的企业通过更好的资源分配、销售区域与营销战略的紧密结合、提高销售效率，将收入提高了 15%。

模块七号：人才发展——吸引、培养和留住人才

一线销售经理可以利用销售支持和销售准备技术以及人工智能来显著提高交叉销售、客户渗透率以及营收团队中"B 级和 C 级参与者"的绩效。他们现在可以使用这些工具来更好地评估、指导和关注销售人员。销售支持和准备工具可以自动评估和培养销售人才。数据可以创建基于活动和行为的销售人员绩效评估指标。它们还可以利用客户参与和销售人员活动数据，提高主要客户的覆盖面和渗透率，这可能会创造重要的价值：

- 大多数（57%）销售主管认为销售活动和绩效的可见性是他们在销售效率方面的最大挑战。
- 根据米勒·海曼（Miller Heiman）的说法，更多的人（62%）对其企业交叉销售、追加销售或拓展主要客户关系的能力缺乏信心。
- 根据一项对销售经理和绩效专业人员的调查，在辅导和指导销售团队方面不是很有效。
- 管理者在很大程度上没有利用先进分析技术来提高责任心和强化能力。调查发现，对销售技能和工具的采用、行为改变和使用技能或工具的可见性是提高销售业绩的最大机会。

企业可以通过十几种方法来改进吸引、招聘、发展和留住顶尖销售人才的流程。其中包括将培训和发展系统连接成一个闭环过程，使用人

工智能更好地支持培训，建立更好的销售人员绩效评估标准，并优化销售人员的体验。关键在于把这项工作作为一个企业流程和闭环系统来管理。有效的第一步是指派一名高管来管理和评估整个公司招聘、培养和留住销售人才过程的绩效。提高销售人员的归属感、销售人员的满意度以及增加新销售代表的周期时间，哪怕只有几个百分点，都能使利润率和收入大幅提高。

增长型企业的销售经理和业绩领导（来自销售运营、销售支持以及学习和开发团队）正在开发新的管理工具和技能，因为他们正在努力管理、支持和激励远程销售团队。作为回应，销售经理越来越多地采用销售支持技术和销售数据，以提高参与度、速度和生产力，这对在虚拟环境中的生产效率和适应新的购买现实至关重要。

特别是，他们正在建立利用数据创造价值的系统和方案。这些措施包括：

1. 建立综合指导、技能发展和强化的流程。远程学习现在已成为新常态，面对面的培训不是一个实用的选择，因为大多数企业都减少了差旅（84%），同时鼓励员工在家工作。作为回应，一线销售经理正在考虑综合的学习和开发解决方案，如 MindTickle、Allego 和 Ambition，以实现一种既高效又"闭环"的综合销售人员发展方法，将培训与行为和业绩联系起来。这些解决方案将视频角色扮演与人工智能评估和指导销售相结合，将开发和学习与当下的销售活动联系起来。这些解决方案包括对话智能和活动跟踪，以评估培训如何转化为实际的客户参与和客户成功。

2. 提高对营收团队绩效的了解。缺乏对渠道活动、销售人员行动、客户参与和账户健康状况的了解是远程销售的短板。像 Outreach.io 这样的销售参与平台为一线销售经理提供了建立在个人客户和客户参与数据上的管理工具和分析图表，使他们能够查看任何销售代表的渠道运行状况和活动，并根据需要进行深入分析，以指导、引导和帮助销售代表抓住销售机会。Gainsight 和 Toango 等销售自动化平台通过汇总、分析和组织来自许多系统的客户数据，提供关于客户流失、服务问题和追加销售机会的实时信号，使服务经理能够了解账户的健康状况。

3. 创建评估标准，在销售人员的表现、培训效果和绩效之间建立闭环。销售领导者开始使用先进的分析方法来确立新的评估标准，以更准确地量化其团队在客户内部创建的集体参与、能量和客户体验。他们利用销售分析解决方案来跟踪被定义为团队成功的行为和活动。同时，他们正在建立创新的、由数据驱动的客户参与措施和激励机制，这些措施和激励机制与机会潜力、账户健康和销售人员业绩挂钩，以 1～10 分为标准。像 MindTickle、Allego 和 QStream 这样的集成学习和开发解决方案，在活动分析、对话智能和绩效标准的基础上，使用人工智能来评估销售人员的技能和绩效。

4. 在学习和发展过程中，大规模地进行一对一辅导。从历史上看，销售经理受限于控制范围和时间，因此他们只能对电话销售进行监控，并主动指导为数不多的销售代表。通过与客户关系管理系统、培训和支持系统的整合，记录销售对话并将其与销售成果和最佳实践进行比较，可以创建实时的闭环信息流。这使销售经理能够在实际销售对话的关键点上积极介入，如常见的反对意见、竞争性提及，以及减员的信号。这也让他们了解到已经采用了哪些培训方法，以及这些培训方法是否成功地改变了客户行为。持续、实时和个性化的培训使销售经理能够积极地管理和培养更多的销售代表。它还能加快新销售代表达到全面生产力的速度。例如，领先的在线订购平台 ChowNow 能够将支持其销售开发代表的系统组合在一起，以消除人工作业，分享最佳实践，并在关键时刻提供实时指导。在疫情暴发后，ChowNow 公司不得不将销售开发代表的人员数量增加一倍，以满足在线订购市场需求的爆炸式增长。他们的增长运营团队统一并优化了其销售和营销技术组合，以便更快、更轻松地支持数量众多的新销售代表。他们使用 Revenue.io 的人工智能工具连接不同的系统，以实现使人工作业自动化，创建最佳实践库，并可以进行大规模的一对一辅导。通过调整支持销售代表培训和参与的工具，ChowNow 公司能够更快地提高销售代表的工作效率（时间缩短 60%）。ChowNow 公司的增长运营总监斯蒂芬妮·沙利文（Stephanie Sullivan）表示："对话智能是我们目前的生命线。销售经理必须在工作中接听电话，这是必不可少的，因为这是迄今为止最好的培养方式。因此，我们看到销售代表的工作效率大大提高。"

为销售代表创建闭环系统

大多数企业已经部署了销售培训、学习以及开发系统和方法。许多企业产出的结果并不令人满意。我们调查的销售经理和绩效专业人员认为，销售辅导和指导是最难做好的事情之一。而且，管理者在很大程度上没有利用先进的分析技术来提高问责和指导的有效性。同一项调查还指出，了解采用情况、行为变化以及使用销售技巧和工具，是提高销售绩效的好机会。

为了更快更好地发展他们的团队，销售领导者正在寻找方法，同时利用有限的资源，以大幅提高他们在销售技术、数据和人员资产方面的历史性低投资回报率。遗憾的是，大多数调查受访者告诉我们，他们所投资的销售支持和准备技术并没有为他们提供所希望的可见性、参与度、速度和销售代表级别的提升。

WalkMe 公司的杰夫·麦基特里克分享说："根据我在日立和思科公司建立数字销售平台的经验，通过在营销环境中的适当时间向销售代表提供正确的工具、知识和强化措施，可以显著提高销售培训的有效性。"

由于大规模转向远程销售和炙手可热的就业市场，快速强化销售团队技能的压力被放大了。销售主管被迫对数十、数百或数千名销售代表部署新的销售策略和工具，以帮助他们更高效地参与到数字渠道中，并适应更快的数字营销运营节奏。由于变化的速度，大多数人都在尝试实时进行这种培训，而不是像过去那样让大型销售团队参加基于课堂的培训和角色扮演。

"你可以拥有最好的技术，但如果你没有合适的人来利用这种技术，你没有合适的人预测客户群的未来需求，那么你的增长将不可持续，"英迈智能公司的首席客户官珍妮弗·莫尔丁说，"从一开始就推动我们成功的原因是，我们是一个学习型企业。"

通过在销售开发、激励和评估方面采取更加综合和数字化的方法，可以更快地发展销售企业，同时在执行过程中采取正确的措施，这是一个巨大的机会，因为这些功能和系统之间有许多线索需要编织在一起。构成销售开发、管理和评估基础的技术和项目通常非常分散，并且遍布人力资源、培训、销售运营和销售开发，因为大多数企业都以孤立的方式购买和部署此类系统和资产。结果是：

- 学习管理系统与销售支持系统是脱节的。
- 用于评估销售活动、采用率和行为的销售分析和人工智能工具没有与销售准备和培训挂钩。
- 评价反馈与培训强化因此也受影响。销售经理较少获得上述信息来支持其对销售代表开展的评价、辅导、强化及绩效评估工作。

WalkMe 公司销售执行副总裁杰夫·麦基特里克表示："从商业或技术角度来看，管理、业务准备、支持和高级销售分析等方面相辅相成，不应该割裂。"在大多数销售企业中，这些职能在很大程度上是孤立存在的，因为采购、管理和部署构成销售发展基础的系统和资产的职能专家没有经济上的动力将这些点连接起来。

销售领导必须优先考虑将销售准备工作与销售效率挂钩。他们再也不能只将学习和发展过程的"一部分"自动化。迅速对销售队伍进行再培训以使其为虚拟销售做好准备的紧迫性和成本迫使企业将其作为一个系统来对待。这将为销售领导、经理和效益主管提供一种端到端的方法来培养销售人员的技能，从而可以明显地带来销售和利润成果。

不要轻视这场危机。它带来的压力是一个极好的机会，可以通过坚持这些昂贵而重要的增长资产协同工作并有效地推动变革。

为了跟上市场的步伐，学习和发展型企业必须找到将其系统结合在一起的方法，使其更快、更数字化、更负责任。

通过连接这些点，可以创建一种既高效又"闭环"的集成式销售开发方法，将培训与行为和绩效联系起来。例如：

- 通过利用视频角色扮演和营销管理系统，可以实际执行培训和发展技能。这些功能允许销售代表使用视频平台远程练习角色扮演、产品演示以及"特定情况"的演示技能。
- 视频角色扮演可以通过人工智能辅助打分和同行及管理者人工评估相结合的方式，进行一致和规模化的评估。
- 可以对其中最好的内容进行分类，并连接到一个主要内容库，其中的最佳实践可以按流程阶段、角色、产品、行业或痛点进行定位。

- 可以使用先进的人工智能和引导式销售工具进行实时标记部署，这些工具可以根据客户参与数据和销售情况，推荐下一次的最佳销售策略或最相关的内容。
- 管理者可以通过构建基于实际销售活动、客户参与和客户成功度量结果的数据驱动型关键绩效指标，跟踪和评估这项工作和培训如何转化为实际客户参与和客户成功。
- 整个过程应该形成一个反馈循环，不断强化技能、改进方案、满足客户需求，并加强培训与结果之间的联系。

不是每个企业都能一次完成所有步骤。但是，在大多数大型销售企业中，大部分的基础技术和资产都已经到位。与维持现状或等待下一次进行传统课堂培训的机会（可能需要12个月的时间）相比，将这些构建中的部分连接在一起将是一个重要的进步。例如，斯科特·凯利希望通过技术实现大规模持续学习。他的团队正在实施一流的收入增长战略，向所有面向客户的团队提供内容和培训。"我们使用收入增长工具来提高和规范我们的培训能力，"凯利说，"它使我们能够利用整个公司深厚的专业知识来创建团队并开展特定职能的培训。"凯利已经建立了一个系统来简化培训，为团队提供了一个练习、获得反馈和改进的环境，一个知识和技能认证的流程，最终成为客户可信赖的团队。这些培训也用于新团队成员以及新收购的公司，以确保快速实现价值并提高增长速度。

开展系统化学习和培训的目标，通过以下4种方式提升销售准备和业绩水平：

1. 在日常销售活动的背景下，通过实时、微型学习和易于使用的培训指南对销售人员进行强化。

2. 通过自动化和人工智能辅助的评估、分级和反馈以及基于行为的关键绩效指标来实现问责。

3. 通过与现有的销售工作流程和销售支持资产的整合，实现可扩展性。

4. 通过使用视频角色扮演等方法，让销售代表进行远程练习并获得反馈，从而实现成本效益。

模块八号：资源优化——根据机会分配人员、时间和工作量

数据驱动算法创造价值的一些最实用、最有影响力的方法是帮助管理者更好地将销售资源分配给正确的客户、区域。"各企业正在通过使用算法来帮助客户了解基础知识，并管理优先级和资格确定等基本工作，推荐有潜力的内容或销售行动，并将销售资源分配到它们可以产生最大影响的地方。"沃顿商学院的洛迪什教授报告说。

什么是区域规划？它如何促进和加速收入增长？

区域规划是创建可行计划的过程，以针对目标客户，确定收入目标，并确保随着时间的推移实现企业的收入增长。它包括确保销售团队以正确的客户为目标。区域规划以结构化方式记录特定客户群，例如对不同客户群的划分，或以地理区域，或以行业，或以垂直/水平市场，或以细分市场命名。区域规划编制是一项持续进行的工作，从而确保客户与区域划分的合理分配，尤其是可营收团队的销售、销售支持、客户管理及渠道伙伴等销售资源的匹配。有效的销售区域规划可以提高团队的工作效率，提高客户覆盖率，增加销售额，并降低成本。另外，不平

衡的区域规划和区域划分的不断变化不但会降低生产力，也会损害客户和客户经理之间的关系，以及各销售商之间的关系。

这是因为现在有各式各样的人工智能工具，可创建基于算法的客户响应模型，帮助营收团队科学地开展跨地域、客户及业务条线的调整，消除了过去依赖于经验猜测和感觉的随意现象。销售领导者利用先进的分析技术，通过数据驱动算法来优化销售资源的分配和销售时间，提高销售资源回报。具体方法包括：

1. 实现区域规划和配额分配过程的自动化。通过开发数据驱动的模型，建立基于市场、区域及业务条线的客户响应算法，可以优化销售资源的部署，这是一个巨大的机会。跨区域的人员配置和销售资源分配往往是凭经验或直觉来完成的。销售业绩管理解决方案，如Varicent、Xactly、思爱普销售云和Optymize，将区域规划和配额规划的过程数字化和自动化。

例如，仅优化区域规划就可以在不改变总资源或销售战略的情况下增加2%～7%的销售额。这是因为根据亚历山大集团（Alexander Group）的研究，经过优化且平衡的区域规划可以将销售人员的工作效率提高10%～20%，并节省成本。

与使用人工或电子表格驱动流程的同行相比，各企业正在使用自动化工作流程，以获得2～3倍的效率提升。数据驱动的自动化可以通过自动收集和分析数据，帮助将计划周期从60天缩短到35天。它还可以加深跨职能部门间的合作，即使是多达6～12个不同职能部门也不在话下，使职能部门间区域规划、销售配额能更好地配合企业营销战略、薪酬及企业市场增长战略落地。

诸如此类的解决方案还可以将客户关系管理系统中的数据与来自企

第三部分
连接技术、数据、流程和团队的运营系统

业其他部分的客户参与数据相结合,以自动化和优化销售激励制度和配额的制定,并提升其准确性和颗粒度。

2. 算法分割、目标定位和覆盖建模。销售代表花了 7% 的时间对线索和机会进行优先级排序。但是,已经出现了很多解决方案供应商,支持基于企业内外部客户参与数据的预测性销售线索评分和销售线索优先级排序模型。例如,Xant.ai 等销售参与平台优先处理日常任务,并利用数十亿次销售互动中的实时客户情报为销售团队提供帮助。Bombora 和 TechTarget 等第三方数据提供商通过使用客户意图数据丰富这些模型,让他们知道潜在客户何时可以获得解决方案,从而使这些模型更加完善。

3. 根据购买动机、购买意向和潜力对客户进行优先级排序和分析。领先的企业正在从他们现有的客户关系管理系数和交易数据以及来自 6sense 等供应商的第三方数据中开发高度精确的购买倾向定位模型。这些模型可以更准确地预测哪些客户会从你这里购买,而且销售工作量最少,以及哪些客户不可能购买或需要做太多的工作才能转化。与销售团队和当地市场领导者的预估相比,这些模型通常能更准确地预测谁会购买,谁不会购买。当与人类对本地市场和客户关系的洞察相结合时,它们会变得更具预测性和准确性。购买倾向定位模型比人类目标模型花费的时间更少。随着时间的推移,它也变得更加智能,开始了一个可评估和持续改进的循环。根据蓝山投资咨询公司的研究,大多数企业在使用购买倾向定位模型来集中资源时,在转化率、销售配额的实现和客户开发方面提升了 20% 以上。

4. 销售时间优化。一系列的销售自动化技术现在能够自动化、协助或消除一系列低附加值的任务,这些任务蚕食了销售代表的时间、工作效率和积极性。包括 DialSource、People.ai 和 Seamless.ai 在内的销售自动化解决方案可以有效地自动化任务,包括客户关系管理数据输入、数据管理、查找信息、建立名单以及重复性销售任务，如拨号、过滤呼叫和捕获客户信息。像 WalkMe 这样的数字化应用软件，可为企业推送竞争情报、销售内容，自动化提供建议邀请书，形成销售呼叫记录，并推荐下次最佳销售行动策略，企业使用关键业务销售工具的速度更快，操作更简易。

5. 使用先进的分析方法来提高计划投入的准确性、可预测性和质量。伦纳德·洛迪什和帕德·马纳汉（Paddy Padmanabhan）教授过去10 年中在沃顿商学院和欧洲工商管理学院为负责增长的管理者授课，主题是"领导高效的销售队伍"（leading the Effective Sales Force）。他们认为，在做出销售任务分配决策时，仅仅依靠历史或经验法则是不够的。销售管理者所掌握的精确历史数据，越来越能够帮助他们合理地决定销售队伍的规模、区域的界限以及对每个客户或潜在客户的呼叫频率，从而实现公司利润的最大化。

莱德系统公司的销售副总裁约翰·格里森认为，使用分析方法来优化销售角色、覆盖范围、合作和区域是加速增长的重大机遇。格里森说："我坚信，在不增加销售企业或销售成本的情况下能够努力实现销售额提升。我越是能利用分析技术来确保我们的销售代表不会把时间浪费在他们不太可能成功的潜在客户身上，那就更好。我们在这个特定领域花了很多时间。"莱德系统公司正在使用先进的分析方法来重新定义区域，完善销售企业内的角色和责任，以提供更好的产品专业知识、交叉销售机会和客户体验。

格里森让利用分析技术的另一种方式是将销售代表的注意力集中在机会最大的客户身上。"那里有大量的潜在客户——可能有 2000 万家租赁卡车的公司，700 万辆租赁车辆，以及大约 10 万家需要仓储的企业，"他报告说，"这对 50 名销售人员来说是一个很大的挑战。可以这么说，分析变得越来越重要，因为如果你的销售企业规模较小，收入约为 30 亿美元，那么你就不能浪费大量时间来进行'敲门推销'。我们变得越来越受数据驱动。我们采用了更好的程序来了解客户的特点，他们目前与其他供应商的合同状态，谁是决策者，以及这些决策者何时改变。"

将规划、管理和优化销售区域和配额的过程数字化

随着企业的成长和发展，为了更好地开发市场，他们在覆盖模式和销售战略中增加了新的销售渠道、产品和细分市场。这些增加导致了更多的数据输入、销售人员角色和职能部门的利益相关者被纳入区域和配额规划过程中。因此，需要分析的变量更多，需要考虑的方案更多，需要平衡的事项也更多。

作为一个经验法则，一般的 B2B 企业可能需要 60 ~ 70 天的时间来规划区域，在处理 5 个不同的部门（如营销、产品、财务、人力资源和销售）和有限数量的数据输入来定义区域边界（如历史基线数据、企业增长目标、销售预测和人员配备预算）。在这个过程中增加更多的利益相关者和数据，将使你的计划更完善，更符合上市流程，这一点非常重要。然而，更多的利益相关者和数据输入也会大大增加就区域定义达成共识所需的时间，特别是在企业通过电子表格管理整个流程的情况下。

例如，将参与区域和配额规划的企业数量从 3 个增加到 6 个或更多，可能会使规划、设计和调整销售区域与进入市场组合的其他要素所需的时间增加一倍。在这个过程中增加更多的数据输入（例如对销售人员生产效率和赢利能力的估计、客户评分和排名数据、工作量估计以及客户旅程指标）会极大地增加整理数据、分析不同方案、覆盖率、控制和增长之间进行权衡建模所涉及的工作和时间。

"如今，大多数企业使用电子表格或自主开发的系统来管理区域和配额规划流程，"迈克尔·史密斯说，"结果是，其中大多数企业未能在销售期开始之前完成规划，这意味着许多营收团队在年初时在没有基于任务事实的情况下就开始工作。"

取代基于电子表格的规划可以带来巨大的好处。数字化区域规划的公司增加了收入，缩短了规划周期，并提高了销售人员的整体业绩。

销售业绩管理解决方案和工具的最新进展提供了机会，可以大幅简化和改进区域和配额规划及其输出的质量和影响，以及管理该流程所涉及的资源、劳动力、时间和精力。新技术可以通过5种主要方式简化、自动化并优化区域和配额规划流程。

1. 销售区域规划和销售配额分配数字化。
2. 帮助整个企业可视化进而调整这些规划。
3. 帮助销售经理、销售人员和绩效专业人士管理销售区域和配额。
4. 构建分析图表，用于持续评估、报告和利益相关者决策支持。
5. 简化和加快期中调整和计划审查的进程。

有多种工具和先进技术可以加强和改进区域和配额规划的过程。销售绩效管理是一项快速发展的技术，可帮助解决销售人员分配、区域和配额管理、激励性薪酬管理等问题，并自动生成销售绩效考核与激励报告。目前的解决方案为销售领导及其运营团队管理提供了更大的控制力，更丰富的洞察和更快的决策。Varicent公司的首席执行官马克·阿茨舒勒（Marc Altshuller）表示："业绩最好的企业正在利用先进的分析技术和人工智能，跨越传统的工作孤岛，以找到创造更多收入、提高运营效率和管理风险（如控制销售代表流失）的方法。新一代销售绩效管理软件允许收入运营和销售领导整合计划、运营和支付流程，以创建更智能、更平衡的区域规划和配额，从而快速适应不断变化的市场现实。"

销售企业越来越多地使用销售绩效管理解决方案来重新调整预测，重新调整销售人员的绩效预期，并使用分析技术来更好地管理快速变化环境中的销售区域和配额。数字化区域和配额规划的一些更有影响力的方法包括：

- 工作流程的自动化，包括数据输入、分析和与利益相关者的协作。"与使用手动或电子表格驱动流程的企业相比，拥有自动化工作流程的企业效率提高了两三倍。"迈克尔·史密斯说。他在过去 10 年中帮助 300 多家 B2B 企业从现有的销售资产中获得了更多增长。

- 开发场景，测试不同的资源分配、销售任务、角色和区域配置，以找到用较少的销售代表管理更多客户的方法，并对财务影响进行建模，包括根据潜在的变化预测成本、结果和佣金。卡姆·蒂平说："在多渠道企业中，通过多个销售角色、细分市场和产品组合，可以规划区域并分配销售人员的时间和活动的可能方式几乎是无限的。"商学院和全球营收团队正在使用他们的 SABRE 模拟工具，使用现实世界的方案对其区域规划进行建模和模拟。"销售绩效管理解决方案和业务模拟使运营团队、区域经理和个体销售人员更容易探索许多不同方式的潜力，他们可以分配时间、精力，同时微调每天的客户、产品和活动优先级组合。"

- 销售人员绩效管理提供了先进的分析方法，可以更准确地评估销售人员的工作效率、绩效和赢利能力。这些是自下而上计算销售人员工作量、能力和销售配额分配的重要参数。它们也使跟踪销售人员在销售期内的表现变得更加容易。如今，只有一小部分企业（6%）能够让他们的销售团队获得日常销售区域管理和决策支持的每日进度和状态报告，或接近实时数据。

- 自动化配额管理，包括为持续评估和决策支持的可视化和分析图表，有助于使配额跟踪"有效"，并为销售经理提供他们所需的关键绩效指标，以积极管理其区域团队和个体销售代表的表现。
- 数据仪表盘能够自动收集和报告积极管理配额实现情况所需的关键指标，并实时提供决策支持。例如，57%的公司使用数据仪表盘来监控区域绩效指标，从而实现对区域绩效和运行健康的监测。这对区域管理而言是最大的改变，其跳出了原来依靠"直觉"判断或根据偶尔反馈开展管理的模式，以更加数据驱动的关键绩效指标指导和调整决策。

模块九号：增加收入——通过包装和个性化服务来增加收入

销售团队可以利用分析来改进4P销售策略，根据支付意愿动态调整定价，并通过个性化的产品和建议，从销售交易中提供和获取更多价值。例如，更严谨的定价和算法定价提供了高达5倍于成本的利润潜力，因为它可以利用现有资源将利润率提高3%～10%，并在有限的投资下提高收益。沃顿商学院的约翰·张和贾格莫汉·拉古教授在《让顾客自己来定价》（*Smart Pricing*）一书中指出，优化定价是提高公司赢利能力的最有效方式。根据沃顿研究数据服务部的数据，在不改变其他任何条件的情况下，将有效价格提高1%，通常会使利润率提高10%以上。与旨在降低成本的努力相比，公司可以从定价优化中获得2～5倍的利润。

影响利润率和销售效率的另一个因素是客户对更多相关和个性化内容的需求不断增加。由于向虚拟和数字渠道的急剧转变,加速了数字媒体和合作内容、视频和资产的使用,从而加剧了这一趋势。80%的公司越来越多地使用数字媒体来推动远程销售和支持自有数字渠道所需的内容创建。

先进的分析方法可以通过个性化、自动化、配置来优化定价、建议书编制及服务方案的各个方面。这些措施包括:

1. 定价优化和创新。宾夕法尼亚大学沃顿商学院的研究表明,定价是商业中最关键的利润驱动因素,提供的利润潜力是销售增长的2~5倍,并降低了固定和可变成本。数据驱动的定价策略可以使现有资源的利润率扩展3%~10%。像PROS、Vendavo和Zilliant这样的解决方案正在帮助各行各业的企业使用先进的分析方法来扩大利润,并通过4种方式改进其流程、系统和团队,从而创造价值:

(1)管理整个企业的定价政策,以阻止数百万美元的利润流失。

(2)在价格设定、折扣、例外情况,以及由于竞争、外生和市场因素导致的调整方面,实现定价策略的自动化、简化。

(3)执行复杂的动态和数据驱动的定价策略,以扩大需求、获取更多价值并最大限度地提高客户终身价值,包括动态、个性化和基于需求的定价。

(4)通过先进的定价模式驱动新的商业模式,更好地包装和实现价值,包括软件即服务、订阅、优质服务、共享和部分所有权模式,从而通过定价来推动创新。

2. 实现数据驱动的个性化建议书、演示文稿和产品。PROS、Zilliant和Vendavo等定价优化解决方案将客户参与数据与来自客户关系管理系统和其他传统系统的信息相融合,以创建更合规、更优化,以及在某些情况下动态的定价。潜能测试解决方案，如 Qorus、RFPIO、Apptus 和 DealHub，正在使用来自客户关系管理系统的数据，以便快速轻松地汇编、创建和个性化建议书、征求建议书回复以及客户端材料。

3. 提案和演示文稿自动化和个性化。客户希望获得更多个性化和相关的内容。销售经理认为，满足这一需求是他们提高销售生产力和效率的最佳途径。帮助销售人员提供更加动态和个性化的演示文稿、建议书和微型网站，是区分和提高业绩的一个重要机会。DealHub 和 Apptus 等配置、价格、报价解决方案提供商通过动态的个性化演示文稿、内容、微型网站和定价来帮助营收团队满足这一需求。

Qorus 和 RFPIO 正在自动执行征求建议书和建议书的准备和个性化流程。这是一个机会，因为目前只有 37% 的销售代表使用类似的潜能测试解决方案。

4. 创建可供数字和其他虚拟渠道使用的内容。"4D"销售代表将会需要渠道准备好的内容，以满足客户对相关性、个性化、可视化和在远程情况下协作的需求。为了满足现代客户的需求，销售代表需要更多地依赖虚拟、视频和协同平台。这意味着个性化、沉浸式视频和增强现实及虚拟现实内容将变得更加重要，因为在线客户对内容的质量非常重视。销售有形或体验式产品的企业正在寻求像 Kaon Interactive、Spatial 和 Unity 这样的 3D 内容创建平台，来创建可在移动和虚拟现实平台中提供更身临其境式体验且与渠道相称的内容。

推进个性化科学：潘多拉如何利用人工智能和机器学习实现大规模的个性化服务

追求大规模提供个性化服务是一个巨大的商业需求，并迅速成为进入市场系统的基本组成部分。能够利用人工智能和机器语言的力量来更好地了解客户行为和个性化客户体验的企业将超越他们的竞争对手。

高级个性化和推荐系统是企业中每一项面向客户的技术背后的大脑，包括语音设备、可配置的产品、促销系统、动态定价、响应管理系统和个性化广告。

90% 的企业使用人工智能来改善他们的客户旅程，彻底改变他们与客户的互动方式，并为他们提供更有吸引力的体验。75% 的 Netflix 用户选择观看由该公司的机器学习算法推荐给他们的电影。为了实现这一潜力，所有企业都在向相关人才、工具和数据投入大量资金，以挖掘人工智能的潜力，从而增加收入、利润和公司价值。在过去的一年里，人工智能招聘岗位增长了 32%。

尽管围绕人工智能将如何转变业务进行了大肆宣传，但现实是，人工智能在客户参与方面的主流使用仍处于早期阶段。创新的跑道很长，而且有很多的方式可以让人工智能的个性化提高利润率、转换率和公司价值。

阻碍企业充分发挥人工智能在商业应用中的潜力的最大障碍之一，是高管们无法对最有利可图的人工智能应用进行优先排序、指导和资源分配。沃顿商学院技术、数字商业和营销教授，颇具影响力著作《算法时代》一书的作者卡尔提克·霍桑纳格表示："利用人工智能的力量实现业务转型的成功和失败，大多数在于管理层对如何应用、部署和引导这些强大工具的理解。"人工智能的另一个延迟因素，是开发强大的机器学习模型需要大量学习数据。

在开发人工智能驱动的个性化和推荐系统方面，很少有企业像潘多拉公司那样具有经验、学习数据和技术敏锐度。潘多拉公司在 20 年前通过音乐基因组计划启动了他们的推荐系统开发，并从那时起获得了世界上最大的学习数据集和最好的数据科学家。

"潘多拉公司诞生于20年前，源于所谓的USIC基因组计划，该计划成为第一个面向消费者的音乐推荐系统。"潘多拉公司的机器学习基金会、搜索和语音科学副总裁斯科特·王（Scott Wong）说。他的团队建立了可重复使用的机器学习系统，为产品的推荐和发现提供了动力。在过去的两年里，他致力于整合来自潘多拉公司和一个功能强大的平台的科学数据和技术。这项计划始于一个由专业音乐学家组成的团队，他们每天坐下来聆听音乐曲目，为这些曲目注释450多种不同的属性。他们研究了诸如和声、人声、流派、时间段、乐器语言以及定义指定歌曲真正内涵等大量不同维度的特征。

这一数据基础为潘多拉公司提供了一个"冷启动"场景，在他们还没有接触到其他学习数据之前，就建立了一个推荐引擎。

当潘多拉公司开始获取听众数据来完善他们的算法时，他们的进展和预测模型的质量有了很大的提高。"音乐基因组计划确实为我们提供了第一轮基于内容的推荐系统策略。但是，在人们开始使用该产品并实际聆听之后，它为我们提供了隐含和明确的反馈，这才是数字金矿的真正源泉。听众的反馈数据真正使先进的推荐系统得以发展。"斯科特·王说。

霍桑纳格在书中说，像这样基于内容的推荐系统很有价值，因为它们非常善于识别和推荐高度相关的内容、歌曲或产品，而不考虑先入为主的观念、流行度或其他因素的影响。在每个企业都努力通过个性化和高度情境化的体验来区分其产品、服务和品牌的世界里，这一点非常重要。

在此基础上，潘多拉公司发展了他们的系统，将其他数据信号和建模技术结合起来，比如亚马逊推广的协同过滤，使得他们的预测模型提升到一个新水平。这样,他们既可以利用来自数百万用户的显式信号(如大拇指评级),也可以利用隐式信号(例如,他们听了多长时间、采取了什么行动)。

"随着时间的推移,我们开始结合各种技术,"王说,"飞轮一旦启动,就会产生非常强大的预测和推荐模型。除了一开始采用的基于内容的策略之外,我们开始将其他策略纳入我们的推荐系统。我们采用了基于用户的策略,这些策略关注像你这样的人是否也喜欢其他东西,以及协作过滤策略,同时看哪些听众是相似的,哪些内容是相似的。所有这些都可以帮助你根据人们的行为进行解释和学习,发现内容和偏好之间隐藏的相似性。"

"我们拥有的数百万听众数据正在帮助我们建立下一代的推荐系统。例如,我们已经迭代了模型,可以充分利用人类对音乐类型分析的卓越表现,并将其扩展到歌曲目录。我们称之为把人类作为高质量的机器来进行规模化使用。能够实现这一目标的方法之一是开发一个机器听觉系统,在该系统中,模型直接收听后台目录中未添加标签的歌曲,用新增加的歌曲与我们从音乐基因组计划中得到的标签数据进行对比。使用这种方法,我们可以预测许多开创性的新音乐属性。因此,当你把所有这些不同的技术放在一起,可以为广播电台算法提供动力,这些电台从3000万个不同的信号源中提取信号,而不是从200万个被人类分析的信号源中提取信号。在我们的业务中,它可以让每个人根据自己的品位对自己的电台进行个性化设置,总体而言,它可以帮助我们跟踪哪些电台最成功。"

王的团队构建了可重复使用的机器学习系统,为潘多拉公司和其他产品的推荐和发现提供动力。在过去的两年里,他致力于将公司中最好的科学数据和技术整合到一个强大的平台中。今天,潘多拉公司将这些理念用于他们业务的各个方面。应用程序包括帮助每个人根据自己的品位对自己的电台进行个性化设置，跟踪哪个电台最成功，以及了解客户在哪里、何时以及如何追加销售。

潘多拉公司开发的大多数推荐引擎的基础知识都普遍适用于每个企业面临的个性化问题。因此，这种学习可以转移到没有这么高的起点或没有机会接触数据科学的行业。

例如，人工智能和机器语言在潘多拉公司的一个重要应用就是弄清楚如何在订阅时向客户追加销售。在此使用案例中，王的团队正在使用他们的高级模型来回答每个企业常见的难题——我们应该针对谁？什么时候是联系他们的最佳时机？潘多拉的模型能够从促销类型、内容、产品适应性、参与渠道和报价展示等方面挖掘非常细化的背景变量。

"我们已经建立了机器学习模型，以最大限度地提高我们在追加销售过程中与用户接触的效率。我们称之为智能对话。我们的模型着眼于用户行为的各个方面，包括他们在任何时间点在应用程序中执行的操作；哪些人是追加销售的合适对象；什么时候是吸引他们的正确时机；我们是否应该同一时间进行多种形式的促销活动；我们的模型通过确定适当的主题、适当的话题，使这些干预措施的效果最大化。我们使用内容本身进行推荐。"

潘多拉公司的方法是独一无二的，在某些方面比声破天（Spotify）公司等同行采取的方法更加个性化，因为潘多拉公司的模型是建立在一个强大的用户体验基础上，其输入是非常明确的，即用户喜欢的特定专辑、艺术家和内容。这种对用户输入的敏感性产生了真正强大的反馈数据来开发模型。

斯科特·王为人工智能推荐系统的发展描绘了一条漫长的发展道路和广泛的应用前景。潘多拉公司通过整合搜索和语音信号，继续推动下一代推荐系统的发展。搜索提供了客户行动及趋势的早期信号，可使推荐系统更加丰富。语音科学的进步助推潘多拉公司开发了主题分析功能，帮助企业更深久地洞察用户偏好。结合广播服务能力和流数据资源，斯科特·王的团队可根据成百上千听众、电台及其他信息输入不断完善模型，提升收听体验，形成团队的真正优势。在最后一种状态下，斯科特·王设想了用户和算法之间的一对一关系，该关系可以根据用户的身份和喜欢的内容进行调整。

"就像数字技术在过去 20 年里从根本上改变了商业一样，人工智能也将在未来 20 年内实现同样的目标，"霍桑纳格教授建议道，"人工智能不再只是工程师和数据科学家的事。它是为所有人服务的。专业人士不能再对当今商业和社会如此重要的事情缺乏了解。"

为了帮助那些没有足够经验和敏锐度的管理者迎头赶上，应用人工智能实现销售方面的个性化，霍桑纳格和沃顿商学院商业分析团队与斯科特·王等专家合作，创建了《人工智能时代的商业管理》在线高管课程，来帮助管理者了解如何应用人工智能和机器语言来发展他们的业务。为了建立这个课程，霍桑纳格及他的团队与潘多拉公司和谷歌公司的领导者合作，为高管们提供了数百万小时的建模、分析和学习资源，使他们所在的公司在市场上获得了竞争优势。

第十章
运营系统的最优化

和机器一样，数字技术也为我们提供了不同机制来控制使用效果。有的机制是机器的固有配置，有的则是能够催生变化的杠杆。以汽车为例：在长途旅行中，可通过调节驾驶模式和速度使它更省油；在比赛中，通过改变扭矩比和档位使它更有动力，在弯道上通过加强悬挂和重心使它更灵活。

性能要求不同，对扭矩、燃料和进气量、变速器和悬架刚度等变量进行调整的幅度也不同。过去这些操作都是通过离合器、油门踏板和变速器来完成的，如今由计算机管理的机制越来越多。

就计算机而言，你可能想要电池续航时间更长一点，这样更能有效处理数据和智能管理，可以享受游戏，体验虚拟现实（VR）。这些活动都涉及对能量输出、内存使用、资源处理、屏幕配置方面进行调整。控制这些变量的刻度盘和滑块在现代计算机的控制面板上很容易找到。

你的收入运营系统也不例外。我们已经向你展示了正确配置这一系统的方式。现在，我们要讨论的是如何调整刻度盘来最大限度地提高它的性能。

销售系统设置不同，结果也截然不同，这与渠道组合、客户类型、覆盖率、销售力度和产品重点等变量有关。例如：沃顿商学院的伦纳德·洛迪什教授的研究表明：一家制药公司在改变销售队伍的规模、部署重点产品后，2500万美元的边际贡献率就增长了8%。其他企业在改变呼叫模式、客户定位和产品重点等关键参数后，销售绩效也大幅提升。这些做法使收入快速增长，利润提高了，资源和成本却未增加。

这里有三种利用高级分析技术创造商业影响的做法：

1.规划流程数字化，资源部署更灵活。不管是区域边界的规划、管理和优化，还是销售目标和配额分配，经过流程数字化后都会运行得更快、更省钱、更具备数据驱动。这么做不仅可以简化商业流程，还能更及时地掌握员工表现和项目进度；可以进行中期调整，加大工作进程的审查频率，使问责能力增强。

2.使用分析法更准确地进行预估和预测，制定投资决策。利用高级分析法和人工智能，以及向企业开放的海量新销售数据集，大幅提高投入计划的准确性、可预测性和质量。通过整合数据，可以更好地进行增值分析。这意味着规划输入更准确，更能准确估算销售人员能力和未来的销售额，更能准确预测客户的反应以及更准确地确定潜在机会的大小。

3.采用高级建模技术，可评估更多方案并达成共识。用先进的模型和算法，对不同场景进行模拟、开发、评估和优化就容易多了。因为管理增长引擎要将很多变量考虑在内。在销售场景下，方案规划和建模构成了销售预测的关键因素和关键假设。变量则包括竞争对手如何反应，季节如何改变需求，区域边界与机会的吻合程度如何。要想从稀缺的销售资源中实现增长最大化，尽可能准确地掌握这些变量是很重要的。同样，销售代表的任期假设、收入入账的速度、客户希望使用的渠道、为这些渠道配备员工的最佳方式等因素对顶层和底层都会产生很大的影响。如果可以对任一或所有变量进行快速调整，就能更好地排定优先级，权衡利弊，做出决策。可以根据不断变化的市场机会对系统进行调整。模型可以加快对规划输入的分析，如按照产品、渠道、行业和地理来分析历史收入。这种成本最低、利润最高、收入最高的销售方式可以推动销售工作进行更快速的调整。

➔ 规划流程数字化，资源部署更灵活

推动销售区域和配额规划流程实现数字化，可提高销售资产的回报率。

通过对销售区域边界的设计、规划、管理和优化以及销售人员配额分工的过程进行梳理后发现，并不是每个环节都起到了作用。

第一，因为这一流程本身就复杂、冗长、出错率高。哪怕它表现良好，大多数销售企业仍然视之为一套劳动密集型做法。第二，过程缓慢，无法跟上竞争、需求和创新的快速变化。第三，它涉及大量输入和近乎无限可能的场景，电子表格难以应付。第四，它要求销售、市场、产品、财务和运营团队等利益相关方参与到对各种因素的平衡过程中来，对时而相互矛盾或竞争的目标进行协调。

为了优化规划设计，完善区域界限和销售人员配额分配，我们必须确保我们的工作是精准的、正确的，也是公平、可实现和有利可图的，这就需要确保对公司内外多个定性和定量数据输入进行收集、分析和建模。

随着近期经济、购买行为和销售模式发生变化，针对机会分配增长资源的复杂性被放大了。管理者必须更频繁地调整销售区域和配额分配，才能应对好快速变化的市场条件、客户偏好和竞争对手。随着销售团队更数字化，更受到数据驱动，更分散。

同时，人工智能革命给我们带来了新的解决方案和建模工具，可以更加方便快捷地对越来越多的涉及商业资源分配和投资的变量进行评估。高级分析法的发展为改善区域和配额规划（TQP）流程带来新的机会，势必将提升流程的输出质量，强化对资源、劳动力、时间和精力的管理。先进的建模技术有望使区域计划和配额计划更有效，更可预测。以下事例可说明核心规划流程实现数字化将产生积极影响。

利用现有销售资产提升收入水平。那些实现流程数字化的企业可以利用现有资源增加收入。收入增长来自以下 4 个方面：更合理的资源分配；销售领域与营销战略精准对齐；销售效率提升；目标的实现。

可以更敏捷地进入市场。企业实行工作流程自动化后，工作效率比那些依靠人工或电子表格的同类企业要高。数据驱动自动化可以使周期缩短几周。自动收集和分析大样本数据录入是实现目标的一个办法。工具自动化的另一个优势是协作更顺畅了，这使得销售、运营、营销、薪酬、财务和战略团队能更快、更轻松地协同调整区域和配额。

实现流程数字化是一个双赢的结果：既可以提高销售业绩，也能降低销售成本。使用自动化技术进行区域规划，企业可以在降低销售成本的同时获得更高的销售业绩。流程数字化后，区域收入和利润增长机会将更方便快速地进行匹配，降低整体销售渠道成本。

遗憾的是，大多数企业并未实现流程数字化。它们仍坚持采用过时的方法来进行区域和配额规划。贝恩公司（Bain&Company）对全球 870 名 B2B 公司的高管进行的一项调查显示：只有不到 20% 的 B2B 企业通过数据驱动和量化研究对总体市场机会进行跟踪，掌握尚未被开发的客户潜能。

造成这种现象的一个重要原因在于：尚未系统化的流程是无法实现数字化的。大多数管理者一开始并不擅长区域和配额规划。只有 36% 的销售主管和绩效专家擅长区域规划。他们中大多数人（79%）认为非周期性评估和年中区域评估还存在不足。

为什么会这样呢？其中一个重要原因，是很多公司仍在手动操作。数字时代，很多企业在进行销售配额和区域规划时，仍将电子表格作为主要工具。因此，正如我们所说，大多数企业基本上无法在销售季到来之前完成规划。

另一个原因是规划极度复杂。"现代区域和配额规划中涉及的变量和排列组合数量已经大大增加。"蓝山投资咨询公司的迈克尔·史密斯报告说，"严格的要求使得精度更高、目标更远，实现机会也更大了。但是，那些仍使用电子表格来进行销售配额和区域规划的企业，在三分之二的时间里无法完成更新并被接受。"

↱ 使用分析法进行更准确的评估、预测和投资决策

长期增长计划使企业领导者感到困扰，因为很多增长计划都是靠猜测和预感来判断哪些增长投资会起到作用。增长计划中存在着一些不确定因素，因为管理者很少就以下基本问题达成一致：增长计划最重要的问题是什么；评估战略增长投资的真正经济理由是什么；"增长的科学"基本原理。

高级分析法可以在这一领域大展拳脚。分析法使管理者有动力、有能力、有事实依据评估相互冲突的企业议程和观点。它使营销市场模式中的各方面更容易达成共识和相互协调，包括：销售队伍发展战略、市场细分、产品组合、市场推广和销售激励策略。

增长战略的核心是：通过如何从市场获取最多收入和利润这一角度来思考商业资源配置。虽不存在适合所有企业的完美发展计划，但有一

个平衡点可能最适合你的企业。这意味着对计划的假设和期望要在某种程度上达成共识，否则执行会受到影响。

卡姆·蒂平提醒道："需要指出的是，增长资源配置的定义、规划、平衡和优化受到多个变量影响，这些变量之间还存在着千丝万缕的相互联系。"有70个顶级工商管理硕士（MBA）课程使用他的SABRE模拟工具来讲授增长战略。"以下变量总是处于冲突之中：成本与客户服务；销售能力与覆盖范围；销售人员平衡和公平与收入最大化；销售人员满意度与短期收入增长；销售代表的区域、技能专长与市场需求。它们对决策权衡而言又必不可少。这里没有正确答案。从长短期增长、赢利能力和公司价值的角度来说，区域规划和配额分配能为公司创造最大的价值，而每个企业在面对区域规划和配额分配时都有自己的一套权衡办法。

更具体地说，学术研究表明，七大决策变量影响了增长计划和计划制定。这七大决策变量之间相互关联。包括销售系统运营所涉及的销售渠道设计和营销战略。我们在图10-1中列出了这七大决策变量。它们每个都需要进行不同类型的定性输入（如判断）；定量输入（如历史数据）；客观输入（事实）；或主观数据输入（猜测）；销售渠道设计和营销战略也随之变化。例如，一些企业使用自上而下的方法将市场划分为统一而规整的细分市场和代表市场。其他企业则采用自下而上的方法，将当地市场中出现的因素、销售代表个体的能力和技能考虑在内。这两种都算不上完美的办法。那些最好的管理团队则尝试结合二者来制订最准确的计划。将不同方法进行混合和匹配使得模型和自动化发挥出应有的作用。

由于这些变量相互关联，因此对营销战略的组成部分进行调整是很重要的。划定区域边界范围与分配销售配额有助于增加收入和获得资源收益，必须将七大决策变量与它们联系起来统筹考虑。要主动平衡多

图 10-1 七大决策变量

重战略和战术目标。对其他职能部门的各主要利益相关方进行有效的协调，有助于使区域和配额规划与相关战略，如渠道策略、产品组合策略、市场细分和激励措施等保持一致。

从更高层次上来说，在对公司增长方案进行优化时，需要权衡以下 4 个方面：

- 销售队伍的高效管控和市场覆盖之间的权衡。过多的控制可能会限制销售人员的自由度，导致机会错失。控制不够可能会造成无序销售、重复销售，产生纠纷。
- 成本和客户体验之间的权衡。过于追求成本优化会损害客户终身价值和服务质量。对成本关注不足则会徒劳无功，侵蚀利润。
- 实现销售机会最大化与保留销售人员之间的权衡。目标过于激进会增加销售团队的压力和造成损耗。而放松增长目标会使价值和收入浮于表面，降低企业的竞争力和生产力。

- 企业要追求多渠道的数字化虚拟销售模式就要重新平衡销售团队活动、角色和优先事项。例如，就客户参与而言，直接渠道和数字渠道的要求大相径庭，在类型、组合、顺序和客户服务方面均有差别。在工作产出、工作量和工作能力方面，负责虚拟销售的销售人员与传统的现场销售人员或大客户经理相比也并不一样。现代的客户参与模式需要考虑数字化水平，也需要考虑远程销售出现后导致差旅减少的情况。基于活动的生产力评估措施一旦落实，那些通过数字渠道参与的客户对服务响应速度的期望也水涨船高，这些因素也应考虑在内。

可能需要对销售架构进行重新设计，新的区域规划、交互模式和客户优先这几方面的增长潜力才能得到最大的发挥。营收团队要想获得高收入，销售区域、激励措施、参与模式、角色和客户参与节奏等环节都需要进行相应的调整。如果只想使用电子表格等桌面工具来管理上述种种变量，会被海量的变量和各类可能的场景所淹没。

这是一个能让高级分析法、人工智能算法和模型真正起作用的领域。上述工具能用来评估不同场景，快速传递信息，优化资源配置。比如用于对各种不同方案进行快速评估、更好地管理重置销售体系结构过程中更多种类的变量、对销售资源配置与特定市场机会进行最佳匹配。此外，使用建模工具可以加快对规划和优化流程中的各类决策进行改善和评估，包括但不限于：

- 销售资源配置。优化与增加销售人员有关的额外收入和利润。这种优化方式意味着根据销售响应函数、销售代表生产力、销售的边际成本和需求弹性，对销售人员不同的配置水平和配置组合进行试验。

- 强化销售队伍。优化增量利润、收入贡献与工作强度、呼叫组合和产品销售之间的关系。有数不清的变量组合存在于销售代表、客户和个人之间。销售业绩、所需资源和利润率会因为这些变量而发生巨大变化。因此，如果能够快速达成目标，探索不同选择是有意义的。

- 优化区域划分。优化销售潜力与特定区域内的客户组合有助于提升销售产出和总利润，促进收入增长，降低收入风险。通过试验不同组合助力企业优化区域规划。高级模型可以更好地处理和优化区域规划，平衡各种关键变量。一些最重要的问题需要考虑：确保配额是平等和公平的。采取胡萝卜加大棒的优化组合激励销售人员，推动销售新产品而不是现有产品从而最大限度地提高利润和客户终身价值。做好对新客户和现有客户的时间分配，优化增长上限和销售成本。尽量采用基于活动和行为而不是结果的评估标准，让销售人员知道应该在何处下功夫。

- 按照产品、渠道、行业和区域规划对基准收入和收入预测进行分解。必须对市场覆盖模式变化会对市场份额、收入实现和销售成本产生怎样的影响做到心中有数。

- 优化自上而下的机会分配。通过自上而下的配额规划，可以对企业获取收入的机会总和进行拆分后指定给不同的销售代表或团队。企业可以根据销售成本、销售队伍规模、重点产品、人员配备和销售队伍关注重心等因素，对商业机会进行不同形式的分配。

分析法在七大领域的应用

1. 销售预测。通过对客户关系管理系统的实际数据、历史交易数据、当前客户参与度和销售水平、客户个人购买信号和更合理的客户响应模型进行综合分析，对未来的销售活动得出更准确的预测。

2. 客户评分和价值模型。通过对机会潜力、购买意向、历史销售额、覆盖难度和能力转化方面进行分析，对客户潜力进行更准确的预估。

3. 机会潜力：通过对营销战略、销售预测、历史绩效以及企业增长和利润目标进行分析，对潜在市场的预期收入和利润进行合理评估。

4. 销售人员能力。通过对销售人员的角色、现场投入、判断力、配额达成的预期以及个人技能和经验进行分析，对销售人员的能力做出评估。

5. 销售人员产出和赢利能力。通过对历史业绩、个人能力、其所在区域的客户以及所销售的产品进行分析，对销售人员的业绩表现和目标设定进行评估。

6. 销售响应函数：通过对外部市场投入、经济状况、内部转化率、实际销售额与销售人员配备之间的历史关系进行分析，对销售成本与实际销售收入之间的关系进行评估。

7. 工作量预估：通过对交易经济性、不同级别客户的服务情况、现实接触和远程呼叫客户的次数，以及理想的客户体验等精细输入进行分析，对销售人员的工作量进行更加精确的评估。

◆ 采用高级建模技术评估更多方案

使用高级分析法，尤其是高级建模技术分析法，可以推动团队规划和管理，评估增长战略，可以制订更多更精确的计划，并对其进行测试和改进。

过去 10 年，伦纳德·洛迪什和帕德马纳汉教授在沃顿商学院和欧洲工商管理学院为负责企业增长的领导者讲授《领导高效的销售队伍》课程。他们认为，在对销售队伍下达决定时，仅仅依靠历史或"经验法则"是不够的。销售经理手中掌握了准确的销售业绩历史数据，这使得他们越来越能够根据销售队伍的规模、销售区域规划以及现有和潜在客户的呼叫频率做出理性的决定。

"决策科学的发展已经超越了对历史业绩的简单推断，也超越了管理层对关键规划参数的'经验法则'，这类参数主要有销售人员的预期工作量、销售响应函数、潜在机会或销售人员的产出。"卡姆·蒂平说，"高级模型和业务模拟使销售经理、负责产品和市场的企业高层能够通过对定量的事实和定性的管理进行判断，制定出更加准确和细致的规划，提取出反映销售业绩和客户响应的真正驱动因素，更有效地进行业务规划——包括更好地理解如何摊派销售任务，为什么这些任务是最符合所有相关方利益的。"

通过使用高级的销售分析法和建模技术使规划参数更准确和更具预测性，这是不错的实践。所涉及的数据输入不再仅仅来自简单的历史基线数据，它的来源已经多样化了。它们有的可以通过对销售响应函数、销售赢利能力、客户价值、客户意向和购买情况以及"获胜概率"进行建模后获取。

现在可能会出现基于事实对销售资源进行分配的商业案例。要决定是否对一个市场进行投资，可以按照市场开发销售响应模型，进行实证分析后再做决定。这种模型主要着眼于需求和供应信息、竞争性支出以及销售人员配备和收入表现之间的关系。其他模型则可以计算出增量利润和增量工作的收入贡献，呼叫方式和产品重点。

第三部分
连接技术、数据、流程和团队的运营系统

Varicent 公司的创始人兼首席执行官马克·阿茨舒勒表示，高级分析法使规划的预见性更强，帮助销售企业释放营销潜力——它能推动增长，提高收益，产生最大的增长投资回报。"最先进的企业正在使用人工智能从数据里挖掘出能够发挥预测功能的元素，对客户机会和销售人员业绩进行分析。"阿茨舒勒说，"比如说，它可以识别和预测出哪些销售人员最可能完成配额，哪些客户最可能流失，包括对逆风、顺风、个性和行为等因素进行分析，而这些因素能说明为什么销售人员会处于风险中，又是什么影响了他们的表现。领导团队可以利用这些细化的和具有预测性的数据来决定他们制订计划时可以容忍的收入阈值和流失风险阈值。"

79% 的销售团队正在使用或计划使用高级建模技术和分析法。使用高级建模技术和分析法可以显著优化增长战略，以下是一些例子：

- 预估市场潜力和机会。通过将 3 年或以上的内部销售基线与经济活动、需求和购买行为以及市场趋势的外部评估指标结合起来，能更准确地量化和预测市场机会，评估哪些市场总体可入。一旦结合实际改善预估，将极大地优化区域和配额规划流程，因为大多数销售和营销主管还做不到利用数据助力增长战略和资源分配。例如，根据《福布斯营销责任报告》中对全球 500 名首席营销官的调查，三分之二的首席营销官无法用他们所掌握的数据得出营销对公司销售额和利润的贡献。

- 销售人员赢利能力和业绩：将销售人员的活动和成果与利润贡献、销售配额实现和生产力指标（如转换率）关联起来。

- 客户和账户优先权。将内部销售基准数据与外部公司图景、技术情况、人口信息，以及使用、采用和购买意向结合起来，计算账户潜力，确定客户的购买潜力、客户渗透率和终身价值。
- 销售工作量预估。通过基于不同客户参与模式——客户参与的数量、组合、性质和频率，客户类型和级别，以及展示出来的产品组合——对销售人员的工作量和工作能力进行预估。
- 销售预测。将来自客户关系管理系统的渠道健康和机会指标与客户参与、智能、意图和赢率数据进行整合——这些第一方数据来自面向客户的系统和第三方数据源。
- 销售响应函数。它不仅体现了销售、营销推广投资和行动之间的关系，也体现了它们在收入、利润和业务目标方面产生的贡献。它可能是增长计划中权重最大的假设。学术研究显示，优化销售业务取决于明确或隐含的销售响应函数的行为。

管理层具备对销售人员表现和业务成果进行评估的能力是很重要的，尤其是在通过它决定如何分配销售资源。

根据洛迪什教授的研究，销售响应函数已经从简单的响应函数（努力与结果之间的关系）发展为高级建模技术这种更为复杂也更准确的方法。大多数管理者根据他们的判断或通过简单的线性"推断"或"经验法则"给销售人员分配任务（例如，如果一名销售代表在给定的市场中创造了 100 万美元的新销售额，那么两名销售代表将创造 200 万美元的新销售额）。高级分析法为我们带来了更客观、更复杂的基于数据的计量经济学方法。这些方法就是建立更复杂模型，如回归分析、最大模拟似然和分级贝叶斯分析。感兴趣的话可以参加由拉古·艾扬格教授开发的沃顿商学院高管课程。

高级建模技术可以创建更准确的销售响应函数，它告诉我们不同情景下，销售工作也会不同。例如，一个好的模型要能解释付出多少努力才能在公司、地区或代表层面上做出最好的业绩。它还要能够说明，预测如何因为外部因素（如竞争、市场和环境）的影响而改变。相较于简单的历史推断、线性关系和企业管理者用于评估销售响应函数的"经验法则"而言，这些模型更准确、更透明、更可测量。

时下解决稀缺资源配置的最佳做法就是进行建模分析。计量经济学提供了一套描述客户和市场行为的方程式。这套模型很有用，因为它们能更好地预测出某一区域或市场获得资源倾斜时，销售额将如何增加。这是因为客户的反应不是线性的，而更复杂的S形（或凸凹形）。销售响应函数能更好地预测客户反应，因为它们最常见，也符合收益递减的概念。

算法模型和规划模拟可以通过多种方式使管理者最大限度地提高增长资产的回报率。它们优化关键假设和规划输入，可以设置更合理的测试来考察假设是否接近标准，可以观察这些假设在未来的变化轨迹。可以使用模型对成百上千种分配方案进行评估。这一点是很重要的，因为进入市场的方式千差万别，而一点微小差异就可以产生很大的影响。最后，模型可以以更快的速度和更便捷的方式将团队中更多人的意见和观点纳入进来。

在销售策略方面，算法模型和模拟工具可以成为真正的力量倍增器。它们可以建立资源分配策略，在降低成本的同时增加销售，对策略背后的分配和假设进行测试，推动策略更快地走向市场。

这一点很重要，因为增长战略的核心是对增长资源和投资进行分战略分配，分配的决定来自对未来的几十种假设和预测。这些假设、预测和方案大多都是来自直觉，来自客户和市场的价值、响应性和可得性，它们还未受到过质疑。

高管在做出关键的增长、分配和风险投资决策时，仍然要努力适应动态、快速变化的市场环境。这是因为，他们在营销分析上的巨大投资更有利于改善营销策略，对战略增长决策的信息参考作用则微乎其微。数字营销团队通常使用 A/B 测试来跟踪业绩，它对优化营销策略、活动和小型决策是很有用的，但在如何运营好销售系统等战略问题上，较难称之为"有用"。正如 Tableau 公司的前首席营销官艾丽莎·芬克（Elssa Fink）所说，"首席营销官要做出重大战略决策时，是不存在 A/B 测试的，要么全盘接受，要么放弃"。

当你越能够使用数据来填充和测试长期增长计划，你就越睿智，你的业务、你的市场和你的决策也就越智能。

"战争游戏"模拟、压力测试计划、构建共同目标

人工智能的模拟工具使得企业在编制区域规划、产品发布、客户营销和业务单元增长计划时能够相互协同并快速完成。模拟工具让领导层在不同场景下演练"战争游戏"。几乎每个行业都在通过模拟来制订复杂的计划和战略、训练技能和培养才干。律师用它来模拟在法庭上使用的不同策略。医生用它来进行演练手术，不致伤害患者。飞行员在飞行模拟器上训练，避免犯错。模拟作为销售策略和规划工具越来越受欢迎。和大多数仍然在使用传统自上而下的策略制定方法的企业相比，如果企业使用模拟工具有很多好处：

- 第一个好处是模拟可以压缩营销策略的测试时间。大多数增长战略部署成功后要经过几个销售周期才看得出是否有用，这意味着管理者和规划者只能对未来可能会发生的情况进行猜测。要么猜对，要么猜错。模拟使人们勾勒出未来会出现的不同的增长场

第三部分
连接技术、数据、流程和团队的运营系统

景。例如，前面提到的 SABRE 模拟工具能帮助团队对未来 7 个时期内资源的不同分配进行"战争游戏"模拟，这是一个巨大的优势。"毫无疑问，SABRE 模拟课程在沃顿商学院 MBA 课程中排名靠前是有原因的，"大卫·莱布斯坦说，"模拟工具非常有助于教学和测试，能提供不同的增长策略和不同的管理观点。"

- 第二个好处是人工智能模拟可以通过管理数百万个场景，进行资源配置，找到最佳组合，最大限度地实现增长，它使销售、营销、服务和产品团队的负责人可以对各种组合进行测试和平衡。包括哪些产品销售团队应该被重点关注？要优先呼叫哪些客户？对待这些客户有哪些不同方式？综合考虑所有因素，最大化地获取利润，实现投资回报。

- 第三个好处是团队可以实现市场知识和经验"众包"。模拟工具可以将数十甚至数百名现场领导纳入规划流程。这意味着使用模拟可以将自下而上的本地市场知识和业绩洞察与自上而下的实现最大利润、收入和市场份额的重点结合起来。"模拟是建立团队共识的最快方法之一。"卡姆·蒂平报告说，模拟工具将不同的观点汇集在一起，让你测试不同的方法。最后使你更好地认识客户响应模型，全面了解如何管理好产品组合战略。

- 第四个好处是规划者有机会进行"压力测试"，调整计划来应对瞬息万变的市场。

- 第五个好处是速度。模拟有效缩短了营收团队在战略制定、战术规划、购买、沟通、实施等步骤之间的时间间隔。这一点很重要，因为对使用电子表格规划的大多数企业来说，无法在销售年度开始前使销售人员知晓新销售计划。

- 第六个优势是风险管理。"承担风险和快速失败"说来容易，但大多数管理者不希望他们的职业生涯中出现大的风险。莱布斯坦教授建议："模拟可以让你预测，也允许你搞砸，而你不会因此付出代价，我的学生基本上都不会在工作中冒险。但他们在飞行模拟游戏中都撞过机。经验是最好的老师。模拟的好处之一就是不计后果地进行不同的尝试。一周的时间可以获得多年的经验。"

◆ 模型助力算法平衡，调整收入引擎

销售建模既是一门艺术，也是一门科学。这对那些最注重数据驱动的企业而言也不例外。

但是，现代销售速度快，复杂性高，这就使建模成为对收入运营系统进行调整的重要工具。例如，随着销售资源分配受到客户行为变化快、产品生命周期缩短和全渠道销售烦琐等因素的影响，建模对销售资源分配也就起着越来越重要的作用。

应用高级建模技术的 8 个场景

1. 销售渠道重点。通过对交叉销售、追加销售能力、销售投入和销售技能、利润前景，以及向目标客户进行大量销售的潜力进行评估，寻找"口袋产品"的最佳组合。

2. 机会分配。想办法将机会分配给那些直接与客户接触的渠道和员工，使他们在创造收入、利润和市场份额的同时培养个人技能、能力和角色认知。

3. 划定区域边界。通过算法对客户潜力、客户渠道偏好、时

区和地理限制，以及销售人员的技能和能力进行评估，优化区域规划。

4. 配额类型和定义。设定配额最佳结构，做到平衡风险与收入、满足配额要求、关注客户、行为正当。

5. 自下而上的目标。对销售人员能力、本地市场知识、客户优先级、工作量和市场需求进行评估后，设定自下而上的销售目标。

6. 客户和账户优先级。根据客户参与情况确定客户价值评分模型、关系强度、客户意图、购买倾向和偏好，以事实为基础评定客户等级。

7. 最佳的参与模式。对呼叫模式、呼叫类型、呼叫频率和处理类型进行综合评估，从销售人员的努力和渠道基础设施中获得最多的收入和利润。

8. 历史业绩基数。根据地理位置、行业、销售渠道和产品使用对历史业绩数据进行评估，更准确地预测机会潜力、未来销售和区域边界。

要管好销售系统，就要根据企业增长目标和资源限制，持续对投入进行监控和再平衡。例如，当客户转向在线渠道或需要更高水平的支持时，销售渠道的规模、细分和重点就要进行相应改变。当需求发生变化或新市场出现时，就要重新规划销售区域和进行市场细分。客户的需求和潜力在不断变化，与客户接触的方式和对待客户的方式也需要不断调整。

第四部分
如何产生影响力
PART 4

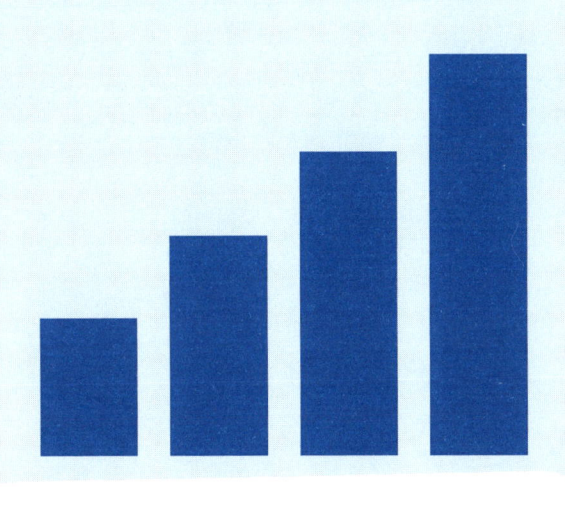

第四部分
如何产生影响力

第十一章
通过"智能运营"实现增长

收入运营是实现可持续、可拓展增长的最佳商业模式，而有机增长能够创造最大的企业价值。因此，收入运营是创造企业价值的最佳方法。

从第一部分可知收入运营包括两个系统。第一个是管理系统，其作用在于整合协调收入运营团队。第二个是运营系统，其作用在于将技术、流程和数据资产结合起来帮助收入运营团队实现可持续、规模化的增长。

第二部分介绍了管理系统以及构成该系统的要素。通过对这部分内容的了解，你的企业最适合哪种领导模式将了然于心。

第三部分回顾了运营系统以及构成该系统的模块，这些模块与增长资产、商业洞察和价值驱动要素紧密联系。了解这部分内容后，就可以思考一下你所在公司收入运营系统的现状以及如何优化每个模块。

接下来就要把所有的要素整合到你所在的企业中去创造价值。

最重要的是，我们想向你展示如何有效地行动，以及如何将孤立的行动结合起来实现效果的最大化。收入运营适用于所有企业，无论企业规模大小。它可以帮助企业员工在自我成长中更好地了解自己在收入运营团队中的角色以及为企业创造价值所要具备的能力。它还可以通过在市场、营销、客户服务方面构建持续、彻底甚至变革性的流程，优化管理框架、创造价值。

在充分了解管理和运营系统后，你可能会问："那我该怎么着手呢？"对这个问题，诚挚邀请你了解一下"智能运营"。

▸ "智能运营"系统

"智能运营"是一组关联性的活动，必须满足4个标准：具有可执行性；能够连接运营系统的多个模块；具有经济增值性；能与其他"智能运营"模块协作，一起实现长远目标。

1. 可执行性：企业现有的资产、技术、预算和管理带宽等条件能够支持"智能运营"。

2. 关联性："智能运营"能够将运营系统的多个模块整合起来，产生杠杆效应，简化销售流程，消除核心销售流程中大的障碍。

3. 增值性："智能运营"通过减少遗漏，提高销售业绩，避免浪费来实现短期的经济增长。一系列"智能运营"活动叠加在一起还能在技术、数据和销售基础设施资产等方面实现长期的回报。

4. 规模化："智能运营"为持续的非线性增长奠定了基础，这种增长以更低的成本创造价值和利润，具有可预见性。一系列"智能运营"活动以链条形式连接，相互叠加产生放大效应。

虽然"智能运营"的可行性受限于企业当前的条件，但是它是企业逐步向更大商业组织转型的路径。

转型意味着变革，很多人和企业并不喜欢变革。对变革的恐惧会阻碍企业创新，收入运营部署就会受到影响。许多转型计划由于过于激进，要求过多的文化转变而失败。长期投资，即使是好的，有时也会分散短期有效管理的注意力。而像"智能运营"这样的微调，便为平衡长期投资和短期管理提供了一条更可靠的路径。

接受我们访谈的首席执行官、高管和运营经理都有一个共同关心的问题，那就是收入运营模式产生效益需要的变革力度、时间以及其他耗费。然而，那些对市场营销策略成功实施转型的企业领导总结了3个重要的经验：

- 商业转型是一个持续渐进的过程。收入运营的综合性和集成性会导致一种错觉，即所有的变革必须一次性完成才能起作用。经验丰富的高管都知道，采用收入运营管理模式可以分阶段执行，类似于精益制造、六西格玛管理原则、日式改善法以及后台流程中的全面质量管理原则。
- 转型需要从企业顶层开始。如果从企业的底层开始变革可能会限制甚至阻碍对市场、销售和服务的整合。亚美亚、思科、霍尼韦尔、全球医疗、斯沃克和滨特尔等成功推动转型的企业都得了首席执行官的支持。而且为了更好地管理整个企业的商业资产、运营和基础设施，这些企业都采用了第五章中提及的组织模式。
- 拒绝变革的代价远大于变革的阵痛。维持现状通常会导致差异化竞争力减弱，市场机会流失、销售成本增加以及客户流失。

全球医疗、艾肯特、英迈智能和霍尼韦尔公司的高管都采用"智能运营"系统来实现的商业转型。他们正在对销售模式实施一系列重大变革，逐步培养一种持续学习和改进的文化。

例如，艾肯特公司全球销售副总裁彼得·福特从带领英国自行车队获得奥运金牌的戴夫·布莱斯福德那里得到灵感，提升了其收入运营团队的表现。2002 年，当布莱斯福德接手车队时，英国在奥运会历史上只获得过一枚奖牌。布莱斯福德对车队表现的所有环节进行分解，然后在每个环节上提升 1%，最终实现了车队的转型。他利用边际转换的方法，使英国车队在 7 年后的奥运比赛中赢得了自行车项目 10 枚金牌中的 7 枚。

六个成功的"智能运营"案例

作为启发，我们首先介绍六个领先企业采用"智能运营"的成功案例。你的企业可以复制这些案例，也可以做出一些调整。如果企业转型方式要具有政治、实操以及经济上的可行性，可以尝试那些幅度较小且经济可行的举措，但要重新排序优先级并慎重选择。

这些案例还可以为你所在的企业构建"智能运营"系统提供模板（不要忘了"智能运营"的四个标准）。这个模板会帮助你根据战略原理定位战术举措，并辅助你传达出期望。通过此种方法，你可以对自己团队和合作伙伴（咨询公司、代理机构、集成商等）的行动进行比较，甚至发出挑战。如果你的合作伙伴提出了对你的企业更好的或者更适合的建议，将它们视为"智能运营"将会使它们更容易被理解和接受。

就像我们在第三部分中讨论的那样，这种方法还围绕着你的运营系统有什么，以及如何最好地组合在一起以实现增长，建立了一个通用词汇表。模型、系统、模块、"智能运营"——我们在描述收入运营时使用了严谨的词汇，你也应该如此。如果团队和合作伙伴之间使用通用词汇，将极大地改善业务的沟通、协作和承诺。在我们与数百名负责增长的高管的对话中，六项"智能运营"被不断提到。理想情况下，你可以

第四部分
如何产生影响力

看到其中一个或多个可以帮助你的企业建立一个更可拓展、更可持续的销售系统的建议：

- 更好地了解收入周期。
- 简化销售流程。
- 与一线销售人员分享营销见解。
- 培养和留住表现优秀的销售人才。
- 提升销售渠道效率。
- 销售内容供应链精简和个性化。

↱ 更好地了解收入周期

第一个"智能运营"案例可汇总、分析客户参与数据并转化为商业洞察，让你更好地了解整个收入周期。这些洞察包括机会潜力、账户健康和终身价值、渠道活动和销售人员的业绩，被认为是管理者管好运营系统所需的 4 项最重要的洞察。

- 提升可见性是可行的，因为组合和创建这些标准所需的销售人员活动数据、客户参与数据、产品使用数据和交易数据都存在于你的企业中。获得更好的可见性的分析工具和技巧已经变得常见且有效。
- 通过连接数据来获得更好的可见性，因为创造价值需要将收入运营系统的 4 个部分连接起来。它将客户参与数据与销售活动数据相结合，以提供营收情报。
- 它具有增值性，它可以更好地评估和管理销售资源，避免将时间浪费在不值得的客户和机会上,并积极维护客户的终身价值。
- 它具有可扩展性,系统将不断产生越来越多的客户、产品和洞察,从而为你提供事实依据。分析工具的进步和自己的敏锐度使得能够更好地管理销售人员,平衡其额度分配、渗透顶级客户和优化收入预测,从而不断提高绩效。
- 你可以将你的评估标准、激励措施与能够带来赢利的商业活动和行为结合起来,比如以更高的价格卖更多的东西给客户。你可以使用高级客户参与度分析工具和人工智能来创建客户参与度指标。这些指标根据交易数据、内容使用情况和基于角色互动的实时信息创建绩效衡量标准,这可以更准确地反映实时的购买情况。

图 11-1 概述了执行收入周期的要求。不要把这个模板看作说明书,把它想象成一个化学装置,如果你把氢和氧两种元素正确地混合在一起,你就会创造出有用的、维持生命的东西——水。在这种情况下,结合技术生成的第一方数据来创建一些有价值和有用的东西,即基于事实的智能面板。

客户参与和销售人员活动数据				高级分析	营收情报	
客户关系管理数据	对话数据	交换数据	交易数据	人工智能	账户健康和终身价值 10	销售人员业绩 10
自有数字渠道数据	第三方数据	内容使用数据	产品使用数据	数据转换	机会潜力 10	渠道活动 10

图 11-1 执行收入周期的要求

这里的关键是由对话记录形成的第一方数据。这些数据将为客户参与和销售人员活动数据提供基础，并可能充分揭示你的收入团队在整个收入周期中在参与、交易、交叉销售和留存等关键领域的表现。

➷ 简化销售流程

第二个"智能运营"的案例是将收入支持技术产品组合中的各个环节连接起来，以发挥更大作用，简化销售流程。

- 简化是可行的。企业拥有许多支持销售工作的关键资源和力量，包括客户关系管理、数字资产管理和销售支持工具。尽管可取，但你并不需要所有这些工具来简化一线销售的工作，它们也不必完全关联。简化审计和编写的工作流程，并强制使用数字采集工具，将获得明显的提高和回报。
- 它是相连接的。简化销售工作流程需要整合客户关系管理、销售支持、销售准备和数字资源管理解决方案等，以消除日常销售流程中的阻碍、摩擦。
- 它是可增值的。简化销售工作流程可以消除浪费、冗余和未充分利用的技术资产，从而立竿见影的节省成本。因为增加了这些工具的利用率，将提高你的资产回报率。更好地采用销售流程和销售工具可以极大地提高销售人员的工作效率和体验，从而提高销售人员的信心、业绩和忠诚度，销售压力是造成人员流失的主要原因。
- 它是可扩展的。销售人员的体验感越好，使用这个技术的销售人员越多，那么更高的技术采用率将提升整个团队的业绩。

图 11-2 根据我们在第七章中介绍的日立公司的成功经验，展示了如何通过创建数字销售平台来实现流程简化。

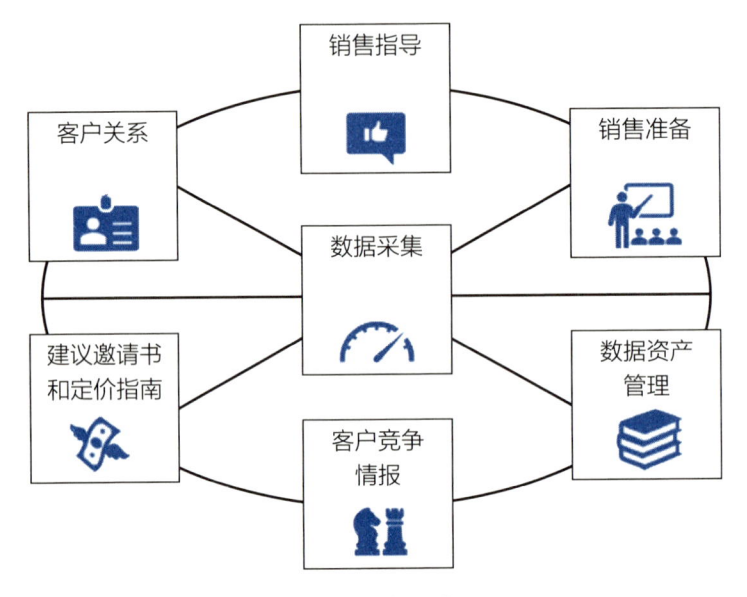

图 11-2 数字销售平台

这里的关键因素包括核心客户关系管理系统和销售支持平台，整合所有支持销售流程的系统与内容非常重要。理想情况下，可以整合学习、开发以及解决方案，为你在销售过程中提供情境培训。

可以采取以下四个步骤来执行"智能运营"：

- 首先，建立集中管理机制，并跨职能重新配置商业技术组合。
- 接下来，对你的技术组合架构和路线进行正式评估，减少重复、没有关联的应用程序和未充分利用的资产。此外，找出提升价值、影响力和销售体验的方法。
- 然后，对收入技术组合进行评估，以确定提高利用率、生产率、资产回报率和销售体验的方法。

- 最后，在重新配置商业技术模式的同时，利用显而易见的机会提高销售速度、客户参与度。

与一线销售人员分享营销见解

第三个"智能运营"案例是将基于客户的营销数字化。将业务内外的市场信息与客户关系管理结合起来，将有助于执行基于客户的营销计划，从而优化客户覆盖范围并最大限度地提高销售回报和市场经验。

- 这是明智之举，原因如下：
- 这是可行的。每个企业都将其营销预算的很大一部分用于获取数字营销信息，以及将这些信息提供给前端销售和服务团队。
- 它是可连接的。它要求在技术系统中连接面向客户的系统和程序，为面向客户的员工提供支持，并更好地了解关键客户的动向。
- 它是增值的。在数字营销媒体项目和技术上的大量投资将帮助客户团队提升客户覆盖率和渗透率，从而会获得最大的投资回报。
- 它是可扩展的。它创建了一个闭环学习系统，使企业能够不断的改进和提升客户覆盖率并更快地汇集资源，以便在这些客户中发现机会。客户负责人掌握越多的信息，就会获得越多的客户开发情况反馈，销售团队对关键客户的营销效率就越高。

图11-3展示了如何基于我们在第七章中介绍的最佳实践来构建一个基于客户的营销。

"智能运营"包含三个关键要素：第一方数据；用于将这些数据流转换、编排和映射到现有客户结构的专业软件；客户关系管理系统中的

客户参与和销售人员活动数据			高级分析		营收情报		
客户关系管理数据	客户参与	交易数据	数据编排	数据转换	账户健康和终身价值	销售资源优化	最佳内容推荐
自有数字渠道数据	第三方数据	产品使用数据	数据整合	客户优先级排序	机会潜力	个性化合规	预测准确性

图 11-3 基于客户的营销

或其他记录系统中的客户资料。一旦将市场信息和客户资料相结合后，可以使用在各种平台（客户关系管理、销售支持或销售参与解决方案）通过提醒、客户优先级、最佳内容推荐等方式将该信息分享给销售代表；并推荐下一步需要要采取的最佳行动。此类推送信息还可以触发协调营销活动，让客户中的利益相关者参与进来。

实现这一成果的步骤包括：

- 盘点你企业中可能为此类程序提供信息的第一方和第三方数据。
- 找出企业汇总、转换、编排和映射匿名参与数据与客户关系管理中客户资料和构架之间的差距。
- 确定可以填补这些空白的软件解决方案。（在这里找到可行的解决方案可能会令人困惑，因为供应商给解决方案起了各种各样的名字，包括客户流程编排、客户接洽平台，甚至是收入运营平台。）
- 开始将活动、意图、流失或购买倾向的信号转换，提供给客户团队。一开始并不要求完美，任何去创建闭环系统的努力都将产生真正的影响，并为未来的改进铺平道路。例如，你可以根据更精确的数据驱动的意图、获胜概率、适合度和潜力信号等数据来定义客户目标。你还可以使用这些数据启用触发措施，以改善跨职能客户旅程每个阶段的客户体验。
- 不断努力为收入团队提供基于核心客户参与和销售人员活动数据的实时指导。

➔ 培养并留住表现优秀的销售人才

第四个"智能运营"案例集成了学习和开发流程。它将你的销售支持和销售准备平台结合起来，为销售代表培训、指导能力提升和评估创建一个闭环系统。

- 它是明智的。因为它将帮助你更好地培养和留下优秀的销售人才。
- 它是可行的。因为大多数企业已经具备销售培训、行动手册、学习、开发、支持和分析技术，可以将互联的解决方案整合在一起。到目前为止，它们一直在不同的功能孤岛中。
- 它是互联的。它要求将人才培养培训系统、销售支持系统与分析团队相互联动，以更好地支持销售开发和维护。
- 它具有增值作用。可让你缩短培养和培训优秀销售人员所需的时间。它还将通过提高价值销售技能和应用最佳实践来帮助你扩大销售互动。大多数销售如果得到良好的指导，帮助他们取得成功和培养新技能，他们就会留在现在的公司。
- 它是可扩展的。连接培训、行为和绩效的闭环系统可以评估销售人员吸收和采纳培训的程度。用实际的销售互动和客户响应来检查培训的实际效果，经理和销售人员需要掌握哪些技能，以及销售方案和价值销售方法中存在哪些差距变得更加明确。

如图 11-4 所示，我们在第九章中描述的最佳实践，将学习和开发流程整合在一起。

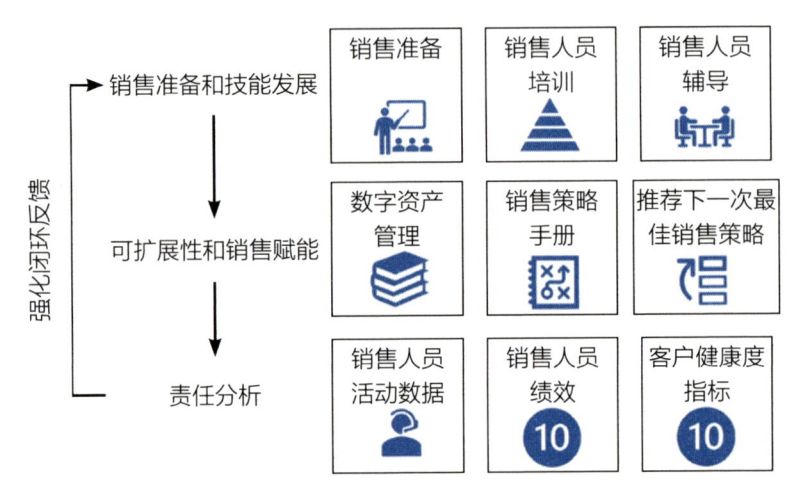

图 11-4　综合学习与开发流程

"智能运营"的关键要素包括收入支持系统中的许多解决方案和资源，其中包括销售支持和学习管理系统，以及为其提供支持的销售内容库。同时还包括销售方法论、销售策略手册和发展项目资源，一般由培训和发展部门牵头策划。

要重新配置你的技术基础设施并更好地支持销售准备、培训和开发，你可以遵循以下步骤：

- 调整人才学习和培养技术组合，以提高工作可见性，加快人才培养转化速度，提升人才技能，完善指导和强化机制，并找到销售准备、支持和报告流程中的差距。
- 将学习和开发技术组合整合到一个闭环系统中。该系统将提供反馈和强化措施，清楚呈现销售人员活动及合规情况。供应商格局的变化应该会使这变得更容易，目前，数家销售支持提供商正着力开展或购买人才培训，以为其解决方案销售提供强劲支持。

- 在销售表现、培训效率和客户成果的闭环上建立衡量标准。这些将为人工智能更准确、更快速地评估销售技能和表现奠定基础。

- 整合销售准备、支持和参与度，同时创建一个共识路线图来指导未来的投资，以提升销售人员转化率，改善销售技能、准备和问责制。

提升销售渠道效率

第五个案例通过实时、数据驱动的"智能运营"，实现直接销售和服务渠道的自动化。连上销售支持、客户关系管理、对话智能和数字营销系统将使销售渠道更加有效。

- 这是明智之举，因为它可以在仅有的 18% 的买家与人实际互动的客户旅程中最大限度的发挥潜力。

- 这是可行的。企业已经拥有了基本的客户参与和销售人员活动数据，他们需要对话记录，客户的消费内容，客户关系管理以及从电子邮件和日历中获取数据，以进行大规模的实时指导和训练。只需要行政授权即可访问和使用。通过使用高级分析和人工智能销售工具就可获得超 80% 的客户参与及销售人员活动信息。其可为销售代表实时提供正确响应、内容、行动或销售策略，从而在客户旅程中获得关键性的帮助。

- 它是相连接的。它要求将来自呼叫中心的录音对话、营销信息和关于客户的洞察联系起来，并确保客户关系管理系统的资料得到及时更新。将客户关系管理、销售支持、对话智能和销售接洽系统连接到一起来创造更多价值。

- 它是增值的。更好的知识共享将提高销售表现，这将体现在销售和服务部门的转化率上。在全公司范围内共享信息将为你在客户关系管理、营销数据、销售能力、销售内容、销售培训方法和对话智能方面的投资带来更大的回报。它还将节省销售通话记录录入到客户关系管理系统中的时间。重要的是，持续、实时、一对一的指导使劳累过度的销售经理能够积极管理和指导更多的销售代表，与之保持更紧密的联系，并让新销售代表提高工作效率。
- 它是可扩展的。使销售经理能够实时帮助更多的销售代表。它要求所有面向客户的员工执行从最佳实战案例中提炼的销售行为、策略及方法。为了跟上快速变化的客户行为，销售领导需要提高向一线销售人员提供销售指导、培训、意向信号和内容推荐的速度。
- 内部沟通速度加快，以跟上快速变化的客户行为。它可以帮助一线销售代表对新的客户立即做出回应，同时还能更好地对销售互动中的语言线索做出反应。

图 11-5 根据我们在第七章中介绍的惠普公司和 ChowNow 公司的成功经验，展示了实时数据驱动销售所需的条件。

"智能运营"的关键要素还包括销售接洽解决方案，该解决方案能够结合多个来源的接洽数据，包括录制的销售对话、客户关系管理、销售支持和营销信息，该解决方案必须记录销售对话，并将其与销售成果和最佳策略进行比较。它通过与客户关系管理、培训和支持系统集成来创建实时、闭环信息流，这减少了整个销售过程中的响应延迟。

参与数据			高级分析	价值增长驱动因素	
客户关系管理数据	对话数据	电子邮件和日历交换数据	人工智能	优先级排序	实时指导
自有数字渠道数据	第三方购买信号	内容使用数据	数据转换	最佳内容推荐	一对一指导

图 11-5 实时数据驱动销售所需的条件

为了达到这个结果，你可能会采取以下步骤：

- 找到切实可行的方法来控制已经存在的客户参与和销售人员活动数据的四个核心资源：内容、电子邮件、日历和会话商务系统。充分利用客户关系管理、营销自动化和数字营销平台中的第一方数据进行业务决策。
- 清点并规划已经拥有的不同销售支持、对话智能和销售准备解决方案。实时对实现数据驱动销售所需的指导和预见性洞察可视化。
- 在可能的情况下实时引导和培训销售人员，但不要因太过追求完美而阻碍了发展。
- 根据有关客户参与度的事实，制定更多以数据为导向的衡量标准、优先级和渠道审查。这可以根据、潜力、参与度和响应的数据对后续行动进行优先级排序。

➤ 销售内容供应链精简和个性化

第六个"智能运营"案例是使用高级分析和销售解决方案，从内容管理演变为智能响应管理，这可以简化销售流程，生成与客户需求高度相关的销售内容。

智能响应管理是一种先进的概念，它使用人工智能和机器学习来创建客户和销售之间实际问答交流内容的知识库。该解决方案可以让整个营收团队按需获得这些知识，无须等待时间。无论销售代表是在撰写文本、电子邮件、提案、演示文稿还是招标书，一个简单的查询就能立即获得最佳结果。

这一概念超越了现行的内容管理做法，即按照规范编写内容，创建自上而下的信息结构来组织内容，以及将单一事实来源建立为所有内容的控制点。它帮助销售通过直接、虚拟和数字接触点与一线销售、营销和服务员工进行接触，以满足买家对更快、更完整和更相关的内容的需求。此外，与让销售代表使用许多不同的数字资产管理、内容管理、配置报价和销售支持系统来查找、定制和交付他们在现场销售情况下所需的内容相比，它要更快更简单。

智能响应管理是收入运营的基础，它将销售内容、客户数据和客户参与技术等销售资源转化为客户情报和销售成果以增加企业、利润和企业价值。这有效地模糊了许多传统软件类别之间的界限。

- 这是可行的，因为生成销售内容所需的大多数解决方案已经存在，只需要将其连接即可，最好的方法是将内容供应链视为一个跨职能流程。这将为未来的内容投资在性能、吞吐量和清晰度方面带来巨大的改进。
- 它是互联的，重要的销售内容可供销售参与、支持和准备平台使用，该平台可以及时交付给销售人员，以满足买家对更快、更完整和更相关的内容的期望，因为它与一线销售、营销和服务人员通过直接、虚拟和数字接触点互动。

- 它具有增值作用，它显著提高了你销售内容资产的利用率，并消除了浪费、冗余和表现不佳的内容资产。在此过程中，资产会迅速累积，自有数字销售渠道和相关内容在总运营和资本预算中所占的比例越来越高。在市场方面，80%的企业正在增加对内容的投资，以提供推荐引擎、销售支持和聊天机器人等关键销售系统。

- 它是可扩展的，因为它利用了更多渠道和客户互动中的内容，并为创建和规划新的、更有效的内容提供基础。由直接客户问答决定的内容创建和序列越多，你的内容运营就越高效。

图 11-6 展示了使用我们在第八章中介绍的最佳实践和客户端案例从内容管理转向智能响应管理时需要注意的要素。

内容供应链		智能中枢		内容分发渠道		
建议邀请书与定价指导	客户竞争情报	分类	合规与批准	引导型销售	销售准备	自有数字渠道
主题专家	代理合作伙伴	数字资产管理	标准和质量控制	网站和电子商务	协作平台	建议邀请书
销售手册	验证内容	推荐最佳内容	计划和日历	演示文稿和提案	文件汇编	无接触渠道

图 11-6 智能响应管理要素

智能响应管理系统包含诸多要素。其中包括多项资产和能力，覆盖从内容生成到客户端的跨职能内容供应链。还包括内容生成和存储解决方案，如提案、数字资产和竞争情报管理系统；以及涉及的相关人员（主题专家）、外部机构和内容承包商等。

控制中心将所有这些要素都整合在一起，并集中管理从组织到质量控制的所有内容。该控制中心的核心是拥有一个支持人工智能的推荐引擎可以对最佳内容、对话和行动进行智能推荐，从而在特定情况下促进销售。

这些符合情景要求的内容应该提供给销售代表，销售代表利用系统来与客户互动。就内部而言，这将包括配置报价系统、销售支持系统、销售培训和准备系统，还包括电子邮件、聊天和直接面对客户的渠道，如聊天机器人、回答问题和建议内容的电子商务网站。

最终，在一个成熟的系统中，可以在整个企业中实现端到端的智能响应管理，通过接触点和渠道混合提供符合情境的内容。

为实现这个结果应采取以下步骤：

- 首先，建立跨职能的销售内容和知识产权运营所有权，设置专属管理部门，编制工作指南。
- 然后，以统一架构和分类推进跨职能销售准备和内容验证，编制销售策略手册和产品内容介绍。
- 基于通用分类和架构创建单一内容来源，为销售支持、准备和智能响应管理提供支撑。
- 通过销售支持、准备和收入增长系统，使内容可用于支持销售行动推荐和策略实施。

还可以采取许多其他的"智能运营"，利用现有的商业资源实现更可持续和可扩展的增长。我们采访的高管正在采取各种措施来构建收入运营系统。

接下来，我们将根据你的组织面临的最大挑战，为你提供示例和财务工具，帮助你确定哪些"智能运营"与你的业务最相关。

第十二章
为你的企业量身打造收入运营

◆ 收入运营如何为企业增加利润和价值

任何企业都可以通过建立本书所述的收入运营商业模式，从其现有的收入团队和增长资产中释放出更多的增长和价值。

一般说来，每个企业都有其独特的历史和客观环境为增长提供了机遇和挑战。收入运营已经提高了各企业的收入、利润和价值，体现了与常规经验模式的差别，这也可以在特定业务中使用。例如：

- 大型企业的高管可以通过打破职能孤岛使管理变得更加灵活和敏捷；利用预见性洞察来提高销售团队的速度、参与度和生产力；并从数据、技术和内容资产投入上获得更高的回报。

- 增长缓慢的行业的领导可以通过集中收入团队力量对高潜力客户进行更精确的评估来获得更高的估值；通过在商业过程中贯彻持续改革的文化；减少客户旅程中的利润和收入流失。

- 正在进行商业模式转型的企业可以围绕提高客户终身价值和创造卓越客户体验这一共同目标来调整营销团队，从而加快向更可预测和更有利可图的经常性收入模式的转变。

- 高速增长的公司可以通过围绕客户旅程统一运营、收入团队和资产，实现自动化营销和一对一的实时指导和培训，从而实现指数级增长，实现高水平的净经常性收入。

用最少的时间和精力了解应该如何转变商业运营以产生最大的影响力。为了准确寻找与业务最相关的系统，我们开发了四种针对大型企业和四种针对中小型企业的商业模型，它们描述了当前市场中的企业面临的典型增长挑战。

大企业转型

大型复杂企业在试图加速增长并快速适应市场需求、产品创新和竞争行动的变化时面临的重大挑战。

收入达到或超过5亿美元的大型企业由于被功能孤岛扼杀而难以成长和适应市场需求。这些孤岛导致收入团队、跨职能部门协商以及营销支持、销售和服务运营的碎片化。碎片化使增长技术产品组合过于复杂，并使客户数据集脱节，客户旅程中出现故障点。

与同行相比，增长缓慢、维持增长或占领新市场能力有限的企业，其增长和估值低于平均水平。在500强（Inc.500）中的上市企业平均增长率为3.9%，其价值是息税折旧摊销前利润的18倍。即使是成熟市场中发展缓慢的大型企业，也可以通过严格管理其商业流程来实现更高的增长。他们还可以智能地将增长资源分配给最有潜力的活动、客户和机会。"利润最大化"以更低的销售成本获得更多利润，他们要求每一项成长性资产和资源都要在财务上体现出高效的回报，并通过调整其商业架构，从而以更低的成本获得更多利润。

寻求规模增长的管理者越来越多地将支持销售、营销和客户支持的运营统一起来，以便从他们的收入团队中实现更具可扩展性的增长。为了做到这一点，敏捷企业的管理者正在任命对所有收入团队拥有广泛控制权的增长领导者，更好地利用技术产生增量，并使销售系统更加数字化和责任化。

投资者和董事会正在向首席执行官施加压力，要求他在每一项业务中实现更可预测、更有利可图的增长。通常，他们要求通过引入云解决方案、SaaS 产品或订阅服务来过渡到经常性收入模式。像这样的业务模式转型计划需要强有力的高层领导，以创建激励措施和架构，使销售、产品、营销和服务团队保持一致。成功转型为云业务或其他经常性收入流的企业将获得超过息税折旧摊销前利润 45 倍的收益。

↳ 企业领导者应优先采取的措施

每个企业都有自己独特的挑战。经营大型企业的管理者一直在根据企业独特的情况优先考虑管理系统和操作系统的不同方面。以下是他们根据四种不同商业模式原型（企业）应优先采取的措施（见图 12-1）。

复杂型企业

复杂型企业是大型矩阵化组织，由于其规模和结构，可能难以实现飞速发展。职能孤岛、分散的销售资源、过于复杂的技术组合以及相互脱节的客户数据集可能会阻碍对不断变化的市场的适应。复杂型企业必须将其收入团队和资源集中到高潜力客户上，并找到利用技术增加收益的方法。这些企业的领导者优先考虑收入运营模式的特定方面：

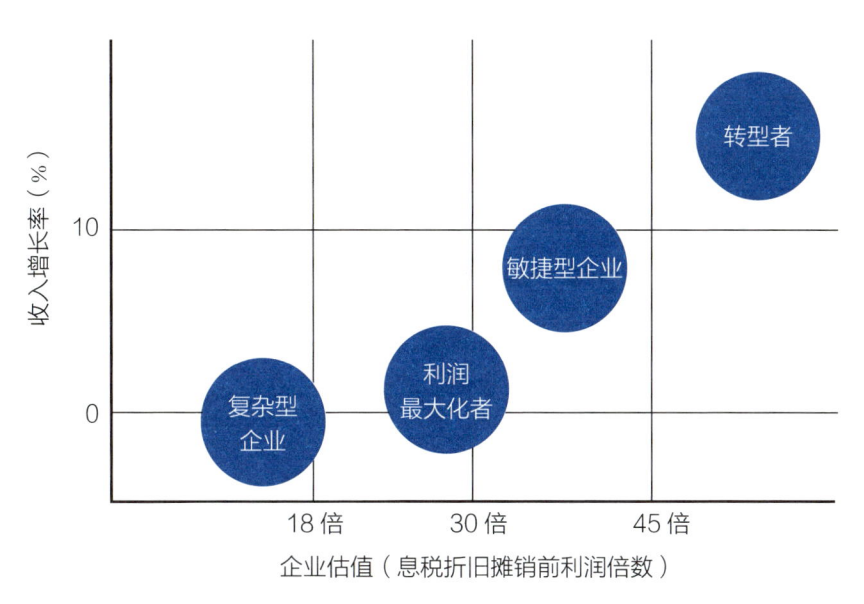

图 12-1　不同商业模式原型（企业）的收入增长率和估值

- 从商业架构的角度看，他们对市场细分、客户优先级和覆盖模式进行了重新设计，以实现更大的市场潜力，并将资源聚焦于客户价值。
- 他们的分析团队必须更好地利用洞察，根据购买倾向、意图信号和覆盖难度，关注客户优先级。
- 他们的运营团队评估其技术、数据、数字渠道基础设施资产的有效性和回报。为了实现这一目标，他们评估了整个商业技术组合，以找出通过技术消除浪费、冗余或不良资产从而节省资金的方法。同时，他们要求这些团队通过简化销售工作流程，更好地将收入支持技术组合中的各个点连接起来。他们还试图通过简化销售内容的创建、管理，然后通过所有渠道分发给客户。

利润最大化者

利润最大化者是规模较大但增长较慢的企业，它们通过最大化利润同时控制销售成本来创造价值。这些组织专注于优化其增长资源的配置，并将销售的注意力集中在产生最大利润贡献的产品和活动上。他们还投资于收入增长系统，帮助其营销团队增加销售额，并将销售迁移到数字和虚拟渠道。这些企业必须最大限度地实现赢利增长，以证明投资者的价格估值是合理的，这些投资者的价格估值已经增长到息税折旧摊销前利润的13倍以上。这些企业的领导者正专注于以下行动和优先事项：

- 从领导的角度来看，他们要求每一项商业投资和资产的财务回报进行问责。为此，他们提出了有效的财务标准，并以此对销售系统的每一个团队、每一笔预算、每一项运营及销售资产进行优先排序，评估其规模大小，开展资源分配和绩效评估。
- 从运营的角度来看，领导者正在对跨职能部门的收入周期施加更多的控制。为此，他们在从潜在客户意识到客户扩展的整个收入周期中建立了单点管理。目标是专注于消除收入周期中的"空缺"，以及阻止收入和利润减少。
- 他们的销售支持团队投资于收入增长系统，以帮助企业获得更多的价值。为此，他们投资于技术和工具，减少收入周期中的收入、价格和利润的损失。

敏捷型企业

敏捷型企业是试图从核心市场转向新的、快速增长的细分市场的大型组织。这些企业投资于产品创新，并将重点转移到长期客户关系上。这是通过交叉销售他们扩展后的产品组合来实现的。采用这种方法非常重视交叉销售、关键客户管理以及将营销团队与潜力最高的客户关联起来。这些企业以团队为基础的销售方法来增加合同总价值和客户终身价值，从而使公司利益最大化。他们还调整了进入市场的战略，以扩大市场份额并推动大规模的增长。领导敏捷企业的高管构建了他们的增长系统的这些方面：

- 他们采用实时数据驱动的销售。他们要求其销售支持和运营团队为所有面向客户的销售、营销和服务团队提供实时销售指导和个性化指导。这有助于一线销售人员更快地了解新产品，并允许经理和专家在实时对话中出现新的交叉销售机会时对他们进行指导。
- 建立了新组织模式，可以更好地协调收入团队，使其拥有广泛的转型职权范围和最大的权力。思科等一些组织采用了专断式领导模式，让首席体验官负责销售、营销和服务。其他公司，如瞻博网络，已经采取了联合协作的方式来整合销售和营销。
- 他们对销售团队的角色进行了重新设计，提升"开发人员"（如销售开发代表、业务开发代表）的地位，从而更好地开发新市场，并组建关键客户管理团队，在指定客户中开发新业务，实现交叉销售。
- 他们协调其商业运营模式，以更好地利用整个企业的客户洞察力和可扩展技术。为此，他们在营销运营、销售运营、销售支持以及培训和发展方面进行了更好的整合，目标是在整个收入周期中更好地支持销售人员。
- 从技术支持的角度来看，他们要求其营销运营和销售支持团队将其数字营销基础设施与客户关系管理和销售支持系统连接起来，以支持基于客户的营销。为此，他们连接数字营销信号，数字营销程序（例如广告和网络资产）和客户关系管理系统来执行目标客户营销程序。这有助于销售人员确定目标客户的关键利益相关者，优化客户覆盖范围，并最大限度地提高销售和营销技术的回报率。

转型者

转型者是将大部分收入转变为经常性收入模式的企业。他们从销售单个硬件、软件和服务转向经常性收模式，方法是将他们的软件或服务重新包装或将它们捆绑到订阅定价模式。净经常性收入、客户体验和客户终身价值成为收入团队的焦点。成熟的软件即服务企业的平均增长率为19%，支持两位数的赢利倍数和稳定的现金流，同时覆盖大部分固定成本。为了应对这些独特的挑战，这些企业的领导者优先采取了以下行动：

- 从商业运营的角度来看，他们正在重新定义衡量标准和激励措施。这些管理系统的变化重新将销售、营销和服务团队的重点放在客户终身价值、留存率和年度经常性收入上，并将其作为主要目标。
- 从商业架构的角度来看，他们正在重新设计销售角色以更好地关注收入团队。目标是增加客户终身价值，激励长期交易以及增加合同总价值。作为其中的一部分，客户成功经理的角色被引入进来。
- 从商业洞察力的角度来看，他们正在根据客户参与和销售人员活动数据，为评估机会潜力、销售人员业绩及客户渠道健康建立基于事实的标准。

- 商业运营团队也在采取措施缩短现金循环周期，以改善现金流。他们通过简化销售工作流程并通过部署解决方案加快销售周期来实现这一目标。从交易模式到订阅模式的转变，会在一段时间内导致收款延迟，给企业现金流造成压力，直到年金流建立起来。

- 从洞察的角度来看，新的智能仪表盘可以更好地了解整个收入周期。通过汇总、分析客户数据并将其转换为收入周期洞察，你可以创建基于事实的账户状况和客户终身价值衡量标准。这有助于增加客户的数量和价值。

中小型企业如何实现高速增长

高速增长的云企业面临着一系列不同的挑战，因为它们寻求实现增长和转向经常性收入模式，以实现投资者的期望。根据花朵街投资公司对 49 家公开募股的软件即服务企业的分析发现，经常性收入净额占比超 100% 的企业，其收入同比增长了 50%，投资者给予了 15 倍收入的估值回报。

许多软件即服务企业需要增长资本来支持有机增长，但未能实现渗透其目标市场所需的可扩展和可持续的增长，并证明投资者的估值是合理的。

有了巨额投资和成长资本，许多组织都奉行"不惜一切代价增长"的战略。他们将预算的很大一部分花在建立收入团队和上市计划上，以推动两位数的增长。如果没有纪律严明的领导和专注于寻找创造可持续和可扩展增长的方法，这些企业可能会成为"油耗大户"，因为它们落后于竞争对手，无法产生与投资或公平的市场份额相称的增长。

有些公司实现了高水平的客户获取，但以牺牲客户体验和用户采用率为代价。这些组织有可能会变成一只漏桶，在客户旅程的后期因客户流失、用户采用率低或感知价值水平低而失去客户。这些组织无法维持净经常性收入占比，以证明其投资者和员工所指望的高估值是合理的。

下面概述了高速增长业务的典型商业模式原型，以及他们需要关注的收入运营模式的关键方面，以便将其增长提升到新的水平。

♪ 高速增长领导者应优先采取的措施

中小型企业面临着自身独特的增长挑战。以下是一些高速增长的中小型企业领导者正在采取的行动，以建立他们的增长体系。它们被分为四种不同的快速增长的商业模式原型（见图 12-2）。

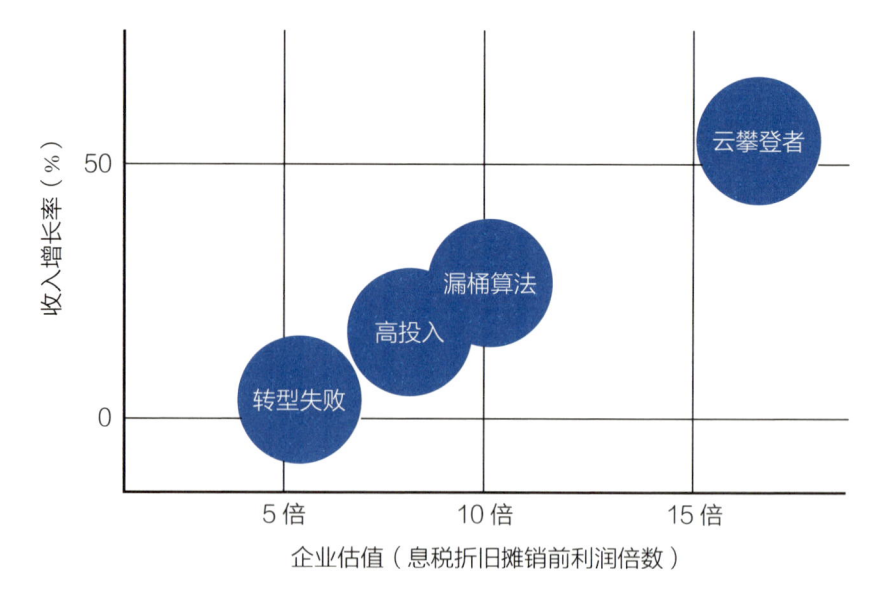

图 12-2 四种不同的快速增长的商业模式原型

转型失败

转型失败指的是对企业有着很高的增长预期，但无法实现投资者希望看到的高水平有机增长。这些企业努力寻找市场的最佳点，向客户展示他们独特的价值，并持续赢得胜利。这些组织面临着获得更大市场份额的压力，以证明其投资者的估值是合理的。它们试图阻止由不一致和未能在商业模型中利用可扩展技术而造成的损失。这类企业的领导者关注以下方面：

- 它们积极地重新设计其商业架构，以更好地将销售资源与市场机会协调起来，从而激发增长。为此，它们将团队的重点重新集中在区域、客户和细分市场上，在那里这些企业可以有效地实现更多的市场机会并更持续地获胜。它们还完善了覆盖目标市场、与客户合作的方式，并将销售重点重新放在可带来业务转化的活动上。

- 它们要求分析团队通过将收入团队集中在最具潜力的客户身上，淘汰不太可能购买的客户，利用客户洞察来"缩小目标"。为此，它们正在使用高级分析法，以根据潜力、购买倾向和覆盖难度关注客户优先级。

- 从商业支持的角度来看，这些企业要求运营团队将客户关系管理、销售支持、销售准备和数字资产管理解决方案联系起来，以消除日常销售工作流程中的故障、摩擦。

高投入企业

高投入企业是指依靠高投入实现高速增长，并处于（IPO）增长轨道上的企业。这类公司通常将其资本的很大一部分投于能够创造高增长、满足客户偏好和提高市场份额的地方。它们在致力于实现可扩展和可持续的收入。不幸的是，高投入企业的营收虽然在不断地增长，但仍掩盖不了销售成本上升、销售人员绩效参差不齐、销售区域和客户分散、销售资产商业回报低等事实。这些企业专注于以下领域：

- 更加注重问责制。这里的领导者要求更高水平的问责制。他们通过定义财务上有效的标准来做到这一点，以优先考虑、调整规模、分配和衡量所有商业团队、预算、运营和支持资产的绩效。
- 整个收入周期的运营所有权。做好跨职能客户旅程的规划，消除导致收入和利润流失的"空白"。他们寻求对客户旅程进行单点管理。
- 他们推动商业运营更好地连接销售支持、客户关系管理、对话智能和数字营销系统。这使得销售渠道更加有效。为此，他们使用先进的分析和人工智能工具，帮助他们将客户参与和销售人员活动数据转化为商洞察。这些洞察为销售代表提供了在客户合作中的"关键时刻"进行正确的响应、内容、行动或销售策略的指导。

漏桶算法

漏桶算法，即年度经常性收入加上客户拓展销售收入，减去客户购买降级、取消订单及客户流失所导致的收入损失，再计算出总和。即使是新客户获得速度超两位数的软件即服务企业也无法维持超100%的净经常性收入占比。如果你的净经常性收入占比低于100%，投资者担心你将失去太多的客户关系，而没有足够的收入抵消它。

当收入团队过于聚焦获取新客户或忽略打造客户一致性体验时，就会发生泄漏。如果团队缺乏一致性，责任不能压实到个人，会导致大量收入、机会和利润损失。为了堵住漏洞，经营"漏桶"型企业管理者强调以下要素：

- 从运营的角度来看，他们在营销，销售和服务团队中建立了共同的目标，以使他们共同努力实现更有利可图的增长。为此，他们重新定义了新内容，以将收入团队的重点放在客户的终身价值，保留率和账户健康状况上。
- 建立了一个新组织模式，可以更好地围绕客户协调商业团队。由于规模有限，首席营收官一职在高速增长的企业中特别受欢迎。
- 从商业洞察的角度来看，他们要求分析团队更好地了解整个收入周期的账户健康状况和销售活动。他们使用这些数据来衡量和管理导致客户流失的所有关键因素——满意度、忠诚度、客户注册及激活率和留存率。作为这一举措的一部分，他们创建了衡量标准和基于事实的激励措施，以使一线销售人员与客户成功团队合作，获得长期的经常性收入。

云攀登者

"云攀登者"是快速发展的云计算企业，通过关注上市速度、优化客户体验以及扩展销售技术和渠道，实现了两位数的收入增长率。软件即服务行业首次公开募股企业的平均增长率超 50%，其净经常性收入占比超过 100%，公司估值超过收入的 15 倍。为保持这一增速，并满足投资者期望，它们迅速增加了销售人员，扩大了收入团队。投资者向云攀登者施加压力，要求其提供未来增长的可见性，尤其是年度经常性收入和合同总价值。此类企业的领导者会优先考虑其增长系统的特定要素，具体如下：

- 统一商业运营，以便在整个企业中利用客户洞察和可扩展技术。为此，他们利用录制的对话中的接洽数据、客户端的内容消费、客户关系管理，以及电子邮件和日历中的交换数据。他们还对一线销售人员进行了大规模的实时指导和辅导。通过使用高级分析和人工智能工具，大多数云攀登者可以获得80%的客户参与和销售人员活动数据，足以对销售人员实施实时指导，帮助销售代表在客户旅程的"关键时刻"进行正确回应，提供正确内容、采取正确行动或实施正确的销售策略。
- 从商业架构的角度来看，他们重新配置了收入团队和市场细分中的角色。他们认为这是在庞大的潜在市场中占据更大份额的一种方式，并使他们的团队专注于维持净经常性收入和增加客户终身价值。
- 从商业支持的角度来看，他们要求销售支持、运营、培训及学习和开发团队将他们的销售支持运营、培训及学习和开发解决方案整合在一起。他们的目标是缩短新销售代表的培养和转化时间，扩大销售队伍，解决科技企业面临的人员流失率高的问题。他们正在为销售代表的培训、准备、强化和衡量建立一个闭环系统。

在下一章中，我们将介绍一些工具，帮助企业优先考虑可以采取的有利行动，从而实现可持续和可扩展的增长。这些工具将帮助企业获得采取必要措施所需的资金、共识和领导支持。

第十三章
打造增长系统商业案例：从活动到影响力

◆ 优先行动：兼顾短期收益和长期价值

前文所述的"智能运营"创造了短期收益和长期价值。其可减少遗漏、提高销售业绩并减少浪费，促进短期财务收益的产生；同时也可通过技术、数据和销售基础设施资产叠加产生的作用，产生长期价值。"智能运营"还通过操作系统的构建，以较低成本实现可扩展和可持续的增长。实际上，这些活动属于对增长的战略性投资，其改变了客户行为方式，助推未来收入、现金流、定价权和利润的产生。

但挑战仍然存在，其需要逐步扩大影响力，证明投资的合理性。如果你想建立的是一个财务案例，你还必须克服一些常见的障碍，通过"智能运营"的实施，将增长技术生态系统中分散的点连接起来。

首先，请记住"智能运营"可连接不同职能。但事实上，在跨职能部门间确定一个费用预算承担主体，就是一个挑战。跨职能部门间必须加强团队合作、共享和协调，避免陷入组织、技术和数据都单打独斗的状态。通常情况下，相较于跨多个职能预算但解决方案有效且具有成本效益的采购而言，购买符合现有预算但解决方案毫无意义或不合逻辑更容易。

其次，评估销售和营销有效性的传统方法，如收入归因和销售瀑布指标，存在根本性的缺陷，无法清楚地描述企业如何增长。它们可能有助于优化媒体、销售活动和战术，但几乎不能证明战略资本投资的合理性。传统的评估指标甚至被称为"黑箱"，各项活动之间的联系和相互了解都非常少。从活动至其转化为财务影响之间的管理链条，存在着较大差距。

以经典的需求漏斗为例。负责销售支持的专业人员通常依赖线性销售瀑布模型，但这一模型对客户如何购买和现代运营系统如何运行有着错误的假设。"由营销激发，再转移至销售人员促成业务"的认识与营收团队围绕客户需求统筹工作的理念相矛盾，并破坏了客户体验的完整度。

最为根本的是，这些评估模型往往忽略了企业价值增长的关键驱动因素。加州大学洛杉矶分校安德森商学院营销学杰出研究教授多米尼克·汉森斯教授认为，这些驱动因素包括建立客户资产、提高数字渠道效率、在营收团队中共享信息等。汉森斯教授的研究重点是营销对企业业绩的短期和长期影响。例如，尽管建立客户资产、提高数字渠道效率以及在营收团队中共享信息都已被证明与企业价值具有因果关系，但根据学术研究，很少有企业管理者真正了解其中的原因。

再次，"智能运营"涉及运营支出和资本支出。这使得资金支持变得困难，因为公司高管和财务负责人对资本支出、公司价值和财务业绩之间的关系知之甚少，更谈不上理解。在收入运营模式中，数据、分析、客户关系管理、内容、销售支持和数字营销渠道的作用越来越大，这给管理者正努力解决的问题带来了更大的压力：平衡长期价值与短期收益。一个现代化的销售系统需要资金支持，通过长年的技术和数据积累，形成数字渠道路线图，从而支持可扩展和可持续的增长。不幸的是，财务的资金审查更青睐短期计划和快速回报的项目。对于计划做出的财务改变，你需要一个非常可信的理由。

例如，前文提及的"智能运营"可见性部分内容。营销责任制标准委员会对300家营销组织的绩效进行了定量分析，发现投资于数据驱动评估过程、能力和系统建设的企业，实现了更高水平的营销效率和更大的业务成果。这项研究表明，追求更高层次问责制的营销人员在营销投资上实现了5%的高回报，并从这些投资中获得了高达7.5%的增长成果。分析还显示，这些高绩效的营销人员（超出增长目标25%以上）采用了更多的数据驱动方法来评估、优化和重新分配营销投资。

"智能运营"里提及的另一条内容，与一线销售人员分享营销见解，它通过提高企业共享数据和知识的能力来创造价值。学术和行业研究已经非常清楚地表明，增长是一项"团队运动"，数据分析、营销、信息共享、敏捷性和跨职能协作等企业能力与企业价值之间存在着因果关系。

科隆大学教授亚历山大·埃德林和马克·费舍尔的研究表明，企业能力每提高10%，股价平均就会上涨5.5%。营销科学研究所对114项学术研究的分析发现，在整个公司内，营销情报的产生、传播和响应与企业价值的增长高度相关——以利润、销售额和市场份额来评估。营销科学研究所的研究还发现，企业获取、传播和对市场情报做出反应的能力，在利润、销售额和市场份额方面对企业有积极的影响。同一项研究还发现，增加部门间的联系（跨部门员工之间正式和非正式的联系）可以提高公司绩效。

同样的经济学原理也适用于我们在本书中讨论的每一个"智能运营"举措。培养和留住高绩效销售人才，通过提高员工专业技能、领导力和敬业度来创造价值。帮助员工更快地实现良好的绩效表现，让他们在企业能够留存更久，同时还有助于员工提高工作效率，这对成本、销售和利润都有巨大的影响。提高渠道覆盖面、市场份额和绩效，增强销售渠道效率，从而创造更大的企业价值。它还可以提高销售人员的绩效，促进销售价格、关系资产、交易规模的大幅提升。简化销售流程，提高销售和服务效率，从而创造公司价值。

最后，在评估业绩时，管理者们往往眼大肚小，也未进行科学分析。他们热衷于数据驱动和基于事实的方式方法，但有些过犹不及。甚至在大多数领导团队无法就业务增长的基本算法达成一致的情况下，分析师就创建了满是指标的仪表板。类似的情况太常见了。在一些管理者投资于高度复杂、聚焦的营销绩效模型时，他们的高管同行并不理解甚至不认可这些观点，比如需要付出多少努力或什么程度的客户体验才能获得新客户。

收入价值链：连接"智能运营"与企业价值的有效财务架构

如何克服障碍将行动和影响力联系起来？这就需要从基础开始，并决定好公司的业务如何发展。然后开始构建模型，并从概念框架逐步演变为更复杂的分析。很快，你就可以预测和决定如何更快地实现可赢利的增长。

收入价值链是一个框架，围绕企业实际增长的共同认识统一领导层（见图13-1）。收入价值链还有助于"智能运营"可视化，帮助其真实地展示对企业价值的影响。

智能运营	客户行为	业务成果	企业财务绩效
提升收入循环可见度	采购决策	市场容量	企业价值
简化销售流程	使用和采购循环	市场份额	利润
与一线销售人员共享营销洞察	消费频率	市场提升	现金流
培养并留存优秀销售人才	采购规模与数量	市场波动	增长率
提升销售渠道效率	交易份额	流通速度	资产价值
精简内容供应链	响应与转化率	利润率	销售成本
其他智能运营措施	顾客推荐与口碑	客户经济学	资本成本
	忠诚度	成本	
	价格敏感度	未来期权价值	

图 13-1 收入价值链

收入价值链包含四个简单的步骤，它将增长活动、投资与企业价值、财务业绩联系起来。它准确而完整地描述了增长投资、创造价值的因果链。

大多数企业都在努力阐明像"智能运营"这样的项目和活动将产生什么样的财务结果。任何行动，无论是一场营销活动，还是一个解决方案的部署，其行动本身并不能为企业创造价值。只有当其影响销售行为并产生改变时，行动才能创造价值。它必须让顾客做出更多反馈，更多选择，更多支付，更多推荐，更快购买，或者停留更久时，才能发挥作用。通过收入价值链的使用，这些对客户行为的改变可以映射到业务成果，而业务成果又可以映射到公司的财务业绩。

收入价值链将帮助你的团队更好地理解"增长的科学"，支持你的团队为企业增长投资设立共同的经济目标。这将为你提供一个可靠的财务基础，其中包括业务案例、预算和基于事实的评估数据等。它还能让你清晰地形成一个更科学的增长公式。通过收入价值链框架清楚地记录假设，你可以重复测试和持续研究，不断提高增长投资的财务贡献。

不同于我们之前讨论过的有缺陷的收益归因模型、销售漏斗指标和营销组合模型，这种方法在计算增长行动和投资回报方面有许多优势。具体如下：

1. **学术验证可行**。已有学术和科学研究证明了将增长行动、投资转化为企业价值和财务业绩的因果关系。

2. **经济验证有效**。它将行动与公司首席执行官和首席财务官最为重要的考核计分卡——企业价值和财务业绩联系起来。这一公式将其产出直接与高管向投资者报告的有机增长承诺关联起来。

3. **透明、简单、客观**。与多点触控归因模型、功能失调的销售漏斗指标或黑盒营销组合模型不同，这个公式对高管和董事会来说简单易懂。

4. **平衡短期收益和长期价值**。大多数销售和营销评估指标偏向于短期收益而牺牲长期价值。例如，价格促销会显著提高销售额，但会破坏企业未来开展价值销售的能力。价值链是基于价值的驱动因素——具体包括创造利润、增长和价值的因素。这样的框架可以让你对短期和长期增长投资进行广泛评估，例如投资于销售支持，管理旨在提升销售价值的数据和计划，或引入新产品等。

5. **可测量评估**。收入价值链承担了评估销售支持和开发计划这一关键而复杂的任务，并将其转化为自然、清晰和合乎逻辑的管理讨论，明确行动和措施如何创造商业价值。

第四部分
如何产生影响力

➤ 如何运用财务框架促进预算编制、共识和行动

也许将"智能运营"与销售高管和财务团队联系起来的最聪明方法，是以"增长的科学"让他们"走、赶、追"。你可按照下列步骤推进：

1. 首先要就企业增长的基本算法达成一致。 把所有相关的高管召集到一个会议室，通过收入价值链，以基本事实、信念，以及假设等基础信息，来展现和强调增长行动和投资如何促进营收、利润和企业价值提升。团队必须就企业的增长方程式达成共识。达成共识后，我们所指的收入价值链，就能解释"智能运营"如何改变客户行为，客户行为如何创造业务成果，最后，这些业务成果如何改善财务绩效。

这将有助于企业的领导层就业务增长方程式达成一致。它还有助于解决销售、营销和服务团队与首席执行官、首席财务官管理要求的脱节问题。因为负责具体销售业务的是销售、营销和服务团队，而首席执行官、首席财务官则负责增长投资的评估。脱节问题具体包括：某项技术如何帮助我们更好地销售？我们的销售方法帮助我们实现销售价值了吗？某个基于客户的销售计划会有回报吗？我们的培训是否帮助我们提高利润率？最终，收入价值链将帮助你为财务管理者和领导层创建一套通用的表述措辞，可以用来有效地传达构建销售系统的价值。

2. 然后记录你所提议的行动背后的核心假设。 一旦你的团队能够就业务增长的基本算法达成一致，对营销活动、客户行为和财务结果之间相互作用的假设进行记录就变得至关重要。记录并就增长的核心假设达成共识，有助于建立有效的财务绩效指标、可靠的业务案例和场景规划工具，从而指导投资、预算和资源分配。

对核心假设形成记录文件将促进更好的协作，因为不同的职能部门可以根据他们共同信任和接受的考核激励制度来推进工作开展。在个人层面，在假设阶段存在争论比在项目推进阶段存在争论要好得多。人们可能会讨厌某个软件，但他们无法反驳明显的销售提升、利润率增长和交易量增大。如果你不能记录或证明所有的假设，也不要担心。因为没有人能做到。每一项商业投资都有风险。然而，你需要确保假设是清晰、完整和透明的。如果你做了功课，可以肯定没有人比你有更好的辩驳证据。令人震惊的是，有多少预算和投资是建立在未经证明的假设、错误的算法或不受挑战的制度体系基础上。即使你的假设受到挑战，提出了更好的想法，企业也会受益，因为现在你有两条可赢利的行动路径，而不是一条。

3. 利用这些假设来创建一个将"智能运营"与公司财务业绩联系起来的商业案例。一旦你的企业能够就增长的基本算法达成共识，对营销活动、客户行为和财务结果之间相互作用的集体假设进行记录就变得至关重要。记录并就增长的核心假设（弹性、假设、信念）达成共识，有助于建立有效的财务指标、可靠的业务案例和场景规划工具，从而指导投资、预算和资源分配。对核心假设形成记录文件还将促进更好的协作，因为不同的职能部门可以根据他们共同信任和接受的考核激励来推进工作开展。下面就是一个例子，即通过采用第十章提出的实时数据驱动销售系统，创建一个商业案例，使销售渠道更高效。（见图13-2）

4. 利用市场研究、客户洞察和项目测试来验证、改进增长方程式，并为其建模。对增长假设进行记录和量化，可为分析团队提供数据基础，找到增长的科学规律，描述增长是如何发生的，然后预测未来将如何增长，并最终找到实现更快和可赢利增长之道。这种方法还有助于分析团队更好地利用现有的市场研究、客户洞察和项目测试数据，以尽可

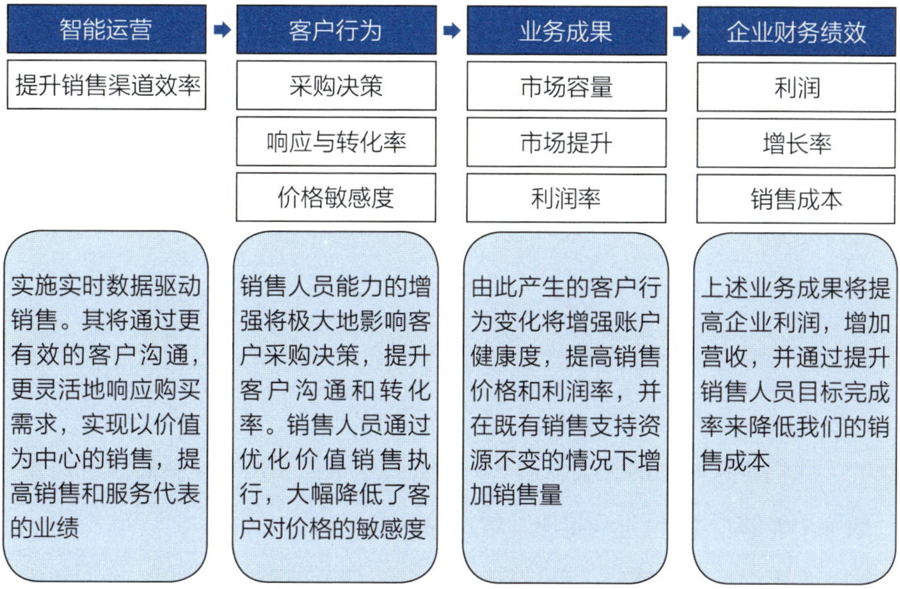

第四部分
如何产生影响力

智能运营	客户行为	业务成果	企业财务绩效
提升销售渠道效率	采购决策	市场容量	利润
	响应与转化率	市场提升	增长率
	价格敏感度	利润率	销售成本
实施实时数据驱动销售。其将通过更有效的客户沟通，更灵活地响应购买需求，实现以价值为中心的销售，提高销售和服务代表的业绩	销售人员能力的增强将极大地影响客户采购决策，提升客户沟通和转化率。销售人员通过优化价值销售执行，大幅降低了客户对价格的敏感度	由此产生的客户行为变化将增强账户健康度，提高销售价格和利润率，并在既有销售支持资源不变的情况下增加销售量	上述业务成果将提高企业利润，增加营收，并通过提升销售人员目标完成率来降低我们的销售成本

图 13-2　收入价值链（案例）

能地验证关键的增长假设。如果要求更高的信度和可预测性，分析团队可以进一步设计更加精确的调查研究、市场测试和模型，以建立越来越准确且具有可预测性和规范性的营销绩效评估指标和模型。

第十四章
实用工具：控制收入循环

我们写这本书的意义深远——我们要给成长中的下一代管理者们介绍一个能够在 21 世纪稳定驱动增长的系统。

在本书的第一部分，我们介绍了收入运营及其影响。然后，我们阐述了构成管理系统的六大核心支柱。我们的目的是能帮助你确定哪种领导模式最适合你所在的企业，最有利于你整合协调营销、销售和客户成功等职能。接着我们概述了收入运营系统的建设模块。在此我们还向你提供了一个实用的框架，帮助你将技术、数据、流程和团队投资的各个"点"联系起来，进而帮助你以更低的成本实现更快的增长。这个框架将助推你对资本和运营投资的优先顺序进行决策，以促进增长的实现。

在最后一节中，我们将所有内容整合在一起，指导你开始构建自己的增长系统。我们引入了"智能运营"的理念并向你提供了工具和案例，方便你在企业更好地部署收入运营系统。

在第十一章中，我们帮助你找到了开启旅程的好起点。我们概述了六个企业可借鉴的"智能运营"案例，以便更好地通过协调营收团队、系统和流程来促进增长。"智能运营"是我们采访过的一些企业正在采用的，最通用的，也是财务上最可行的一些系统方法。既可以单独试点，也可以按优先级依次测试和评估，确保企业转型能够实践可行和财务可实现。总的来说，这些方法合在一起可以产生变革性的结果。请考虑将它们作为起点吧。或者以它们作为灵感来构建你自己的"智能运营"。

在第十二章中，我们向你展示了各种不同类型的企业是如何将"智能运营"运用到实践中的，以构建增长系统来应对其独特的增长挑战。

在第十三章中，我们向你介绍了一个财务框架，可帮助你将"智能运营"与公司价值和财务绩效联系起来，以便你可以获得所需的共识、预算和支持来让你的组织与你同行。

在这最后一章，我们提出了一套实操工具，帮助你及团队将你们可能在短期、中期、长期内采取的明智步骤进行可视化和优先级排序，助推实现更快增长和更高利润。

为此，我们将本书的所有内容浓缩到一起，其中包含领先企业在构建可拓展、可持续增长系统时所塑造的通用能力（见表14-1）。此表旨在帮助你评估当前的能力与每个领域最佳实践的匹配程度。接下来，我们将从16个维度进行分解，每个维度可具体划分为4个能力级别。每个能力级别的描述内容可以帮助你将其与你公司的当前情况进行比较。我们以 1 ~ 4 对能力级别进行编号，以便你可以轻松地对你的企业进行统一评分。请尝试圈出你认为与你的企业相对应的级别。

你一旦对你的企业进行了这16个维度的定级，你就可以提出一个目标，可在哪些领域将企业能力提升到一个新的水平。这将为你创建路线图提供一个可靠的基础，以改进你的销售方法，从而实现更加可持续、可赢利的增长。你优先考虑的每一个细分步骤都为后续工作奠定了基础，如讨论可评估价值、可能涉及哪些概念验证试点，以及你是否能够获得足够支持和同意去资助工作开展。单独讲，你选择采取的步骤应该能够创造价值或成为进一步改进的关键基石。随着时间的推移，它们将对增长、利润和企业价值产生重大影响。实际上，这一路线图清晰地呈现了你的企业依次该采取的步骤，以及在商业转型过程中可能会涉及的变革范围。

这一评估能让你清楚地知道，对哪些地方进行改进最具财务吸引力。进一步想，它可以帮助你识别财务上最可行的那些方法，让你的企业"阶梯式"迈向更可持续、可扩展的增长系统。一旦你在16个维度上对你的企业进行了定级，请思考一下将你对应的能力提升到下一个级别将产生什么样的经济效益。你可以将第二章中收入运营创造财务价值的8种方式列表作为指南。对于你考虑的每一项持续改进，问问自己采取此行动的经济效益是什么？如果你对以下8个问题中任何一个问题的回答是肯定的话，那么你正朝着正确的方向迈进：

1. 它会通过告知销售决策、优化资源分配以及支持更高的价格和更好的转化率来帮助你从客户数据、数字技术和渠道基础架构资产中获利吗？

2. 它会让完成销售任务变得更简单、更快捷或更省钱吗？

3. 它会让客户的体验更好吗？

4. 它会使用"可扩展的"技术，更快捷更容易地做出个性化即时响应和实时指导销售代表吗？

5. 它会激励营收团队提高顾客终身价值和净经常性收入吗？

6. 它会提高销售业绩的可预见性吗？

7. 它会激励团队销售吗？

8. 它会把你在销售技术上的投资变成力量倍增器，帮助你的营收团队"超越自我，挑战自我"吗？

一旦你把注意力集中在最有意义的运营上，你就有了建立商业案例的基础，可为所涉及的投资提供证明支撑。你可以从第十三章中提及的收入价值链中获取灵感，或者建立你自己的"智能运营"步骤。

收入运营旨在是转变商业模式。要实现这一目标，需要一系列逐步改善收入、成本或客户体验的单个操作。"业务转型和增长不依赖于单一事件，而是依赖于整个公司所采用和实施的一系列深思熟虑的运营战略，"柯尼卡美能达公司的首席运营官山姆·埃里格（Sam Errigo）表示，他已经将公司从市场下滑的硬件业务转型为不断增长的技术服务型业务。"收入运营通过为首席执行官们和商业领袖提供一个实用的，可以产生更持续和扩展性增长的方案来践行这一概念，这个方案是可以一次执行一个步骤的。"我们希望这本书能帮助你开始追求小的改变，这些改变会逐步提高销售业绩——随着时间的推移，这些渐进的收益累积起来会带来巨大收益。

收入运营
数字化时代的增长新路径

表 14-1　收入运营成熟度模型

商业领导力

自上而下的领导，授权和支持商业模式的转变，将销售、营销和服务整合为一个营收团队，变得更加负责、数据驱动和以客户为中心。

竞争力	级别 1：入门	级别 2：基础	级别 3：高级	级别 4：最优
1.0 问责制。要求对企业销售资源、资产和投资的回报负全部责任。	1.1 确定公司绩效目标，定义所有职能部门的成功策略标准，并向下延伸至面向客户的团队。	1.2 定义财务上有效的标准，以此对增长资源和资本投资进行优先级排序，评估其规模大小，开展资源分配和绩效评估。	1.3 建立反馈循环来评估跨职能、营销销售成功职能的成果，归因和绩效。	1.4 为增长团队、投资和基础设施资产的财务回报建立全面问责制。
2.0 所有权。对企业营收流程、资产、投资建立单点决策。	2.1 指派专人评估收入运营，以便识别故障点和整合机会。	2.2 指派一名管理者来开展跨职能项目管理和资源分配决策。	2.3 设立首席体验官等职位来领导商业转型，整合所有营收团队职能。	2.4 集中所有关于跨职能资源分配、基础设施投资和商业架构的决策权。
3.0 所有权。为企业营收流程、资产、投资建立单点决策。	3.1 通过要求持续改进所有商业流程，创造变革文化。	3.2 建立变革管理办公室；被授权自上而下重新建立流程、测量指标和系统。	3.3 为所有面向客户的员工建立共同的目标和激励机制。	3.4 由首席体验官集中管理增长支持业务，并赋予其指导转型的广泛职权。

276

第四部分 如何产生影响力

续表

商业运营

重新配置支持增长的商业运营，并为所有面向客户的员工、资产、基础设施、投资和客户旅程提供端到端的一致管理。

竞争力	级别1：入门	级别2：基础	级别3：高级	级别4：最优
4.0 共同目标。在销售、营销和客户成功团队之间建立一个共同目标。	4.1 为所有职能组织建立机会和绩效的通用定义。	4.2 在客户旅程的每个阶段都要明确商机所有权、优先级和职责。	4.3 为所有面向客户的员工创建基于账户和渠道健康状况的通用措施。	4.4 为所有面向客户价值的员工创建基于客户价值的共同激励机制。
5.0 组织。建立跨职能的组织结构为整个企业的销售人员提供支持。	5.1 创建卓越收入运营中心来协调跨职能部门活动并开发核心竞争力。	5.2 整合销售运营和支持，建立集中运营职能。	5.3 将销售和营销运营与虚线汇报整合到集中运营职能部门。	5.4 充分整合所有的收入运营，支持和分析，实线报告给集中运营职能部门。
6.0 商业流程。建立和管理企业的跨职能的商业流程。	6.1 编制跨职能的商业流程，识别营销杠杆、规模、客户流失和营收损失的关键点。	6.2 明确定义所有职能的商业的角色、机会，建立交接和裁决标准。	6.3 重新设计跨职能商业流程，以消除摩擦，减少交接、延迟导致的营收流失。	6.4 集成支持跨职能商业流程的系统和数据架构，以便提高可见性、反应速度、参与度和生产力。

277

续表

商业架构

重新设计商业架构，通过提高一线销售团队的反应速度、可见性、生产力和参与度，降低销售成本，实现资产销售回报最大化。

竞争力	级别1：入门	级别2：基础	级别3：高级	级别4：最优
7.0 进入市场策略。重新设计营销架构以提高绩效和参与度。	7.1 评估营销策略以量化机会来获得更多的市场份额和机会。	7.2 根据更精确的数据驱动的购买意向、成功概率、契合度和潜力信号来细化客户目标。	7.3 细化销售覆盖范围，反映新角色、团队合作，以及交易自动化和迁移的影响。	7.4 在更精准的机会算法模型的支持下，细化并商定市场细分。
8.0 销售队伍设计。调整销售队伍设计以提高业绩、参与度和降低成本。	8.1 评估销售队伍设计，通过量化机会来改善绩效、利润和客户终身价值。	8.2 重新平衡产品，重点量化机会来优化活动优先级、利润和客户终身价值。	8.3 重新设计销售队伍细分，明确潜在客户生成、专家和成功的角色，以优化机会实现、客户终身价值和销售成本。	8.4 重新设计销售激励补偿机制，以创建共同目标并关注跨职能部门的客户价值。
9.0 销售绩效管理。调整任务、领域和激励机制，使资源和机会匹配。	9.1 审核基础领域定义和配额分配的假设，以确保资源和机会匹配。	9.2 根据更精确的数据驱动输入重新定义区域界限和配额分配，以反映业务模式、自动化、销售节奏、参与组合和客户行为的变化。	9.3 TQP流程自动化，以改进输入参数、协作、场景开发和更新周期。	9.4 整合跨销售、营销和客户体验职能部门的激励机制，以便建立共同目标并专注于客户终身价值。

第四部分
如何产生影响力

续表

商业洞察力

将客户参与度和销售人员活动数据转化为商业洞察力，在销售过程中的"关键时刻"为决策、行动和对话提供信息。

竞争力	级别1：入门	级别2：基础	级别3：高级	级别4：最优
10.0 数据驱动销售。将营收数据转化为预见性收入情报，实时为日常决策提供信息支持。	10.1 整合客户参与和销售人员活动数据，为营收团队的指导提供支持。	10.2 根据核心客户参与和销售人员活动数据集，为营收团队提供实时指导。	10.3 在跨职能商业流程的每个阶段启用可触发改善客户体验的操作。	10.4 对营收团队提供实时指导。
11.0 关键绩效指标。建立基于事实的报告分析、关键绩效指标和商业绩效的仪表盘。	11.1 建立并商定单一的关键绩效指标仪表盘，定义销售、营销和客户成功领导层的预期成果和主要成功指标。	11.2 创建关于客户终身价值、健康账户、销售人员绩效和潜在机会的数据驱动评估指标。	11.3 制定关键绩效指标来评估跨职能部门端到端商业流程的绩效表现。	11.4 基于客户终身价值、销售成本和关键销售活动，建立跨职能部门的共同激励机制。
12.0 预测性销售洞察。使用高级分析来创建更好的预测、参数和场景，为投资、分配和重点提升信息支持。	12.1 建立一个用于开发预测性洞察和高级建模能力的卓越中心。	12.2 开发数据分析能力以预测机会价值、意图、成功概率、契合度和覆盖难度。	12.3 开发预测分析能力以创建更准确的销售预测和渠道。	12.4 开发情感分析能力来评估客户情绪，从而在客户对话中建立共情和信任。

279

续表

商业支持

建立商业能力的共同核心，是为了销售人员赋能，并最大限度地发挥销售资产和投资对收入和利润增长的贡献

竞争力	级别1：入门	级别2：基础	级别3：高级	级别4：最优
13.0 支持和参与。重新配置商业技术基础设施，以便更好地支持营收团队。	13.1 盘点营收技术组合，找到提高利用率、生产力、资产回报和销售体验的方法。	13.2 将销售支持解决方案集成到数字化销售平台，以便提高和响应客户的速度和参与度，增强对客户的关注。	13.3 整合销售准备、支持和参与规划，以便提高销售参与响应速度、参与度、生产力和责任感。	13.4 全面整合销售支持、准备和参与，支持数据驱动的引导式销售，生成实时的预见性洞察。
14.0 准备和开发。重新配置商业技术基础设施，以更好地支持准备、培训和开发。	14.1 盘点学习和开发技术组合，找到提高可见性、培养转化率、技能及加强指导的方法。	14.2 将学习和开发技术组合整合到一个集成的闭环流程中，该流程提供反馈、强化以及对销售人员活动和合规性的可见性。	14.3 整合销售参与、实施和开发流程，以提高销售人员的转化率、准备、技能和责任。	14.4 全面整合销售参与、准备和参与，以提供及时支持数据驱动的大规模训练。
15.0 增加收入。部署技术以加快从线索到交易的循环周期并获得更多从线索到交易流程中的营收、利润和价格实现。	15.1 盘点报价软件和执行工具，以节省时间、增强客户体验感，并减少从线索到交易过程中的营收、价格和利润的流失。	15.2 跨职能集中管理配置报价软件和执行工具，以最大限度地提高采用率和影响力。	15.3 将配置报价软件规划和执行工具整合成，以加快从线索到交易的周期循环，减少流失并优化价格。	15.4 逐步形成收入促进功能，以支持大规模的个性化定价、提案和注册激活。

280

第四部分
如何产生影响力

续表

商业资产管理

商业数据、技术、内容和知识产权资产的战略管理，使效用、影响和投资回报最大化。

竞争力	级别 1：入门	级别 2：基础	级别 3：高级	级别 4：最优
16.0 内容资产。建立跨职能销售内容和知识产权的运营所有权、组织和部署。	16.1 采用共同的架构和分类来组编制有跨职能的销售准备、验证和策略手册。	16.2 基于共同的分类和架构，创建单一内容来源，为销售支持。	16.3 通过销售支持，准备和内容收集增长系统，使内容可用于支持销售行动推荐及策略实施。准备和智能响应管理提供支撑。	16.4 支持跨企业启用端到端多渠道和实时的智能响应管理。
17.0 数据资产。建立一个通用的架构和所有权实现客户数据资产的货币化。	17.1 盘点和评估客户数据源，以建立跨方和第三方系统的通用数据架构。	17.2 集中数据管理以利用人员资源，并建立用于管理、协调和利用数据资产的通用体系结构。	17.3 为所有客户参与和对话智能数据建立单一数据源。	17.4 将客户参和收入营收情报集成到收入运营系统，该系统实时的聚合、转换和传送数据，以支持数据驱动的销售，指导和评估等工作。
18.0 技术资产。建立跨职能商业技术组合的集中管理和重新配置机制。	18.1 评估商业技术组合架构和路线图，以减少重复、已断开连接的应用程序及未充分利用的资产，找到提高价值、影响和销售体验的方法。	18.2 集中销售工具管理以充分利用人员资源，并为重新配置跨职能的商业技术组合建立通用架构。	18.3 基于价值、简单性和影响力，集中所有跨职能的商业技术投资，优先级和实施。	18.4 围绕核心平台合作伙伴构建商业技术路线图，以促进支持、准备参与解决方案的融合，并创建高度集成的技术生态系统。

增长的基本构成要素及定义

基本构成要素	定义
目标客户营销	**目标客户营销**是一种或者一套解决方案,该解决方案能识别匿名网站浏览者,将他们跟联系人和账户资料相匹配,并将关于购买意向,风险或者机会的事件和信号通知给合适的人员。
账户健康指标	**账户健康指标**是使用高级分析从实际参与度、交易活动,使用率和活跃度中得出的关于客户满意度、忠诚度、渗透率和潜在机会的定制化测量指标。
账户映射	**账户映射**是对为特定目标账户工作的人员进行分类、分组、整理和分析,并将他们与跟你企业内外合作的不同销售和营销系统的客户参与数据相匹配的过程。账户映射是关键客户管理、交叉销售和目标客户的营销活动执行的核心。
代理合作伙伴	**代理合作伙伴**是指通过销售内容、执行计划、部署付费、有偿和自有媒体来支持营销计划的业务合作伙伴。
人工智能	**人工智能**是通过机器,尤其是计算机系统对人类智能过程的模拟。人工智能的具体应用包括专家系统、自然语言处理、语音识别和机器视觉。
活动优化	**活动优化**是根据客户响应、参与度、有效性和转化率来锁定、测试和改进营销活动和消息的能力。通过改进和调整目标、消息传递、促销、渠道和节奏等变量来优化活动。
协同平台	**协同平台**是一种虚拟工作空间资产,它把资源和工具集中在一起,旨在促进企业项目工作中的沟通和个人互动。协同平台的示例包括微软团队的 Teams 或 Slack。

续表

基本构成要素	定义
合规性与审批	**合规性与审批**是内容管理或工作流解决方案中的一项功能，可对组织创建、发布和分发的内容进行管理，以确保其符合质量标准或法规和法律要求。
非接触式渠道	**非接触式渠道**是数字渠道资产——包括聊天、语音、数字代理和自动文本——它无须人工代理直接或主动的干预即可带动客户参与互动。非接触式销售平台的示例包括自动文本中的 Podium 和聊天渠道中的 Cognism。
内容消费数据	**内容消费数据**是由销售支持平台生成的数据资产，用于跟踪销售内容（文章、视频、电子邮件）何时被客户或潜在客户打开、阅读、消费或传递。
客户和竞争情报	**客户和竞争情报**是一种专业的能力，用于查找和呈现竞争情报，例如战卡、市场研究或竞争优势内容，以便用信息支持卖家来解决竞争问题、提案和报价。
客户对话数据	**客户对话数据**是使用自然语言处理从销售和服务电话记录中收集和转化的数据，并使用高级分析对销售信号、触发因素、合规情绪、指导和培训原因进行分析。
客户互动数据	**客户互动数据**是在客户与公司内部以及第三方媒体、网站和渠道的销售和营销系统或代表互动时生成的。可以在数字广告、网站、移动应用程序、聊天机器人、记录的对话以及在营销和销售系统和协作平台中捕获的销售交易中收集客户互动数据。
客户关系管理	**客户关系管理**是一种软件资产，它作为销售系统来记录用作客户信息、活动、账户结构和参与度。客户关系管理平台的示例包括 Salesforce.com 和微软的 Dynamics。
客户关系管理数据	**客户关系管理数据**是在客户关系管理平台内存储、管理和更新的数据资产，包括客户信息、活动资料、账户结构、交易和参与度。

名词解释

续表

基本构成要素	定义
客户待遇	客户待遇是在区域和配额规划中必须平衡的基础相关变量之一。进入市场战略应定义对待客户的不同方式——根据销售和服务代表的时间和关注点——以及直接参与的性质、组合和数量，另外还有客户体验的质量和性质。不同的处理类型用于定义客户参与模型，这是预估销售代表工作量、销售成本和销售流程的交易经济学的重要输入。不同的处理级别通常是基于以下因素制定的，包括客户排名、潜力或基于客户评分模型（例如 A/B/C 账户、80/20 规则、获胜概率算法或客户生命周期价值模型）的分配、账户分配（例如作为关键账户、命名账户或由营销部门根据基于账户的营销计划而锁定的账户）以及渠道（例如，通过呼叫中心提供服务的"内部销售"账户，或主要通过在线渠道发挥作用的"直接账户"）。
数据组装	数据组装描述了一种将来自许多系统和来源的客户参与数据整合到一个可操作和可用的数据集"数据湖"或单一数据源的能力。
数据编排	数据编排描述了一种功能，该功能可以自动合并、清理和整理来自多个来源的数据，然后将其分发到销售和营销服务系统以供营收团队使用。
数据转换	数据转换是多种软件解决方案中都有的一项功能，该功能用于管理更改客户参与数据的格式、结构或价值的流程，以使它们可供销售软件系统和个人使用。这些流程包括客户数据集成、迁移、入库和转换。
经销分销渠道	经销分销渠道是第三方合作伙伴渠道或中间商，他们通过增加独特的价值——地理临近性，特定权限，行业经验，以及客户培训、服务、咨询、系统集成或组装和配置来支持产品的销售。
数字采用软件	数字采用软件是一种软件资产，可以协助和引导用户，帮助他们按预期最大限度地使用数字工具。它能引导并帮助新用户完全掌握数字工具的使用。数字采用软件平台的示例包括 WalkMe。

续表

基本构成要素	定义
数字资产管理	**数字资产管理**解决方案是存储、索引、管理和分发销售内容以支持销售的软件资产。数字资产管理解决方案的例子包括 Seismic。
直销渠道	在**直销渠道**中，卖家在非零售环境中直接与客户和潜在客户互动。直销渠道包括呼叫中心和数字渠道，类似于电子商务和直接面向客户的渠道。
直接面向客户的渠道	**直接面向客户的渠道**允许制造商和消费品牌通过在线渠道直接向客户/消费者销售、履行、服务和支持产品，而不是通过传统的分销渠道。它类似于电子商务，但通常涉及更复杂的服务和产品交付。
文档和内容组装	**文档和内容组装**解决方案是专门的软件资产，可以根据客户的问题、输入或要求整理、索引、推荐、组装和连接文档、合同、提案和演示文稿。文档组装解决方案的示例包括合同，演示，报价解决方案。
电子商务	**电子商务**平台是软件应用程序或者平台，允许买家搜索产品、购物、订购、付款以及产品和服务的跟踪和退货。
电子邮件和日历数据	**电子邮件和日历数据**——或交换数据——是客户参与度和销售活动数据资产，该数据资产从一线卖家的电子邮件和日历交易中收集。此类数据可以从电子邮件服务器和日历应用程序（例如微软 Outlook 或谷歌 Gmail）收集。
交易数据	**交易数据**由销售交易产生，并与营收、使用率、消费和客户的产品购买直接相关。交易数据为计算销售额、销售预测、客户终生价值、销售成本、销售归因和销售投资回报率提供了基础。
预测准确性指标	**预测准确性指标**是分析和测量功能，可以成功预测销售量（长期和短期），以便支持对关键账户的短期支出和交易做出的关键决策。可以提高预测准确性的解决方案示例包括 Aviso 和 Clari。
引导式销售	**引导式销售**是销售支持和参与度平台中的一项功能，它使用高级分析向客户推荐正确的内容、销售活动或优惠，以根据客户的独特需求、问题或情况向他们进行展示。

名词解释

续表

基本构成要素	定义
学习管理系统	**学习管理系统**描述了一系列软件应用程序，可帮助管理、记录存档、跟踪、交付和自动交付教育课程、培训计划或学习和发展计划。这些解决方案支持销售代表的培训和发展、辅导和准备工作。
市场覆盖率	**市场覆盖率**模型定义了产品、解决方案和服务的营销和销售方式，以最具成本效益的方式最大化目标市场。覆盖率模型不等于区域。销售覆盖率模型使公司能够设定可实现的收入目标，然后通过将销售和营销团队、渠道和个人安排在最佳区域和最高价值的账户中来实现这些目标。覆盖率模型是一种跨职能战略，包含来自销售、营销和财务的输入，并考虑渠道战略。
营销自动化	**营销自动化**软件可自动执行数字营销活动，例如像电子邮件营销、社交媒体发布和跟踪网站参与度，从而为客户提供更加个性化的体验。
市场细分	**市场细分**定义了代表整体业务最大机会和收入潜力的客户群。细分策略定义了特定的顾客群体，以按地理、市场、行业、客户或特征来定位资源和营销计划，以设计区域边界和设定市场机会的规模。基于同质行为、需求或购买特征，细分与巨大的市场机会相关联。细分用于根据机会定位营销资源，包括需求生成计划、消息传递和产品计划。市场细分是区域和配额规划中必须平衡的基础相关变量之一，也是该过程的六个关键外部输入之一。
移动基础设施	**移动基础设施**包括支持各种客户参与目标的移动应用程序，包括但不限于营销、客户服务和支持，以及交易、订购和购买的功能。
潜在机会性	**潜在机会性**是对购买倾向和线索，潜在顾客或顾客的购买倾向和收入潜力的定制化测量，这些指标来自使用高级分析的实际参与、交易、使用率和活跃度。

续表

基本构成要素	定义
优先级排序	优先级排序是销售支持和参与度软件中的一种能力，它使用高级分析来预测线索、潜在客户或客户的价值和优先级，这些价值和优先级是基于他们的购买倾向、收入和利润潜力，以及使用高级分析从实际参与、交易、使用率和活跃度中预估的转换结果而得出的。
自有数字渠道基础架构数据	自有数字渠道基础架构数据——通常称为甲方数据——是一种顾客参与度数据资产，该数据资产在潜在客户或客户参与自有数字化渠道（包括网站、博客、电子邮件、社交媒体、电子商务和移动应用程序）互动时生成。
自有数字渠道	自有数字渠道是一种数字技术资产，可帮助你的组织以数字化方式吸引潜在客户或客户。这些数字渠道包括网站、博客、电子邮件、社交媒体、电子商务渠道、移动应用程序和聊天机器人等非接触式销售渠道。
个性化	个性化是一种高级分析功能，可帮助定制体验或沟通，以根据公司了解到的有关个人的信息来更好地匹配客户的个人特征、需求和偏好。
计划和日历	计划和日历是内容管理软件中的一项功能，可帮助营销和发布人员计划、安排、协调、管理、衡量和跟踪来自各种来源、机构、主题专家、创作者和团队的销售内容的创建。
演示和提案	演示和提案是销售内容资产，支持一线卖家与客户和潜在客户互动。
产品使用数据	产品使用数据或产品遥测数据是由产品生成和传输的数据，这些数据提供有关产品使用和性能的信息，并跟踪你的客户在什么时候使用你的产品做了什么以及持续了多长时间。
最佳内容推荐	最佳内容推荐是专业推荐引擎和销售支持软件的一项功能，可根据交易历史、客户参与度和第三方数据信号向潜在客户或客户推荐下一个最佳内容。
推荐引擎	推荐引擎是一种数据过滤工具，它使用机器学习算法来分析客户和潜在客户过去表现出的特征和行为，帮他们推荐内容、产品和优惠，并引导他们进入最好的客户体验。推荐系统用于各种应用程序，包含视频和音乐服务的播放列表生成器、在线商店的产品推荐器或销售和社交媒体平台的内容推荐器。

名词解释

续表

基本构成要素	定义
需求建议书	**需求建议书**是由客户提供的文件，旨在为他们提供信息，来帮助他们选择和购买复杂的产品。
资源分配模型	**资源分配模型**是专业销售绩效管理软件中的一项功能，可帮助业务领导和规划人员针对特定地理或行业细分市场或目标账户和客户来分配销售团队、资源、预算和工作量。
响应管理	**响应管理**是一个先进的概念，它使用人工智能和机器学习来创建基于客户和销售代表之间实际问答交流的内容知识库。通过该软件，整个营销团队可以按需使用这些整合的知识，无须等待。无论销售代表是在撰写文本、电子邮件、提案、演示文稿，还是需求建议书，一个简单的查询就可以为你的销售人员立即提供出他所需的最佳答案。
销售自动化	**销售自动化**解决方案是销售自动化、启用和参与度软件解决方案中的功能，可自动执行非面向客户的销售任务，包括客户关系管理系统的数据输入、数据管理、信息查找、列表构建和重复性销售任务，如拨号、电话筛选和联系信息捕获。
销售辅导	**销售辅导**是销售参与度解决方案中的一项功能，它允许销售经理实时监控对话，轻松识别"可教学时刻"，并使用提示对销售代表进行介入或培训辅导。
销售团队关注点	**销售团队关注点**为销售资源分配提供了自上而下的方向性指导，因为它规定了应该把销售资源投资和应用在哪些地方。销售团队可以专注于地区、产品组合中的某些产品或某些类型的客户。这决定了按产品、地域、细分市场或行业划分的销售团队的关注点和结构——正如渠道战略、覆盖率模型和进入市场策略所定义的那样。销售队伍的关注点是在区域和配额规划中必须平衡的基础相关变量之一。
销售团队细分	**销售团队细分**涉及每个销售人员在服务和向客户销售方面的不同角色，这些销售人员属于营收团队或渠道战略的一部分，这些营收团队或渠道战略是由销售团队结构、覆盖率模型和市场路线所定义的。销售团队细分属于基础相关变量之一，必须在区域和配额规划中加以平衡。

续表

基本构成要素	定义
销售团队规模	销售团队规模是指按角色划分，可以跟客户互动，面向客户的员工或销售资源的数量。通常销售团队规模涉及公司中的主要销售角色，其中包括销售人员（例如现场销售代表、内部销售代表、客户经理、业务开发代表）以及越来越多的服务和支持团队成员（例如客户服务经理、数字服务代表）和专家代表（例如产品专家、行业专家、销售工程/支持或专门的产品覆盖代表）。完整起见，销售团队规模还应考虑直接和可衡量地跟客户互动的营销支持资源（例如需求生成代表、社交倾听代理、数字渠道支持代表）和第三方渠道合作伙伴，如分销商、经销商和零售商。销售团队规模是在区域和配额规划中必须平衡的基础相关变量之一。
销售策略手册	销售策略手册是销售内容资产，这些资产是获取销售最佳实践并将其跟销售人员交流的一种方式。他们简明扼要地描述了在不同情况下销售人员应该做什么。
销售准备	销售准备是专业销售培训和发展软件中的一种能力，它能：评估面向客户的员工在跟客户或潜在客户互动以及推动对话促成特定结果方面的能力，以及推荐培训以补充特定发展需要。销售就绪平台的示例包括 MindTickle 和 Allego。
销售配额	销售配额是要在特定时间段内实现的销售任务或目标。销售配额是未来时期的总销售额，以及每个销售人员在给定销售时期（季度或年度）内预期完成的职责和活动。配额任务会在前期被分配给各个销售代表和他们的经理并获得他们的同意。
销售资源优化	销售资源优化，通常被称为销售绩效管理，它是指自动化和统一后台运营销售流程的软件、运营和分析功能，这些流程负责销售资源分配、区域和配额定义和管理、激励机制设置和销售绩效考核。
销售反应函数	销售反应函数反映销售努力与收入成果之间的因果关系，反映销售努力水平与给定客户群（或区域）产生的销售额之间的关系。该函数源自关于代表、渠道和客户潜力的大量综合的经验数据以及对客户、市场和竞争优势的定性判断。它通常反映了在有限市场中销售努力的回报递减——通常呈"S"形，并有可能就公司应该投资于特定的地区、细分市场

续表

基本构成要素	定义
	或客户群的销售资源的优化（例如电话、人员配备、时间和关注点）提供指导。销售反应函数是区域和配额计划中必须平衡的基础相关变量之一。
销售培训	销售培训是一种知识产权资产，它概述了卖家如何处理销售流程的每个阶段，并在实践中为你的销售团队配备实用、可重复、可扩展的销售成功框架。
销售人员活动数据	销售人员活动数据是活动数据资产，它根据客户电话、沟通、电子邮件和销售操作来跟踪销售人员活动，这些销售操作是日常销售工作流程的一部分，例如输入数据和跟进销售线索。销售人员数据来自销售支持、参与度、电子邮件、日历和对话智能系统。
销售人员绩效（指标）	销售人员绩效（指标）是对销售人员绩效、能力、潜力和合规性的定制化测量，这些指标是使用高级分析从实际参与度、交易、使用率和活跃度中分析得出的。
标准和质量控制	标准和质量控制管理是内容管理或工作流解决方案中的一项功能，可对组织创建、发布和分发的内容进行管理，以确保其符合品牌和质量标准。
主题专家	主题专家是一种人力资产，是指你组织中拥有专业的产品、行业、客户或设置知识的专家，这些专业知识对客户和潜在客户在客户旅程中做出购买决策很有用。
分类法和分类	分类法和分类是专业内容管理、推荐引擎和数字资产管理软件解决方案中的功能，可帮助对有关销售内容资产的信息进行分类、整理和编码，以便可以轻松地将它们定位、分配和分发给卖家和客户。
区域和配额规划	区域和配额规划是专业销售绩效管理软件资产中的功能，可数字化、自动化和加速规划设计、管理和优化销售区域边界和销售配额分配的流程。

续表

基本构成要素	定义
区域边界	**区域边界**代表区域和配额计划流程中的主要"控制单位"。区域边界可以由多种因素——包括地理、行业、客户群体、产品、渠道或营销——或者区域计划中这些因素的某种组合来定义。这些边界能够确保区域定义与地理市场、市场细分、分销渠道和服务的目标客户保持一致。
第三方数据	当潜在客户和客户与贵公司外网互动时,会生成**第三方数据**。这些数据由软件供应商汇总、识别和整理,并出售给营销人员,以帮助他们使用有关客户需求、人口统计、公司统计、潜力以及客户偏好和购买意向信号的这些信息来补充或增加其内部(第一方)数据。
内容验证	**内容验证**是一种销售内容资产表格,它能验证你的产品功能是否正常。其中包括案例研究、客户评价、投资回报率模型、研究报告、分析师评论和价值销售工具。
虚拟销售能力	**虚拟销售能力**有助于卖家跟客户进行更有效的远程互动。包括基本的连接、协作和电话功能,以及算法销售、销售支持、5G通信、DTC渠道,甚至增强现实技术等。
网站和电子商务平台	**网站和电子商务平台**是数字销售基础架构资产,有助于通过数字渠道与客户互动并向客户进行销售。

致谢

借本书出版之际，我们要向那些与我们分享想法和经验的人致以诚挚感谢。一路走来，给予我们帮助的人众多，他们中有的是商业、学术界巨擘，有的是咨询、科技和社会团体等领域对增长的科学有着深入洞察的领袖人物。在此，我们就不再一一列举。我们对他们的积极参与和支持衷心地道一声感谢。

尤其是诸多企业高管和首席体验官（CXO），他们慷慨地提供了非常详细的见解、洞察和故事，其实践经验构筑起《收入运营》的坚实支柱。还有许多其他来自财富 500 强企业销售和营销部门的高管，持续不断地贡献了他们的建议和实践视角的观点，包括安永公司的托尼－克莱顿·海因（Toni-Clayton Hine）、美国安泰公司的大卫·埃德尔曼、好时公司的彼得·霍斯特（Peter Horst）、潘多拉公司的丹尼斯·卡科斯（Denise Karkos）、斯坦利保温水具公司的香农·拉皮埃尔（Shannon LaPierre）、骏利亨德森集团的大卫·马斯特（David Master）、瞻博网络公司的迈克·马塞林（Mike Marcellin）、莱博智科技公司的杰米·普尼希尔（Jaime Punishill）、起亚汽车公司的史蒂夫·香农（Steve Shannon）和安盛公平控股公司的康妮·韦弗（Connie Weaver）等人。同时，对其他数百名接受我们访谈的高管，我们也要表达深深的谢意。他们都在为化增长的"艺术"为科学而奋斗着。本书还得益于沃顿商学院沃顿分析项目埃里克·布拉德洛（Eric Bradlow）教授、卡蒂克·霍桑那加尔（Kartik Hosanagar）教授、拉古·艾扬格（Raghu Iyengar）教授、伦纳德·洛迪什（Leonard Lodish）教授、大卫·莱布斯坦教授和亚伯拉罕·怀纳（Abraham Wyner）教授等专家学者的研究成果、课程和见解，我们在此表示衷心感谢。

过去五年，我们一直不断向增长科学领域的顶尖学者学习。我们从乔治亚大学特里商学院尼尔·奔德勒（Neil Bendle）、美国西北大学凯洛格商学院鲍比·考尔德（Bobby Calder）、弗吉尼亚大学达顿商学院保罗·法里斯（Paul Farris）、加州大学洛杉矶分校安德森商学院多米尼克·汉森（Dominique Hanssens）、波士顿大学奎斯特罗姆商学院彼德·霍华德（Peter Howard）、西北相互人寿保险公司大数据研究所普鲁西·帕帕特拉（Purush Papatla）、哥伦比亚大学商学院唐·塞斯顿（Don Sexton）、洛约拉玛丽蒙特大学大卫·斯图尔特（Dave Stewart）和弗吉尼亚大学达顿商学院金伯莉·惠特勒（Kimberly Whitler）等众多专家学者处获得了洞察见解以及科研指导和教育，我们表示深深谢意。

同时，还有霍华德·布朗（Howard Brown）、卡姆·蒂平和尼尔·霍尼（Neil Hoyne）等同行前辈，他们在过去实践中已帮助数百家企业塑造了数据驱动、可量化且更高效的经营模式。若未得到他们的支持，我们的研究就不可能完成。其中包括尹安·洛莱斯（Ian Lowles）、比尔·沃尔（Bill Wohl）、里克·迪瓦恩（Rick Devine）、罗伯·哈尔西（Rob Halsey）、安东尼·约翰德罗（Anthony Johndrow）以及其他重要朋友，为我们的构思和模型提供了建议。

我们还大量借鉴了营销责任制标准委员会（MASB）的研究，特别是其领导者弗兰克·芬德利（Frank Findley）和托尼·佩斯（Tony Pace），正致力于验证增长型资产和投资的财务贡献，让人动容。

我们从麦克里斯特尔集团斯坦利·麦克里斯特尔上将（General Stanley McChrystal）和维克托·比尔根（Victor Bilgen）处学习到了如何

打破藩篱实现团结营收团队以及在跨组织中创造共同目标等对收入运营至关重要的内容。

同时，高德纳咨询公司销售副总裁布伦特·亚当森和天狼星咨询公司创始人里奇·埃尔德（Rich Eldh）也不吝赐教，慷慨地与我们分享了观点和建议。

本书还大大受益于"进入市场策略"的精英咨询机构——蓝山投资咨询公司领导层数十年的经验积累，尤其是吉姆·科里（Jim Corey）、卡特·欣克利（Carter Hinkley）、马丁·莱荣（Marten Leijon）、艾伦·梅里尔（Allen Merrill）、吉姆·奎伦（Jim Quallen）、迈克尔·史密斯和科里·托伦斯等人的经验、判断和研究。

我们获得了增长领域权威行业协会和专业机构的巨大支持，才能够有机会接触到业界研究及高管们的观点，尤其是全国广告商协会的鲍勃·利奥狄斯（Bob Liodice）、销售管理协会的鲍勃·凯利以及营销科学研究所的厄尔·泰勒（Earl Taylor）的支持，我们不胜感激。

我们还要感谢为本书制作提供赞助和指导的团队，谢谢约翰威立出版社编辑理查德·纳拉莫尔（Richard Narramore），以及保障我们按时完成任务的编辑、制作和营销团队，如杰西卡·菲利波（Jessica Filippo）、黛博拉·辛德勒（Deborah Schindlar）和唐娜·J.温森（Donna J. Weinson）等。

出版一本书，需要大量的研究分析和深度挖掘支撑。由衷感谢我们的研究团队，包括布莱克·布朗（Blake Brown）、罗伯特·戴阿利奥（Robert Diorio）、杰夫·麦基特里克和格雷格·蒙斯特等，他们为本书贡献了成千上万的技术分析方案。

尤其是解码编辑团队，包括英格丽·温兹勒（Ingrid Wenzler）、亚当·瑟戈尼（Adam Sirgony）和马修·施米德（Matthew Schmitd），他们的辛苦付出，为本书做出了价值卓著的贡献。还有我的聪慧女儿安娜·戴阿利奥（Anna Diorio），她为本书的视觉效果和故事叙述增添了新意。

事实上，如果没有家人们的全力支持和鼓励，这一切都不可能实现。在我们面临看似不可逾越的挑战时，是他们给予了我们前进的无穷力量；在我们取得长足进步时，是他们给予了我们提醒还有宽广空间。我们都很幸运家有贤妻，琳（Lyn）和塔蒂阿娜（Tatiana），她们不辞辛苦地付出，为我们提供了动力支持、美味食物和良好的环境，使这本书得以完成。还有我们的孩子们，安娜（Anna）、罗伯特（Robert）、安吉丽娜（Angelina）、但丁（Dante）、小克里斯（Chris Jr.）和阿拉贝拉（Arabella），他们每天给我们的写作注入灵感，也为本书做出了贡献。